数字图书馆
建设发展研究

刘敬辉 著

北方文藝出版社
哈尔滨

图书在版编目(CIP)数据

数字图书馆建设发展研究 / 刘敬辉著. -- 哈尔滨：北方文艺出版社, 2022.6
ISBN 978-7-5317-5599-9

Ⅰ.①数… Ⅱ.①刘… Ⅲ.①数字图书馆-图书馆管理-研究 Ⅳ.①G250.76

中国版本图书馆CIP数据核字(2022)第095792号

数字图书馆建设发展研究
SHUZI TUSHUGUAN JIANSHE FAZHAN YANJIU

作　者 / 刘敬辉	
责任编辑 / 周洪峰	封面设计 / 左图右书
出版发行 / 北方文艺出版社	邮　编 / 150008
发行电话 / (0451)86825533	经　销 / 新华书店
地　址 / 哈尔滨市南岗区宣庆小区1号楼	网　址 / www.bfwy.com
印　刷 / 湖北诚齐印刷股份有限公司	开　本 / 787mm×1092mm　1/16
字　数 / 164千	印　张 / 13.25
版　次 / 2022年6月第1版	印　次 / 2022年6月第1次印刷
书　号 / ISBN 978-7-5317-5599-9	定　价 / 57.00元

前言
PREFACE

当今时代是知识经济的时代,人类文明与社会进步已不再依赖资本的积累,而是更多地取决于"知本"的增加,可以说谁拥有丰富的知识,谁就拥有美好的未来。为此,各国政府、组织和个人都比以往任何时候更迫切地渴望及时获取有用的知识,以便更快地促进自身的发展;另一方面,网络信息的日益膨胀、堆积,使得从如此庞大的信息群落中检索出所需要的信息,变得困难重重。

信息技术的飞速发展,推动着图书馆的剧变,数字图书馆作为这剧变的产物,正日益受到图书馆界乃至社会的关注,成为图书馆学理论研究和实践探索的热点和重点。

伴随着美国政府提出兴建国家信息基础设施(NI)和互联网的迅速普及而出现的"数字图书馆"(Digital Library),其理论和技术已成为20世纪90年代以来国际性的热点论题。

现在,数字图书馆广泛地受到公共团体和商业机构的认同,数字图书馆的好处在于可以更迅速地找寻到我们想要的书籍、文件、图片等资料。数字图书馆的好处还在于它能够轻易连接并浏览更多专业内容,能够更快速地找到我们想要的数据。数字图书馆有别于传统图书馆的地方在于它不受仓库空间的限制,数据的数字化大大缩减了书籍所占的空间,可以存储更多的数据。维护一个传统图书馆的花费远高于维护一个数字图书馆,因为传统图书馆需要在人力成本以及书籍维护费上花费一笔开销,而数字图书馆则较少或不需要这笔开销。现如今,数字图书馆建设已经成为世界各国在科技与文化领域竞争的制高点,成为图书馆学研究最热门的课题。数字资源建设是数字图书馆建设的核心,是数字图书馆建设的生命线,也是当前各种类型图书馆面临的最大挑战。

虽然"数字图书馆"这一概念已远远超出了传统图书馆的含义,但是,由于"数字图书馆"所具有的信息资源数字化、信息传递网络化、信息利用共享化、信息提供知识化、信息实体虚拟化等特点,对传统图书馆在图书馆理念、图书馆建筑、图书馆组织机构、图书馆资源建设、图书馆技术服务、图书馆读者服务、图书馆馆员素质等诸多方面都会产生革命性的影响。因此,国内外图书馆学、情报界、信息产业界对数字图书馆的研究发展都倾注了极大的热情。

目录 CONTENTS

第一章　数字图书馆概述及发展历史 …………………………001
　　第一节　数字图书馆起源与发展演变 …………………001
　　第二节　数字图书馆先导研究计划 ……………………013
　　第三节　数字图书馆的发展模式趋势与现存问题 ……021

第二章　数字图书馆发展研究 ……………………………049
　　第一节　数字图书馆的发展演化 ………………………049
　　第二节　泛在知识环境下的数字图书馆发展趋势 ……056
　　第三节　资源整合下的数字图书馆发展方向 …………074
　　第四节　移动数字图书馆现状及其发展策略 …………082
　　第五节　数字图书馆发展的可视化分析 ………………087
　　第六节　我国数字图书馆面临的问题 …………………090

第三章　知识管理技术在数字图书馆中的应用 …………096
　　第一节　知识管理技术及其应用领域 …………………096
　　第二节　图书馆知识管理的技术框架 …………………099
　　第三节　基于知识管理的数字图书馆的技术标准 ……118

第四章　基于知识管理的数字图书馆建设策略 …………130
　　第一节　基于知识管理的数字图书馆概述 ……………130
　　第二节　基于知识管理的数字图书馆建设的具体策略 …144
　　第三节　基于知识管理的数字图书馆的建设内容 ……149

第五章　数字图书馆信息资源的建设与处理 ················ 155
第一节　数字化信息资源的来源 ···················· 155
第二节　数字信息资源的描述和处理 ·················· 160
第三节　元数据与资源描述框架 ···················· 169

第六章　数字图书馆特色资源建设 ····················· 177
第一节　特色资源的概念 ······················· 177
第二节　数字特色资源的保存与利用 ·················· 180
第三节　数字特色资源建设的原则 ··················· 186
第四节　数字特色资源的建设方法 ··················· 189
第五节　数字特色资源的建设内容 ··················· 194

参考文献 ································ 203

第一章 数字图书馆概述及发展历史

第一节 数字图书馆起源与发展演变

一、数字图书馆产生的背景

"数字图书馆"这一名词的出现与美国政府提出兴建国家信息基础设施（NI）的提出和互联网的迅速普及处在同一时期，显示了它们之间不可分割的联系。最早进行"数字图书馆（digital library）"探讨的文献始见于1992年，这年7月美国国家科学基金会NSF主持了一个"电子图书馆研讨班（Workshop on Electronic Libraries）"，会上John Garrett在介绍美国国家先导研究公司CNRI的研究项目时提到数字图书馆计划，同年12月同样的研讨班就更名为"数字图书馆研讨班（Workshop on Digital Libraries）"，美国著名数字图书馆研究专家Michael Lesk做了主题发言，名为《数字图书馆：它是什么，为什么是这样的》，此后以"数字图书馆"冠名的各类会议、论文层出不穷，一发而不可收。[①]

（一）数字图书馆产生的外部推动力

数字图书馆的基础根植于整个20世纪80年代对联机情报检索孜孜不倦的追求和探索，以及全文本、多媒体信息处理技术的成熟，其发端可以归因于互联网出现后美国政府对信息基础设施的研究和投入。图书馆员和信息专家对早期的数字图书馆项目有独特的影响，但最主要的贡献却是来自计算机技术前沿。到今天，图书馆、信息机构、出版发行公司等大量地走上了数字图书馆的历史舞台，但背后的导演仍然是最新的信息技术，图书馆及其他信息机构的社会角色在技术带动的根本性变革的驱动下正在发生着深刻的变化。我们研究数字图书馆的根本目的，就是要把握这一变化，适应这一变化带来的挑战。

[①] 冯倩. 数字图书馆知识管理研究[J]. 卷宗,2020,10,(35):153.

※ 数字图书馆发展建设研究 ※

　　随着信息技术的发展,需要存储和传播的信息量越来越大,信息的种类和形式越来越丰富,传统图书馆的机制显然不能满足这些需要。因此,人们提出了数字图书馆的设想。数字图书馆是一个电子化信息的仓储,能够存储大量各种形式的信息,用户可以通过网络方便地访问它,以获得这些信息,并且其信息存储和用户访问不受地域限制。

　　数字图书馆是传统图书馆在信息时代的发展,它不但包含了传统图书馆的功能,向社会公众提供相应的服务,还融合了其他信息资源(如博物馆、档案馆等)的一些功能,提供综合的公共信息访问服务。可以这样说,数字图书馆将成为未来社会的公共信息中心和枢纽。信息化、网络化、数字化,这一连串的名词符号其根本点在于信息数字化。同样电子图书馆、虚拟图书馆、数字图书馆,不管用什么样的名词,数字化也是图书馆的发展方向。

　　1.信息高速公路建设中的数字图书馆

　　信息高速公路是以计算机技术、网络通信技术、多媒体技术等先进的信息技术为基础,以光导纤维、数字卫星系统等为主要信息传输载体,以最快速度传递和处理信息、最大限度地实现全社会信息资源共享和高度社会经济信息化为目的,运用遍及各个地区的大容量、高速交互式信息网络把政府机构、科研单位、公司企业、医疗部门、图书馆、学校、家庭等的信息终端连接起来,从而奠定面向未来的社会基础设施。这就是说,信息高速公路建设所需的技术奠定了数字图书馆建设的技术基础。

　　2.Internet网络的迅速推广与普及

　　20世纪70年代,图书馆逐步利用计算机进行日常管理。80年代末图书馆自动化系统逐步得到了应用。这大大提高了图书馆的工作效率,但由于受地域的影响,其资源的利用范围很小,在资源共享、远程检索等方面还存在着许多问题。随着网络通信技术的不断发展,数字图书馆就应运而生了。高速的数字通信网络是数字图书馆的存在基础,只有网络进一步发展,才能发挥数字图书馆作用。分布式管理是数字图书馆发展的高级阶段,它意味着通过互联网可以把全球的数字化资源联为一体。计算机网络的迅速推广和普及有力地推动了图书馆信息环境的变化,为图书馆的信息资源和信息服务在深度和广度上发生质的变化提供了可能性。作为未来信息高速公路的雏形和最重要的基础设施之一,Internet网络以其无孔不入的强渗透性融入了人类社会的各个领域,它将促成人类文化结构的重大变动——全新的电子信息文化正在形成之中。正如适应印刷文化需要的图书馆是纸介质印刷文献图书馆一样,适应电子信息文化需要的则将是以电子信息资源为主体的数字图书馆。

3. 电子信息资源的激增

20世纪90年代以来,出版物的数量在不断增长,各种数据库的数量也在迅速增加、容量不断扩大,种类也趋于多样化。光盘出版物作为单独发行的电子信息资源的主流,内容丰富,种类繁多,具有多媒体功能。但这些信息利用效率不高,重复严重,因此有必要利用现代信息技术进行管理。

电子信息资源的激增构成了现代图书馆信息环境的变化。有人说:"电子出版物的出现和蓬勃发展导致了数字图书馆的产生。"这种说法虽然过于简单,但在某种意义反映了电子出版物等电子信息资源对于数字图书馆的重要性,它们的确是数字图书馆的重要物质基础。比如说:①数据库——联机存取类电子信息资源的主体;②光盘出版物——单独发行的电子信息资源的主流;③电子期刊、电子报纸。

以上择其主要地概述了数据库、光盘出版物、电子期刊与报纸等电子信息资源的迅猛发展情况,这里技术的推动固然是关键,而它们迎合了社会需要、用户需求也是其市场和应用能不断扩大的重要原因。总之,Internet网络上的信息资源和其他非Internet信息资源将构成数字图书馆重要的信息资源基础。

4. 数字化技术的发展

图书馆数字化的技术直接动因主要有两个,一是信息载体的数字化,二是信息传播的网络化。数字技术是实现数字图书馆的支撑技术,信息要在网络上传输,必须先把各种信息数字化,加以编辑、加工、组织、存储,再运用数字传输技术加以传递,并在需要时将这些数字化信息再还原。数字技术化包括以下内容。

(1) 信息存储技术

近年来,随着存储技术的发展,在扩大硬件容量的同时,充分发挥软件的潜力,存储的能力越来越大。

(2) 数据库技术

数字图书馆的庞大数字化信息经过规范化处理后,需要以数据库的形式存储起来,更需要采用数据压缩技术、多媒体同步技术、多媒体智能技术等来解决数据库技术问题,数据库技术日趋成熟。

(3)信息传输与通信技术

数字图书馆要通过网络通信技术把各地的海量信息聚集起来,提供给用户使用,必须加强信息资源的管理和引导服务,把大量的网上资源加以组织,以增加信息服务的选择性和针对性,近年来网络设施发展越来越普及,为数字图书馆的发展提供了环境。

(二)数字图书馆产生的内在驱动力

1. 印刷型文献的保存问题

数字图书馆产生的内在因素之一是印刷型文献的保存问题。传统印刷型文献存在着变质和自然老化等弱点,加上各种自然灾害和人为损害,印刷型文献面临危机和损失,传统印刷文献的寿命有限加大了图书馆文献保护的开支与难度。因此,必须利用现代技术将图书馆保存的书刊资料进行数字化。

2. 文献信息的利用问题

数字图书馆产生的内在因素之二是文献信息的利用问题。图书馆存在的目的是为用户服务,但长期以来信息服务的层次较低、手段落后,图书馆必须实现数字化才能使信息传递更快捷、更方便,服务内容更具时效性和针对性,以满足社会化需求。

3. 图书馆经费的问题

社会经济迅猛发展,社会生活水平极大提高,物价成倍增长,而图书馆经费的增长有限,以及图书馆馆舍空间不堪重负。

4. 服务手段落后的问题

传统图书馆以收藏书刊等印刷文献为重点,长期"重藏轻用",即使开展了信息服务,也因手段落后、服务形式单一,所提供的信息往往是教科书式的过时信息等原因,而不能充分满足图书馆用户的需求和社会的需要。

(三)数字图书馆产生的社会背景

1. 数字图书馆是社会信息化发展的必然产物

在现代社会中,信息资源成为战略资源,信息产业发展迅速,为图书馆发展提供良好的机遇。数字图书馆实际上就是伴随着网络迅速发展而产生的,它体现了数字化社会对信息共享和信息开放的根本要求,是社会信息化发展的必然产物。数字图书馆建设使人类社会信息资源的共享达到一定的高度,为文化传播打开新的大门。如同工业经济离不开交通和能源一样,数字图书馆也是高科技经济的基础设施和必要条件,数字图书馆所收藏的各类信息对于知识经济的整个过程都是必不可少的。数字图书馆凭借高新技术可以快速地传播文化知识,从而不断推动全民族文化素质的不断提高,促进社会的进步和发展。

2.数字图书馆是评价一个国家信息基础水平的重要标志

自从1993年美国国会图书馆与互联网连接,宣布它将迈向数字化时代以来,世界各国开始把图书馆列入信息高速公路的重要组成部分,纷纷加强对数字图书馆的研究。1993年美国提出"国家信息基础结构"(NI)行动计划,继而又提出建设"全球信息基础设施"(GII)的主张,将信息高速公路建设置于美国技术政策和产业政策的核心位置,在世界范围内引起了强烈反响。互联网的信息资源作为NI的五大要素(信息资源、信息设施、信息系统、信息网络与信息主体)之一,与具有大量信息源的数字图书馆关系密切,而且数字图书馆是NI的重要应用信息系统。信息高速公路建设所需技术包含了的要素奠定了数字图书馆建设的技术基础。数字图书馆的目的之一是使用户能够通过网络联机存取图书馆的信息资源,互联网的推广和普及为数字图书馆提供了现实的网络环境。

3.数字图书馆是21世纪全球文化竞争的焦点之一

在网络时代,谁最先掌握了技术和资源库,谁就掌握了先机。数字信息资源网上交流具有先天的优势,它拥有一个非常庞大的潜在的受众群体。这种竞争既是科学技术的竞争,也是文化和意识形态的竞争,更是知识经济时代的市场竞争。因此,大力加强建设数字图书馆,其意义和影响将是深远的,它是参与国际竞争的坚实文化保障系统,而且为国家创新体系的建立提供了充足的信息流通环境。中国数字图书馆在激烈的网络文化竞争中,为弘扬中华民族优秀文化,抢占互联网上中文信息资源的制高点,将中国文化推向世界发挥着积极的推动作用。建设数字图书馆工程对于力争在未来的全球性竞争中取得主动权具有重要的社会和经济意义。

4.数字图书馆建设有利于带动相关行业的发展

数字图书馆工程不仅是高科技的项目,也是跨部门跨行业的大文化工程。在1995年美国政府蓝皮书中,数字图书馆被认为"国家级挑战",置于国家信息基础设施的高度上通盘考虑。这种政策上的倾斜引起了美国科学界、产业界的高度重视,也带动了许多行业在资金上的投入。数字图书馆工程的启动必将带动相关产业,特别是信息产业和文化产业的蓬勃发展,并通过知识的有效传播,最终关联到各行各业,从而产生巨大的目前全球经济最重要的火车头的转型过程,以及人们对知识和信息的经济学意义的逐步认识。

从世界范围看,信息产业形成于20世纪60年代,成长于70至80年代,快速发展于90年代。然而早在1912年,德国经济学家熊彼特就认识到创新才是社会发展的一个根本原因,而创新的关键就是知识和信息的生产、传播、使用。1957年美国经济学家索罗研究了1909—1949年美国经济构成情况,发现非农业部门劳动生产率翻了一番,技术进步占了87.5%,劳动和资本的贡献只占12.5%。1962年美国经济学家马克卢普发表了《美国的知识生产和分配》,详细地分析和论证了知识和信息在经济发展中的作用,首次提出知识产业的概念。1967年,波拉特测定出美国从业人员中有50%被人雇用在信息产业中,产值占当时美国国内生产GNP的45%,这项测算产生了深远影响,并导致了对各国产业经济的重新划分和深入研究。欧美各工业国先后开始对本国信息产业做出波拉特式测定,我国也在20世纪80年代末测算信息产业从业人数占总就业人数的8.8%,产值为当时GNP的15%。值得一提的是,1996年诺贝尔经济学奖授予了对信息经济学研究有开创作用的詹姆斯·莫里斯(James Mirlees)教授和威廉姆·维克瑞(William Vickery)教授,以表彰他们的贡献。计算机和网络技术的发展彻底改变了人类交流知识和信息的方式,网络消除了时空差别,而数字图书馆消除了信息占有的差别(技术上),信息上的平等带来交易上的平等,从而具有了经济学上的意义。

人与人之间的知识和信息的交流本来都是意识形态的东西,然而由于技术的发展和人类无止境的需求,它不折不扣地成了经济的主导产业,反过来带动了参与知识信息产生与交流的整个生命过程的各行各业,使这些行业甚至得以提高到国家发展战略的高度,纳入"国家级挑战"等基本国策来重视和扶植。数字图书馆即是其中一员。从一般意义上说,工业革命极大地拓展了人类的体力,信息革命正在扩展人类的脑力,仅仅在跨越20世纪的几十年的岁月中,人们对资源的认识经历了从"原子"向"比特"的进步,信息资源已上升为与能源平等的战略资源,而信息之所以成为资源,主要体现在信息的掌控和利用能力。数字图书馆的产生原因和存在价值在于它能够更好地整理、保存和传送信息。

二、数字图书馆的起源初创期

Vannevar Bush 在大脑中发明的信息机"Memex"一直被当作数字图书馆的概念起源,1945年的计算机甚至连存储设备都没有,Bush 设想的 Memex 系统以缩微作为信息的存储体,计算机负责信息索引和查询,实际上是一个计算机辅助检索系统。这个想法在20世纪五六十年代就被马萨诸塞技术学院实现了,该学院的 Intrex 项目将一个收藏两万篇科学文献的缩微库与一个计算机目录检索系统相连,实现了自动检索。

第一次真正应用计算机存储和处理图书馆信息的尝试可追溯到20世纪60年代末,首先是从建立法律和科学文献的全文索引开始的,美国俄亥俄法律自动研究系统(Ohio Bar Automated Research System,是后来著名的 LEXIS 系统的前身)能够提供法律状态的联机检索,空军建立的法律信息电子系统(LITE)索引了当时美国所有的法律法规和司法解释,提供检索服务。20世纪70年代 IBM 基于文本存储与检索技术开发了 STAIRS 系统,安装在许多大型机中,提供当时许多图书馆用于流通管理等。虽然当时面临一系列的技术障碍,例如昂贵的计算机、居高不下的存储成本、简陋的用户界面以及网络的缺乏,仍然产生了上述可圈可点的应用,当然图书馆界最值得一提的事件是美国国会图书馆成功开发了 MARC 格式,这是一种机读目录格式。美国图书馆联机中心(OCLC)多年来利用 MARC 为全球的图书馆进行服务,节省了可观的费用。

同时早期产生了一些信息服务,如联合编目、法律信息系统和美国国家医学图书馆的 Medline 联机数据库系统等,当时采用的是主机-终端模式,少量的信息装载在一台大型计算机上,用户坐在专门的终端前,通过一种低速的通信连接(例如电话线或专用网络)与中央计算机交换信息。这些系统要求用户训练有素,以便通过简陋的字符型人机界面,自动搜索,获取本地无法得到的信息。这种模式一直沿用到20世纪80年代中期,这时大型国际联机检索系统,例如 DIALOG、ORBIT、STN 等已获得普遍应用,通过它们,Medline、化学文摘(CA)、科学文摘(INSPEC)、美国政府研究报告(NTIS)、世界专利文摘(WPI)等非常重要的科学数据库得到广泛传播,虽然通信费用昂贵,仍然成为各国有一定规模的图书馆和信息机构所必备的信息源。

真正形成数字图书馆概念核心的技术应用发生在20世纪80年代中期,

随着计算机信息存储成本的大幅下跌和信息处理能力的提高,特别是个人电脑的普及,1985年产生了CD-ROM这种电子出版的主要载体,接着多媒体出现,一时间联机(Online)和光盘成了两种互相竞争的技术,万维网的出现和迅速普及打断了这种争论,多媒体数字信息,而不仅仅是二次文献或事实型数据库全面通过网络提供成为可能,半个世纪的数字图书馆的畅想从云端落到了地面。

在这里我们把万维网出现之前的一些通过网络提供服务的全文信息系统看作是早期数字图书馆应用,它们中有许多延续至今,且已经改头换面,但仍然是数字图书馆的先驱,它们为数字图书馆概念框架的形成做出了许多贡献,参与这些系统设计和开发的许多专家都成了后来数字图书馆领域的活跃分子。这些项目有卡内基·梅隆大学的Mercury计划、康奈尔大学的CORE计划、Elsevier Science Publishing的Tulip计划以及著名的美国国会图书馆"美国记忆"计划等。

美国弗吉尼亚技术大学的Edward A. Fox在"Digital Library Source Book"中详细介绍了"数字图书馆"在美国产生和兴起初期的情况,介绍了当时召开的一些著名的研讨会,阐述了美国政府基于战略上的考虑,积极促进其研究部门,如美国科学基金会等,在催生数字图书馆中所起的重要作用。

(一)数字图书馆的早期项目

卡内基梅隆大学的Mercury数字图书馆计划(1987—1993)是建造校园数字图书馆的第一个尝试。卡内基·梅隆大学具有先进的计算机及网络设施,其计算机科学系和大学图书馆历来就有革新的传统,该计划的目标是建立一个科技期刊的影像全文服务系统,他们从四家出版公司:ACM(美国计算机协会)、IEEE(电气与电子工程协会)、Elsevier和Pergamon处获得了许可,选取了计算机科学领域中最常用的16种期刊,完成了格式转换、贮存和在校园网上传递页面图像等功能。

Mercury计划在技术上有一些创新,例如它开发了一套数字化生产系统(主要是扫描图像和标引);体系上采用了客户机服务器结构,并选择Z39.50的早期版本作为客户机与服务器之间的协议;它引入了参考服务器概念(类似于IBM数字图书馆中的图书馆服务器),负责存放维护目录索引等信息,维护可检字段、访问控制信息以及与图像的连接等;为了显示位图,该计划还开发了一个新的算法,按每页1~2秒的速度完成压缩图像的获取、网络传输、解压缩和显示等一系列工作；利用该大学成熟的Andrew网络服务来认证和打印，信息通过电子邮件的形式来发布给用户。

康奈尔大学的CORE计划是Bellcore、康奈尔大学、OCLC以及美国化学学会于1991年到1995年间共同实施的合作项目。它转换了美国化学学会出版的20种期刊共4年的文章，总计约40万页。在技术上与Mercuryi计划非常相似，它的一个特点是开发了一套具有化学特点（如显示特殊的分子式等）的用户界面，这个特点至今在互联网通用浏览器上还没有得到很好体现。CORE项目还首创了几个新做法，有些成为以后许多数字化项目的典范，例如每篇文章有存储两种版本：图像版本和用SGML标记的文字版本，图像用来显示和打印，保证了与原印刷版本完全一致，而SGML文本则用于全文检索，图像也存储两幅；一幅分辨率较高(300dpi)的黑白图像用于打印，另一幅分辨率较低(100dpi)的灰度图像用于显示。该计划在当时面临海量信息（约产生了80GB的数据）的管理问题，也为以后的项目所重视。

继Mercury和CORE之后，又出现了一大批其他计划，也都是来探索期刊论文扫描图像的有效利用方法。一个最著名的例子是Elsevier Science Publishing的Tulip计划，Elsevier向卡内基·梅隆、康奈尔等大学提供了材料技术领域的43种期刊扫描图像。

美国最有影响的数字图书馆项目可能要算"美国记忆(American Memory)"计划了。它起初是一项试验计划，从1989—1994年，它选择并复制了一部分对研究美国历史和文化有着重要意义的收藏，以数字化的形式在美国国内发布，探索各种媒体的资料（印刷品、底片、早期电影、录音等）的处理和利用方法。最初采用CD-ROM（数字形式）与激光视盘（模拟形式）相结合的方式，但从1994年6月之后，万维网成了该项目的主要甚至唯一发布方式。该项目之后，美国国会图书馆又展开了"国家数字图书馆计划"，将上百万具有史料价值的藏品转换为数字形式（主要是图像扫描配合全文索引）并通过互联网访问。

作为一个收藏宏富的国家图书馆，其数字化政策和方法是非常受人瞩目的。保藏和利用是其考虑数字化计划的两个要点，该计划的许多做法也影响了后来许多公共图书馆的数字图书馆计划，其网页也成为许多图书馆网页的参考对象。

(二)部分早期数字图书馆项目一览表

通过扫描得到影像数据的数字化转换项目也是目前我国数字图书馆建设的通常做法,反映了出版业尚未完成"数字化"前的状态,没有真正"数字版"的出版物可以作为数字图书馆的源泉。印刷业使用多年的计算机排版完全是为了印刷品的生产而组织的,目前美国正在跨越这个阶段,数字图书馆开发和建设可望直接采用标准化的资源形式,可以将注意力集中在更加专业的问题上。

万维网技术的产生和普及对催生数字图书馆有着异乎寻常的重要意义。虽然目前的万维网技术对数字图书馆来说不是非常理想的技术,但由于其开放性和标准化,以及目前得到了空前广泛的应用,为数字图书馆的内容发布提供了强大的平台。特别是万维网浏览器存在于所有标准的计算机和操作系统中,数字图书馆计划不再需要为不同类型的计算机开发特殊的用户界面,这十点也使得数字图书馆技术能够专注于分布式资源存储管理、资源揭示等核心领域,使得大量的数字图书馆项目或数字化项目能够有一个共同的技术基础。这也是将万维网技术的出现和普及作为数字图书馆早期与"概念成型期"历史分野的主要原因。

三、数字图书馆的概念成型期

虽然本专著采用较为宽泛的定义,但我们仍然需要清晰地了解数字图书馆概念的产生和演变的历史,我们应该知道别人所谈论的"数字图书馆"是什么概念,与我们是否有什么不同,这样我们在交流时才可能更好地沟通和彼此理解。

站在今天的角度,可以认为过去的20多年一直在为数字图书馆的实现进行技术积累,清除技术障碍。直至20世纪90年代早期,一系列的技术进步彻底破除了建立数字图书馆所面临的最后障碍。虽然技术永远是不充分的,但经济廉价的设备和急剧成长的网络规模最终产生了量变到质变的飞跃:数字图书馆最终成为一个明确的研究开发领域,而获得大量的研究经费,得到高度重视。

1993年11月—1994年2月间,美国连续四次召开有关"数字图书馆"的专题会议,"数字图书馆"这一名词已经不是计算机界或图书馆界的专业术语,而成了许多专业会议的口头语。"数字图书馆"这一名词被广泛使用,此时人们对于规范数字图书馆这一概念内涵提出了强烈要求。这一概念最早来自人们对于计算机信息处理能力的憧憬，来自技术所提供的可能性，也来自构建国家信息基础设施的要求。从文献上看，自1993—1998年，美国进行过数次大规模的研讨，包括后面将提到的美国信息基础结构技术与应用工作组IITA（全称U.S. Government's Information Infrastructure Technology and Applications）的专题研讨，虽然并没有形成完全统一的认识，但无疑对统一认识、交流成果起到了非常积极的作用。

首当其冲的依然是具有美国政府背景的研究机构及非营利性公司等。1986年成立的美国"国家先导研究公司"（Corporation of National Research Initiative，简称CNRI）是一个非营利性研究机构，其总裁兼首席执行长（CEO）曾经是美国国防部高级研究计划署信息处理部主任、Internet前身ARPANET的主要设计者、被《今日美国》称作互联网之父的罗伯特·卡恩（Robert E. Kahn）。CNRI公司主要从美国政府获得经费，承担许多国家信息基础设施建设所必需的基础性研究，可以说是设计美国国家信息高速公路的主要机构，后来负责维护大多数互联网协议、标准及草案等等。"数字图书馆的基础结构"是卡恩1995年发表的数字图书馆奠基之作，从某种意义上说卡恩也是数字图书馆之父。

该报告确立的数字图书馆基础结构获得了随后大多数研究计划的一致支持，被称为Kahn-Wilensky结构（下文简称k-w结构），曾有William Ams等写过为数不多的几篇论文对这个主题进行进一步深化和讨论，但基本沿用了该报告提出的基本概念和体系结构。该报告提出的数字图书馆是一个在广域网中面向对象的分布式的数字资源组织体系。提出这些想法能够从本质上改进目前互联网在资源组织上的与生俱来的弱点。该报告提出一整套新的概念体系，例如"数字对象（digital objects）""调度系统（handle system）""元数据与键元数据""统一资源命名域（Universal Resources Namespace，简称URN）及其认证""资源库访问协议（repository access protocol）"等，影响了以后的所有数字图书馆技术研发项目，包括美国数字图书馆先导研究计划（DLI1）中的许多项目、美国国会图书馆的国家数字图书馆计划以及各大公司对于数字图书馆的理解。可能由于该报告提出的设想过于"基础"，实际上是对整个互联网结构的优化，在互联网的应用如日中天之时，不可能得到普遍推广，到目前为止我们还只能看到一些试验性应用开发项目。

该公司并不满足于提出一些基本概念和基础结构,而是与美国政府资助的许多数字图书馆项目密切合作,不断推出一些试验原型系统或"测试平台"(Tested),并利用其下属著名的"数字图书馆杂志"(http://www.tit.org)发表成果,展开交流讨论。

《数字图书馆杂志》创刊于1995年7月,全称是 D-Lib Magazine: a magazine of the digital library forum,至今已发表了大量的高水平的数字图书馆研究论文,成为名副其实的论坛。该杂志很好地利用了电子出版的所有优势,同时借鉴了传统期刊的特点(例如准时、定期出版,对过刊的完整保留等),不仅是学术研究工具,同时其本身也成为数字图书馆许多新观念新理念的实践者。这是一本数字图书馆领域名副其实的核心期刊,具有难以替代的地位,并且做到了"免费"与"高质量"这一对矛盾的和谐统一。

1994—1995年间美国关于数字图书馆方面的研讨会(workshop)不断,美国政府感到有必要统一大家对这个问题的看法,于是美国信息基础结构技术与应用工作组(IITA)组织了一次声势浩大的专题研究,试图弄清楚数字图书馆的研究范围、内容和应采取的步骤。IITA 是美国航空航天局 NASA 设立的一项"高性能计算与通信计划(High Performance Computing and Communications Program,简称 HPCC)"中的一个项目组,是美国国家信息基础结构 NI 的最高技术委员会。会议邀请了多达60位数字图书馆及相关领域的活跃分子,向他们询问了以下三个基本问题。

第一,什么是数字图书馆?它与一般的信息库或互联网有什么区别?将会有多少数字图书馆?它们相互之间的关系怎样?用户看到的数字图书馆是怎样的?

第二,数字图书馆需要怎样的基础结构?由哪些要素组成?与 NI 所需的更宽泛的基础结构有何不同?基础结构与标准的关系如何?谁会使用这些基础结构?这些基础结构怎样处理与知识产权管理有关的出版商关心的问题?

第三,怎样评价数字图书馆?如何知道三四年后现在的研究项目成功地为用户开发了有效的数字图书馆服务?

为了使会议避免无休止的争论、更好地达成一致看法,会议还根据专家的不同背景分了5个小组,它们是:出版界、商业、图书馆界、互联网领域和多媒体领域,分别进行讨论和总结。会议就数字图书馆研究急需解决的问题达成了初步一致的意见,并基本确认了k-w结构作为数字图书馆基础结构所确立的基本框架。结论分为5个方面:互操作性、数字对象及对象库的描述、收藏的管理与组织、用户界面与人机交互以及经济、社会和法律问题,为以后的研究工作确立了框架,理清了思路,划定了边界,对以后美国国内数字图书馆的研究发展产生了巨大的影响。

目前我们已经历了数字图书馆概念形成的阶段,基础的技术框架已经形成,但技术开发仍然是现在数字图书馆研究和发展的主题,对于将来数字图书馆的形态仍然起着决定性的作用。至今我们仍然不能确定将来的数字图书馆究竟是怎样的,我们还处在数字图书馆的成长期,那些对"无纸化时代"的预测曾引起学术界激烈争论,已经数次落空,我们不愿再作类似的预言。然而直到现在,技术的研发还没有看到放慢脚步的迹象,人们依然在大量地往数字图书馆里面投资扔钱,在数字图书馆领域集中了计算机与通信里的最尖端的东西,虽然有许多不能算是主流,但非常前沿。

第二节 数字图书馆先导研究计划

在这个领域有必要介绍一项著名的研究计划——数字图书馆先导研究计划(Digital Library Initiative,简称DLI),现在已进入了第二期。这些项目虽然偏重于技术领域,在我们的分类中属于典型的"技术主导型",基本上是对于数字图书馆基本结构(即上文提到的k-w结构)的实现,然而它影响巨大而且深远,甚至主宰了人们对于数字图书馆的认识,成为数字图书馆研究开发的楷模而被各国所纷纷效仿。作为对于一个新领域的初次大规模探索,这些项目大都是试验性质,并没有成型、定论,就第一期项目来说,有些甚至并不能说做得很成功。

一、数字图书馆先导研究计划第一期

意识到数字图书馆对于国家信息基础设施的重要作用,美国3个最著名的基础和应用研究机构:美国国家科学基金会(National Science Foundation,简称NSF)、美国国防部高级研究计划署(Defense Advanced Research Project Agency,简称DARPA)和美国航空太空总署(National Aeronautics and Space

※　数字图书馆发展建设研究　※

Administration,简称NASA)总结了以往的相关研究,于1993年秋天提出了一份"数字图书馆宣言",并向全国征集"数字图书馆研究先导研究计划"的候选项目。1994年9月美国科学基金会的DLI项目组从73个项目中正式遴选了6个项目,投资2400万美元,开始了为期4年的研究,该计划还要求每一个承担单位配套提供等额或数倍于国家投入的资金。DLI计划由于后来有了后续计划,该项目被称为数字图书馆先导研究计划第一期。

本期先导研究计划在招标之前进行了精心的准备,从研究目标、形式到项目内容范围、检查与验收办法等,都做了详细规定,非常明确。[1]

(一)项目目标

促进数字资源的收集、存储、和组织的手段,使之能够以一种对用户非常方便的方式,通过网络进行查询、检索和处理。

(二)项目人员组成

强调要有各方面的专家合作进行,包括研究人员、应用开发人员和用户。本期先导研究计划都是由大学主要负责,但参加人员包括了四个方面。

第一,数字图书馆的用户(如特定的研究团体和信息使用者)。

第二,商业公司,从而使得数字图书馆系统商业化(如出版商、软件商、股票交易所、设备制造商和通信公司)。

第三,公共或私营信息库(如图书馆、数据库、政府或私营信息服务)。

第四,相关的计算机和其他科学技术研究团体(如学术性团体、超级计算机中心和商业化的试验室)。

(三)项目鼓励的研究领域

第一,数字信息的获得。

第二,电子信息的分类和组织。

第三,大量数据、影像和文本信息的查询、筛选和摘要的先进软件的研究。

第四,大量影像的快速浏览的可视化和交互技术。

第五,对网络协议和标准的研究。

第六,对网络信息资源利用方法、途径的简化。

---

[1]赵彩萍.全民阅读背景下公共图书馆数字阅读推广服务模式的发展与演变[J].数字化用户,2018,(31):192.

第七，与数字图书馆有关的个人和群体的行为、社会和经济问题的研究。

（四）最后确立的6个项目

1. 加州大学伯克利分校——环境电子图书馆

可升级的、智能化和分布式电子图书馆的原型（经费400万美元）。目标是"开发一整套对海量分布式馆藏（包括照片、卫星遥感图像、地图、全文本信息等多种载体类型混合而成的资源库）进行智能化存取的技术"。

2. 加州大学圣巴巴拉分校——亚历山大项目

图像和空间参考信息综合服务的分布式数字图书馆的初步探索（经费400万美元）。该项目目标是开发一个数字图书馆，提供对地图、图片或图像类资源的检索工具，并提供新型电子图书馆服务。该项目从Santa Barbara，Ventura和Los Angeles地区的地图、图片、飞机航拍图的数字化做起，逐步扩大到收录其他学术团体、联邦机构、公共组织和图书馆的全国性收藏。

3. 卡内基·梅隆大学（Carnegie Mellon University）——信息媒体

集成声音、图像和语言理解技术创建和探索数字视频图书馆（经费480万美元）。该项目试图建立一个交互式的网上视频资料图书馆系统，允许读者存取、浏览和检索科学及数学方面的录像资料。该系统集成了语音、图像和自然语言理解技术，研究还涉及计算机和人的交互问题、视频数字资料的定价问题和收费使用问题，以及隐私权和安全问题等等。

4. 伊利诺大学厄尔巴那分校——构建互联空间

为大学工程学科建立数字图书馆的基本架构（经费400万美元）。基于Grainger工程图书馆信息中心的丰富收藏，该计划专注于工程类期刊，重点开发语义检索技术，设计可扩展的信息系统（交互空间：Interspace），研究人们对这样一个数字图书馆进行利用的社会学评价体系。

5. 密歇根大学——智能信息搜索（经费400万美元）

该项目的目标是开发一个多媒体数字图书馆的测试平台（tested），数字图书馆的资源内容涉及地球及空间科学，该原型系统希望被各类读者，包括高中和大学教师和学生以及公共图书馆的用户，广泛地进行测试和评价。

6. 斯坦福大学——斯坦福综合电子图书馆（经费360万美元）

该项目旨在进行互操作性方案的研究，开发一套技术，能够建立一个综合性的虚拟图书馆，提供用户对网络信息进行统一的存取，该项目还要进行通过网络使用付费信息的研究,以及信息资源版权信息的收集,如何做到合理使用等问题的研究等等。

二、数字图书馆先导研究计划第二期

1998年春,在首期先导研究计划面临结束之时,经过认真的总结和调研,美国政府打算从各个层面加深拓宽研究领域,于是发布了先导研究计划第二期招标书。

第一,主办机构从首期的3个赞助增加到7个,增加的4个机构是美国国会图书馆(Library of Congress,简称LC)、美国国立医学图书馆(National Library of Medicine,简称NLM)、美国人文学科基金会(National Endowment for the Humanities,简称NEH)和美国联邦调查局(Federal Bureau of Investigation,简称FBI),可见增加了图书馆的比重应用成分。

第二,项目的持续时间和经费增加了。DL2计划持续5年,五年中上述6个单位计划提供4000万~5000万美元。

第三,为了资助更多的项目,资助方法与第一期有所不同。到1999年9月为止就有30个项目入围,目前(至2000年10月)已经有36个项目获得资助。这些项目分为两类:单独的研究项目和多学科综合项目,单独项目资助一到三年,资助上限为20万美元,大项目资助一到五年,资助上限为120万美元。

第四,研究目标有所侧重,重点提出三个中心:以人为中心、以系统为中心、以技术为中心,具体研究目标如下:①为数字图书馆界定适当的发展领域,有选择性地开展研究和实验活动。②使数字化资源的扩充、管理、存取更加迅速、便利,增加利用信息的深度。③创造新方法、新机会,使数字图书馆更好地为不同教育水平的、现有的和潜在的用户群服务。④推动从社会学和经济学角度对人与数字图书馆交互作用的研究。

第五,极大地扩展了数字图书馆应用领域,首期项目以研究为主,所牵头的六个高校都具有极强的计算机技术背景,而这一期涉及许多专业领域。当然图书馆和情报方面还嫌太少,虽然有一些项目针对情报检索问题(如加州伯克利大学项目),但总的比例太小。可喜的是确有一些图书情报专家领衔进行一些项目的开发工作。

第六,该期计划加强了项目管理,同时也注意促进项目间的交流和成果的转化与推广。该计划重新建立了一个网页,将所有项目分为资助项目(36

个)、大学教育项目(8个,专为提供大学教育用的学科资源库建设)、国际合作项目(与英国、德国和欧盟合作的一个项目)、特别项目(14个)及专题研讨会等5个栏目,包含了最新会议及项目进展的介绍,所有阶段性研究报告都可以找到,还有大量的新闻、事件、论文、报告、相关项目和相关信息的链接。

三、数字图书馆的产生和演变过程

数字图书馆就是对有价值的文本、图像、语音、影像、软件和科学数据等多媒体信息进行收集、组织规范性的加工、进行高质量保存和管理、实施知识增值,并提供在广域网上高速横向跨库连接的电子存取服务。它的特点是收藏数字化、操作电脑化、传递网络化、资源共享化和结构连接化。数字图书馆的形成过程主要包括以下几方面:第一、文献资源数字化。数字图书馆的资源都是数字化的信息,将现有的文献资源数字化,是建设数字图书馆必不可少的一步。第二、数字资源的集成。是指利用信息组织和集成手段来对数字化后的各种资源进行整合。第三、数字资源的共享。数字资源的互联和共享主要是指通过互联网使各个图书馆之间实现了资源共享,也使读者能通过互联网等来访问各种数字资源。数字图书馆的发展大致经历过如下阶段:

(一)早期的数字化技术和概念探索阶段

数字图书馆的构想最早可以追溯到1945年,其中较早而影响最大的是美国著名的科学技术管理学家布什(V.Bush),1945年1月布什在《大西洋月刊》上发表了《诚如我们想象的那样》(As We May Think)的论文。文中他首次提出将传统的图书馆馆藏文献的储存、查找机制与当时刚刚问世的计算机结合起来,构思并描述了所设想的一种Memex装备机械化的个人文档与图书馆,即台式个人文献工作系统,能存储他所有的书、记录及通信的装置。Memex装置运用计算和缩微技术实现文件的相关链接,其实它是一个个人信息检索系统,被公认的计算机辅助检索的先驱。这一构想的提出被视作包括今天的数字图书馆在内的图书情报学理论与实践的发端,Memex被视作情报系统的超文本技术的前身。Bush观点的重要之处不在于他所称的"机械和装置",而是他的两个构想:首先必须有能及时得到所需信息的设备;其次是读者自己就能检索这些信息。可见Memex对个人用户的信息存取来说是一种理想的模型。文本储存和检索技术是数字图书馆得以实现的两大技术,而现代意义的储存检索系统,是在计算机技术不断提高的前提下才得以实现的。从1965-1973年,美国麻省理工学院进行了计算机辅助标引实验,建立了Intrex数据库,将文章储存在缩微胶片上利用联机储存目录和索引进行检索。1969年Sandia国家实验室开发出有关科技文献的全文储存和检索系统。储存电子图文的技术引起图书馆界及其他方面的注意,预示一个新的信息储存方式的到来。1969年,美国国会图书馆正式发行机读目录,这是图书馆进入自动化的标志。1975年,美国图书馆学家克里斯汀(R. W. Christian)出版了"Electronic Library Bibliographic Databases: 1975~1976"一书,首次提到了"Electronic Library"这个名词。到了70年代中期,美国出现了许多用于图书馆储存、标引、检索的软件,其中较有名的是IBM的STAIRS储存检索系统。1978年美国著名图书馆学家兰卡斯特(F. W. Lancanster)出版了《通向无纸社会的情报系统》和《电子时代的图书馆与图书馆员》两部著作,论述了电子图书馆的前景。

1982年,美国国会图书馆开始研究用光盘储存馆藏,是文献数字化的前奏。美国人道林(K. E. Dowlin)首次对电子图书馆这一概念给出明确定义,他在1984年出版的《电子图书馆:前景与进程》一书中写道:"所谓电子图书馆是一个提供存取信息的最大可能性并使用电子技术增加和管理信息资源的机构。"1988年美国国家科学基金会的伍尔夫(W. Wulf)撰写的国际合作白皮书提出数字化图书馆的概念。1989年吉比(M. Kibby)与伊文斯(N. H. Evans)在《网络就是图书馆》一文中指出:"理想的电子图书馆并非一个存储一切信息的单个实体。它通过网络提供系列化的收藏和服务。"1992年大英图书馆外借部计算机与数据通信工作组负责人哈利(A. J. Harley)把虚拟图书馆定义为"利用电子网络远程获取信息与知识的一种方式"。

由此可见,20世纪八九十年代初,计算机、通信技术的发展为更大规模信息系统的开发提供了广大的空间,许多研究者从多方位的角度进行研究,对数字图书馆的设想更加具体化,"电子图书馆""虚拟图书馆""无墙图书馆"等概念纷纷提出来。电子图书馆是数字图书馆的早期提法,它反映了所应用技术的特点;虚拟图书馆则强调了网上数字化资源,而未突出图书馆的数字化特点;无墙图书馆突出了利用范围和效果。数字图书馆较准确地反映了问题的本质,揭示了信息存取形式的基本特征及有关内涵:数字图书馆的主要特征是信息资源数字化,信息传递网络化,信息资源管理分布化,信息资源共享化。

(二)图书馆自动化管理系统的研究

早在20世纪80年代末,美国一些大学和知名公司www.shlunwen.com开始研制开发大型的图书馆自动化管理系统。IBM电脑公司合作开发出图书馆管理系统,用电子图文和多媒体技术处理说明研究资料,并开发出四种应用模型,其中一个系统还可以把乐谱数字化储存。1988年底,美国国家科学基金会就发起了"水星计划",该计划的主要目标是利用现代技术建立一个规模较大的电子图书馆演示模型,内容还包括各种文献载体数字化和信息服务研究、版权问题、电子图书馆投资等问题。1989年,卡内基·梅隆大学开始进行电子图书馆研究,作为图书馆自动化的一部分,其项目目标是建立一个电子传输全文系统。同时,康泰尔大学、化学文摘社、OCLC等机构也在着手建立"化学联机检索实验(CORE)"。CORE数据库使用电子图像和嵌入标准通用标识语言(SGML)的ASCII文本储存字符文件、图像、化学结构、公式和插图。1991年,伊利诺斯技术学院的国际关系图书馆开始进行电子文献储存项目,用来储存国际关系和商业活动方面的资料,后来该图书馆成为联合国和欧共体出版物指定储存单位。1993年哥伦比亚大学开始了"两面神(Janus)计划",提供联机检索法律文献,文献以字符形式储存以便进行全文检索。同年AT&T贝尔实验室、旧金山加州大学合作研究电子期刊传播系统,使得加州大学的师生能检索、显示和打印电子期刊的文章的全文图像。

(三)数字图书馆研究计划的启动

1994年,美国国家科学基金会联合其他单位正式实施"数字图书馆创始"计划,这个计划的主要目标是"使收集、存储和组织数字化信息的技术手段得到较大提高,并使数字化信息通过网络被查询、检索和处理,且有一个统一的用户友好界面"。其后的"美国记忆"——美国国家数字图书馆规划以及在此规划基础上美国国会图书馆斥巨资进行的图片资料数字化、IBM公司发起的数字图书馆研究倡议、若干大学提出的数字图书馆计划等。英国、日本、新加坡以及欧洲的一批大学也纷纷开始了联合开发数字图书馆的项目。美国于1993年通过了电子图书馆法案(Electronic Library Act),其目的是利用"公共图书馆、电子数据库以及像互联网和其他对公众开放网络的远程通信系统",并且"提供由稳固可靠的电脑程序所支持的搜索和检索服务,包括智能查询工具、搜索策略规划辅助、引导用户并利用电子图书馆资源提供教育和培训课程的机制,但不仅限于此"。为了保持和增强美国在国际上的竞争力,美国总统和副总统在若干次声明中也呼吁建立数字图书馆,在1993年2月就做了题为"为美国带来经济增长的技术:增强经济实力新方向"的报告。联邦政府对数字图书馆的认识保证了相关研究的资金来源。除了由联邦机构发起的研究计划,还出现了许多地区性数字图书馆项目,如:①数字图书馆联合大会,作为数字图书馆界的大型会议每年召开一次。②召开了许多专题研讨会,如1996年2月在加州大学洛杉矶分校召开了由美国国家科学基金和加州大学洛杉矶分校共同主办的"数字图书馆社会层面研讨会";③出版了数字图书馆杂志《数字化图书馆》。这是关于数字图书馆创新与研究的月刊,第一期于1995年7月出版。此外还有其他一些有关数字图书馆的刊物,如德国Springer出版社出版了《国际数字图书馆杂志》;④学术或专业期刊的数字图书馆特刊。《美国信息科学会刊》《美国计算机学会通讯》和《美国电气与电子工程师学会计算机学会杂志》等都有数字图书馆研究的相关特刊出版。

(四)数字图书馆的建设与利用

20世纪末以来,世界各国的数字图书馆建设有了较大的发展,许多已经投入实际的应用。在这一时期研究的重点也不再单纯地局限于技术,而是把研究范围扩展到更宽广的领域,如研究数字图书馆的经济、社会、法律、政策框架,制定信息共享格式与国际标准,数字图书馆网站的可靠性和稳定性,经济因素和商品化等,进行综合性研究。

(五)数字图书馆的基本组成

第一,一定规模并从内容或主题上相对独立的数字化资源。

第二,可用于广域网(主要是Internet)服务的网络设备和通信条件。

第三,一整套符合标准规范的数字图书馆赖以运作的软件系统,主要分信息的获取与创建、存储与管理、访问与查询、动态发布以及权限管理五大模块,类似于图书馆集成管理系统对于传统图书馆所起的作用:数字图书馆的维护管理和用户服务。

(六)数字图书馆的服务方式及作用

数字图书馆的服务是以知识概念引导的方式,将文字、图像、声音等数字化信息,通过互联网传输,从而做到信息资源共享。每个拥有任何电脑终端的用户只要通过联网,登录相关数字图书馆的网站,都可以在任何时间、任何地点方便快捷地享用世界上任何一个"信息空间"的数字化信息资源。

数字图书馆既是完整的知识定位系统,又是面向未来互联网发展的信息管理模式,可以广泛地应用于社会文化、终身教育、大众媒介、商业咨询、电子政务等一切社会组织的公众信息传播。

随着计算机和网络技术的研究和发展,数字图书馆正在从基于信息的处理和简单的人机界面逐步向基于知识的处理和广泛的机器之间的理解发展,从而使人们能够利用计算机和网络更大范围地拓展智力活动的能力,在所有需要交流、传播、存储和利用知识的领域,包括电子商务、教育、远程医疗等,发挥极其重要的作用。

第三节 数字图书馆的发展模式趋势与现存问题

一、数字图书馆的发展模式

目前关于数字图书馆的概念界定、理论方法和技术路线仍存在很多不确定和不一致的内容。这也说明数字图书馆理论和技术还远远没有形成完整的科学体系,在许多方面还需要进一步地研究和完善。同时,我们也发现各种概念和模型中所共有的一些数字图书馆的基本内容和原则。尽管目前人们对数字图书馆持有不同的认识,拥有不同的试验平台及系统,但是,就像拥有多种不同的图书馆自动化系统一样,数字图书馆系统也将是多样化的。下面我们从图书馆事业的角度出发,就发展数字图书馆的基本原则、基础环境和传统图书馆的变革与创新三个方面,作一简要分析和论述。

(一)发展数字书馆的基本原则

数字图书馆是一个新鲜事物。目前,不仅对数字图书馆的认识和理解方面尚存在争论,其理论体系尚不完整和成熟,同时在支撑数字图书馆构建的技术、知识产权等法律和社会问题以及组织实施方面亦存在一些障碍。因此,目前还不具备构建一个数字图书馆的成熟模式和方法。根据信息技术和网络的发展趋势,以及已经取得的数字图书馆研究成果,数字图书馆将成为传统物理图书馆的必然发展方向和用户高效率地获取高质量信息资源的主要途径和设施。尽管数字图书馆的理论和技术还不完善和成熟,但是发展数字图书馆已经成为必然的趋势,数字图书馆的研究开发和实践活动的时机已经到来。通过数字图书馆的研究开发和试验,促进数字图书馆理论和技术的发展与完善,再利用新的理论和技术指导数字图书馆的实践。这种理论与实践相互促进和相互作用的模式,是目前数字图书馆建设的基本模式。

目前的数字图书馆研究开发与实践正处于探索性阶段。一方面,开发数字图书馆已经成为必然趋势;另一方面,许多研究机构正在从多种角度开发数字图书馆技术,并已拥有若干不同的数字图书馆试验系统。因此,在目前情势下有必要通过分析与数字图书馆密切相关的互联网和传统物理图书馆的内在关系,梳理出一些在数字图书馆研究开发中必须坚持的基本原则。

从图书情报事业和文献信息服务的角度看,数字图书馆是以传统物理图书馆为组织机构基础的,以互联网络为平台的全新信息搜集、整理、组织加工、检索查询和发布传递的信息服务系统。数字图书馆既不是传统物理图书馆资源的简单数字化和上网服务,也不是只存在于网络,等同于一个普通的门户网站。数字图书馆的核心和本质是充分利用现代信息技术,以计算机网络为基础平台,构建一个有利于产生新知识(知识创新)的资源、工具及合作环境。这种作为环境的数字图书馆不仅仅局限于网络数字信息资源的开发利用,更是一个促进信息获取、传道、交流的知识网络。因此,在数字图书馆的研究开发中,必须确定明确的目标,清晰地勾画出所构建的数字图书馆的体系结构、资源(内容和服务)和功能,为此,必须明确数字图书馆具备的若干不同于传统物理图书馆和互联网的特征,并以此规划和发展数字图书馆。[①]

1.在传统图书馆基础上发展数字图书馆

数字图书馆采用的是一种与传统物理图书馆不同的,以互联网为平台、以数字信息为载体和对象的全新的信息发布、传播、收集、整理、组织加工和传递的模式。无论怎样,数字图书馆在本质上仍是通过信息资源的收集、整理、组织加工和传递,为用户提供各种信息服务,尽管其载体、手段、方法和模式发生了变化,但它只是在以计算机和网络技术为基础的新的环境下对传统物理图书馆功能的继承和创新。因此,数字图书馆的研究开发只有以

[①]周欣娟,陈臣.图书馆信息化建设[M].成都:电子科技大学出版社,2008.

传统的物理图书馆为基础,才能避免浪费。只有将传统图书馆学、情报学的各种理论和方法应用于数字图书馆的研究开发中,才能最好地发挥图书馆学、情报学的理论成果,也才能将传统的物理图书馆同数字图书馆理论和技术完美地融合起来。数字图书馆同传统图书馆一样,具有组织和机构特征。尽管在体系结构和信息资源分布上,数字图书馆是"无墙的"和"虚拟的",在组织上却是"实在"的,具有典型的机构特征。可以说,在传统物理图书馆的基础上,开发数字图书馆不仅具有上述各种优势,而且在印本文献仍大量存在的情况下,以传统图书馆为基础发展数字图书馆,完全符合目前用户对信息资源需求的客观规律。

已有研究和实践告诉人们,在传统物理图书馆的基础上开发数字图书馆,并不是简单的资源上网和提供链接,也不仅仅是门户网站的建设(无论是水平门户还是垂直门户),而是必须针对数字图书馆体现出的以用户为中心、提供快速高效的信息检索查询、提供个性化服务以促进学习和创新,对传统物理图书馆的体制、运行机制、各项业务流程进行改革、重组和创新,进而构建一个适应数字图书馆发展方向的全新的环境。

2.在系统设计和开发中必须坚持分布式原则

分布式原则是贯穿数字图书馆各个层次的普遍原则。在体系结构上,数字图书馆系统和平台是以互联网为基础环境。因此,数字图书馆的体系结构设计必须坚持分布式系统的原则。

在信息资源方面,数字图书馆资源在理论上可以分布在互联网的各个角落,只要数字图书馆的资源发现系统覆盖这些资源,那么这些资源就可以看作该数字图书馆的信息资源。这种分布式的信息资源要求数字图书馆必须采用分布式结构。

在互操作和集成方面,数字图书馆必须对广泛的异构系统、平台、数据库和其他信息资源实现各个层次的互操作,为用户提供一体化的集成信息服务,对于大量的增长迅速、类型繁杂的网络数字信息资源和服务来说,分布式原则是唯一的选择。

数字图书馆区别于传统自动化图书馆的重要特征之一是数字图书馆强调个性化服务,为不同的用户提供不同的信息资源和服务,需要对网络数字信息资源进行适时的动态重组,另外,数字图书馆本身也是一个网络的概念。一个具体的数字图书馆拥有多个合作伙伴(信息资源和信息服务的提供者或共享者)。同时,该数字图书馆也是其他若干个数字图书馆的信息资源和信息服务的提供者。上述情况都要求数字图书馆必须具有一个动态的、灵活的、可扩展和联合的结构。因此,在几乎所有的数字图书馆研究项目和试验平台中,都采用了基于组件的分布式设计原则。总之,分布式原则是数字图书馆系统和平台设计的基础。

3.确定数字图书馆的类型、范围和边界

如果从数字图书馆存在于互联网的角度出发,在技术上可以说数字图书馆是无边界的,任何用户在互联网的任何角落,都可以不受时空限制地通过数字图书馆查询和获取所需信息资源。如果从数字图书馆的构建者和维护者的角度出发,从数字图书馆覆盖的信息资源和提供的信息服务看,数字图书馆同传统图书馆一样,也有类型之分,也有地域范围和边界。

数字图书馆的类型、范围和边界,取决于数字图书馆的定位、用户群的类型和相应的信息需求。例如,在大学创建数字图书馆,其用户群的主体是教师和学生,该数字图书馆创建和组织的信息资源,提供的信息服务必须以教师和学生为主,必须为大学的教育和提高教师、学生之间的交流与合作,帮助学生学习,促进他们善于发现、提出和解决问题服务。大学数字图书馆的信息资源的创建和组织,必须围绕课程的设计和教学进程进行,提供的信息服务应以课件开发和联机教学等为主要方式。对于专门数字图书馆来说,更像一个专业群体内部的知识网络,在系统设计中更加强调把某一学科、某一专业领域的分布在各个地方的研究人员通过数字图书馆组织起来,加强研究人员之间的交流与合作,促进研究人员及早发现和获取最新的科技信息,提供科学研究和工程设计所必需的各种工具,各种数据和统计分析等,通过数字图书馆提供的信息资源和信息服务,促进科研人员不断创新。对于公共图书馆来说,更加侧重于为尽可能多的各个类型、各个层次的用户提供科学技术、文化、教育、娱乐、休闲等服务,无论是信息资源的类型和搜索范围,还是提供的信息服务,都要求尽可能多样和广泛,满足大众各种信息需求。

另外,尽管数字图书馆仍将以公益性服务为主体和原则,但是与传统图书馆相比,公益性的内涵发生了变化。由于数字信息资源的易复制性和通过网络的广泛传递性,改变了传统图书馆时代以印本文献为主体的知识产权保护规则,数字图书馆引进和开发的信息资源具备了严格的地域限制(网络区域限制)。因此,在这方面,从用户和数字图书馆信息服务范围两个方面看,尽管在技术上数字图书馆是通向全球的,实际却是有边界和范围限制的。

通过上述分析可以发现,尽管从理论和技术上看,任何一个用户在互联网的任何一个角落,都可以访问和获取数字图书馆的信息资源和服务,但是,任何一个数字图书馆在构建中,都是有类型和边界的,无论是创建和组织的信息资源,还是提供的信息服务,并不是覆盖全部网络的,而是纷繁复杂的信息资源中的某一部分或某种类型的信息资源和信息服务。

数字图书馆的区别于传统图书馆和各种网站(如门户网站)的重要特征是,数字图书馆既不是传统图书馆的以机构和资源为中心的模式,也不是各种用户为中心的特点大体表现在以下三个方面。

第一,尽管数字图书馆在技术上更多地表现为以互联网为基础平台的网络信息系统,但在本质上是以某个用户群体内的知识网络为目标。知识网络的基本特征就是将拥有信息和知识的人相互联结起来,通过促进信息和知识的交流与传递,促进人们的知识创新。无论信息交流与传递是通过正式交流渠道(电子期刊、文献数据库、数值数据库等),还是非正式交流渠道(讨论组、电子邮件等)进行,都是在拥有共同或相关的研究内容的人或具有相似信息需求的用户之间建立一个交流与合作的网络,并提供相应的信息资源和信息服务。因此,必须根据用户的需求和特征进行系统的功能设计与技术实现。用户是数字图书馆的真正主体。

第二,以用户为中心还表现在数字图书馆强调提供个性化信息服务方面。数字图书馆强调根据用户需求,提供个性化的信息服务,这就要求数字图书馆必须采用基于组件的分布式体系结构,以保证系统的灵活性和可扩展性,在信息资源方面,也要坚持信息资源的单元化和相对独立性。以保证能够根据用户的具体信息需求,对相关的信息资源单元进行动态的处理(组合、连接等),为用户提供更加个性化的信息服务。这种个性化信息服务与传统图书馆的"区别服务"不同,数字图书馆以用户为中心的个性化信息服务是建立在系统结构的灵活性、资源组织的单元化和信息系统的自动化、智能化的基础上,从根据不同用户的不同需求提供相应的基本个性化服务,向提供智能化信息服务方向发展。智能化数字图书馆系统通过学习掌握并跟踪用户的信息需求,主动向用户提供信息服务或在用户进行下一次查询时,系统根据学习和掌握的用户需求特征进行智能化信息检索,为用户提供极具个性化特征的信息服务。

第三,数字图书馆与用户之间不是主动和被动的关系,而是交互式的关系。在传统图书馆的以机构和信息资源为中心的模式下,信息资源是预先组织好的,用户只能被动地进行有限制的信息查询和检索,而且在传统图书馆中,不允许用户对图书馆的信息资源进行任何的注释和评价,用户对检索到的信息资源与信息需求间的相关性判断,完全依赖于图书馆对信息资源的有限的、模糊的概要描述和检索系统提供的检索算法的能力。数字图书馆则鼓励用户参与图书馆的信息资源的选择与评价,以便将这些来自用户的选择、判断和评价,用于其他的查询和检索中。这种思想对于提高数字图书馆的信息服务质量具有良好的作用。

4.加强数字图书馆理论与技术的研究开发

在传统图书馆基础上发展数字图书馆具有很多优势。但是,数字图书馆具有很多传统图书馆所不具备的新的特点和对传统图书馆一些基本原则和方式、方法的否定,而且,目前关于数字图书馆理论与技术的研究开发,只是取得了初步的成果,还有很多理论和技术问题尚未得到解决,特别是关于数字图书馆的理论与技术还不成熟,正在不断地变化和发展。因此,在发展数字图书馆过程中,必须加强数字图书馆理论和技术的研究开发,坚持理论先行,以理论指导实践,在实践中不断发展和完善理论的基本原则。加强数字图书馆理论与技术的研究开发主要包括两个方面的内容:(1)数字图书馆技术的研究开发,包括数字图书馆的体系结构、互操作性、信息描述与组织、信息检索以及与数字图书馆有关的其他各种信息技术(如人工智能技术的研究和应用、元数据标准的开发、知识产权保护技术、网络支付和认证技术等)的研究开发。(2)数字图书馆的发展模式研究,主要涉及与发展数字图书馆的组织实施有关的各种问题,如数字图书馆的系统及其功能设计与实现、与知识产权有关的各种法律和政策问题、数字图书馆的运行模式和与传统图书馆的业务重组和功能创新有关的各种问题等。

(二)发展数字图书馆的外部环境

在讨论和分析了数字图书馆的基本理论与技术之后,我们发现仅有数字图书馆的理论和技术以及设计方案,并不能保证数字图书馆的顺利发展。网络和数字信息资源是数字图书馆发展的基础,而由网络和数字信息资源引发的传统信息发布、传播、组织加工和传递的基本规则正在受着巨大的冲击。因此,需要重新构筑和优化支撑网络和数字图书馆发展的外部环境。发展数字图书馆的外部环境(基础环境)主要包括:网络环境与信息术条件、信息资源、法律和社会保障、传统图书馆等。发展数字图书馆必须对基础环境进行详细的调查和分析,根据基础环境的情况,确定发展数字图书馆的目标和模式。在不同国家、不同地区甚至不同行业和领域内,基础环境具有较大差异。因此,发展数字图书馆的模式也就不同。

1.网络环境与信息技术条件

20世纪90年代以来,网络的发展和普及应用速度十分惊人。在各国政府的大力支持下,各种"信息高速公路"计划不断出现,网络基础设施建设力度很大,网络覆盖范围和用户数量持续快速增长,网络带宽不断增加,与网络相关的各种通信和计算机等信息技术不断发展。近些年来,在政府持续加强网络基础设施建设的同时,通过风险投资等手段进行融资的各种商业网站更是异常火爆。据统计,平均每三天就有一个商业网站诞生。另外,网络技术和网络服务也在不断扩展和深化,特别是宽带网IP、三网合一、数据仓库技术及最近流行的移动网络接入服务WAP和个人掌上电脑(个人数字化助手PDAs)等都显示了网络的蓬勃发展势头。互联网和信息技术这种迅猛发展形势,为数字图书馆的开发提供了基本的网络环境和信息技术保障,也为数字图书馆提供了广阔的发展空间和越来越庞大的潜在用户。但是,相对于数字图书馆的要求来说,目前的网络环境和信息技术还存在一些亟待解决的障碍,例如,与适时多媒体信息传输有关的带宽不够、网络瓶颈现象、信息检索技术、人工智能技术、虚拟现实技术、自动标引技术、互操作技术等问题,都须适时研究解决。

2.法律和社会保障

法律和社会保障问题是影响数字图书馆发展的又一重要因素。数字图书馆的发展必须有配套的法律和社会保障措施的同步发展。目前,与网络信息传递有关的知识产权保护和有偿使用的相关法律及政策,网络信息发布和传播的相关法律、法规和政策,网络费用支付与国际结算机制等,都还不完善甚至空白。

另外,不同国家和地区在网络管理方面也存在很大的差异。数字图书馆需要一个跨国、跨地区的网络。如何解决不同国家和地区的法律和政策的差异,同样是数字图书馆面临的重要问题。有关数字图书馆的法律和社会保障问题,不仅是数字图书馆面临的问题,更是整个网络所必须解决的支撑和保障问题。而且上述法律和社会保障问题,不是数字图书馆的开发者所能够解决的,需要政府机构和行业组织共同努力解决。如果上述问题得不到很好的解决,将会阻碍网络和数字图书馆的发展,甚至引起混乱。目前,由于配套的法律和社会保障机制不健全,导致网络信息资源质量参差不齐,高质量的信息资源,特别是科学资源由于缺少必要的保护而拒绝网络的现象已经出现。与网络有关的法律和社会保障问题,是一个十分庞大的课题,必须依靠政府和学术团体及企业家们的共同努力,逐步研究解决。

3.传统图书馆事业的发展和前景

在数字图书馆概念及相应的理论与技术出现以前,传统图书馆承担着人类社会主要的信息收集、整理、组织加工和传递的任务。在计算机技术应用于图书馆工作以后,机读目录和文献数据库就已经将传统图书馆带入了自动化图书馆,而且随着网络和数字信息媒体的出现,传统图书馆一直不断地逐步将各种类型的数字信息资源作为收藏、加工处理和提供服务的重要内容,并努力加强网络建设,将馆藏各种信息资源通过网络提供更大范围、更快捷、方便的信息服务。目前,传统图书馆的主要工作包括:

(1)印本文献的收集、整理、组织加工和提供使用

传统图书馆在印刷载体文献处理方面,不仅形成了一整套科学的文献组织加工方法和标准,而且实现了图书馆自动化系统的开发、应用与维护。传统图书馆在以 MARC 为起点的图书馆自动化系统建设方面,的确取得了巨大的成绩。目前,在中国图书馆界应用较多的图书馆自动化系统包括 ILAS 系统、丹诚系统、北京邮电大学图书馆自动化信息网络系统 MELI-NETS、TOTAIS 系统、Horizon 系统、INNOPAC 系统以及其他一些引进或自主开发的小型图书馆自动化系统。图书馆自动化系统一直在不断地改进和完善。在标准化方面,均符合 ISO2709 标准和 239.50 格式;在体系结构方面,从单机和集中式系统向网络分布式系统发展;在处理对象方面,从单一处理图书向期刊、图书、会议录等多种类型文献发展;在功能方面,从单馆作业向多馆联合联机编目、馆际互查互借等资源共建共享发展。

(2)数据库建设

目前图书馆开发和引进的数据库资源,大多以文献型数据库为主,包括篇名数据库、文摘数据库、全文数据库等。特别是经过图书馆网络建设以后,镜像站点的建立对于通过网络提供经济、快速、高效的数据库检索查询服务收到了良好的效果。

(3)图书馆网络

图书馆界是较早对网络作出反应的行业之一,经过努力,图书馆网络化建设已经取得了显著的成绩,大多数图书馆都直接或间接地拥有了网络环境。目前,图书馆通过网络开展各种形式的网络信息服务,主要包括OPAC、数据库检索查询、资源共建共享、网络全文传递、网络信息发布和网络信息导航等。

(4)电子阅览室

传统图书馆电子阅览室的建设主要是收集各种以光盘为载体的电子出版物、光盘数据库等,为用户提供各种阅览、视听和检索查询服务。

(5)信息咨询服务

传统图书馆通过自身的信息资源优势,发挥图书馆的情报职能,开展各种层次的信息咨询和情报研究服务,为用户提供深层次的信息。图书馆的信息枢纽和精神文明建设基地的作用,正在引起社会广泛的重视。

(6)数字图书馆研究开发

在数字图书馆概念及相应的理论与技术出现后,图书馆界迅速地抓住这一契机,积极开展数字图书馆的研究开发与实践活动,以美国NSF资助的DLI2项目、西方七国集团数字图书馆项目等为代表的数字图书馆项目已经数不胜数。在我国也开展了数字图书馆的研究开发活动,如中国数字图书馆工程的正式立项和启动,中关村科技园区数字图书馆群项目、IBM与清华大学及辽宁省图书馆合作的数字图书馆项目等都有很大进展。

通过分析目前传统图书馆的基本情况,还可以发现,许多传统图书馆已经涉及了目前几乎所有的信息资源,而且正在对自动化、网络化进行不断的改进和完善,并试图向数字图书馆方向发展。因此,不仅在传统图书馆基础上发展数字图书馆已具有很多优势,能够在激烈的网络信息服务竞争中保持优势,而且传统图书馆已经具备了发展数字图书馆的各种基础,包括网络环境、基本技术条件、人员、信息资源以及用户群等。但是,数字图书馆毕竟与传统图书馆存在很大的不同。因此,必须在新的环境下,对传统图书馆进行准确的定位,根据定位对传统图书馆的业务和功能进行创新与重组,改革管理体制和运行机制,确定符合数字图书馆发展规律和要求的信息资源开发策略和模式,从而促进图书馆事业的全面发展。

(三)传统图书馆事业的变革与创断

传统图书馆的持续努力和发展所取得的成绩,已经为发展数字图书馆奠定了良好的基础。同时,面对数字图书馆的挑战,传统图书馆还具有一些不适应信息服务发展趋势要求的旧思想、旧体制和旧模式。许多旧观念和消极因素顽固地束缚着图书馆的新发展,严重地限制了图书馆在网络环境中的发展空间。因此,必须对传统图书馆进行相应的变革与创新,建立一种新的适合于数字图书馆发展的环境和条件。笔者认为,传统图书馆事业的变革与创新应体现在以下几方面:确定发展数字图书馆的明确目标;建立快速灵活的信息处理机制;确定符合数字图书馆发展的信息资源采集策略和开发利用模式。

1.确定发展数字图书馆的明确目标

数字图书馆是传统图书馆的发展方向,几乎已经成为无可争论的事实。但是,在传统图书馆向数字图书馆发展过程中,必须正确理解数字图书馆的含义,必须根据社会信息需求和政治、经济、科学技术和文化教育事业的发展,确定符合社会信息需求和图书馆客观发展规律的数字图书馆目标。确定发展数字图书馆的目标的主要内容:

第一,数字图书馆没有统一的模式,不同国家和地区,不同类型的图书馆发展数字图书馆的模式各不相同。例如,在发展数字图书馆的基本原则中,已经阐述了大学图书馆、专门图书馆和公共图书馆在发展数字图书馆方面的区别和各自的特点。正是由于数字图书馆没有固定的模式,所以Stanford大学数字图书馆研究小组开发的InfoBus并不称为数字图书馆,而是称其为支撑数字图书馆的基础结构。但是,不能因为发展数字图书馆没有固定的模式,而将数字图书馆简单地理解为资源的数字化和网络信息服务,在发展数字图书馆过程中,没有明确的目标和原则。恰恰相反,发展数字图书馆,必须在坚持发展数字图书馆的基本原则的基础上,根据图书馆自身的类型和用户群的特征及信息需求特点,设计明确的数字图书馆发展目标。发展数字图书馆的基本原则包括:①坚持在传统图书馆基础上发展数字图书馆;②在数字图书馆系统设计和开发中坚持分布式原则;③明确数字图书馆的类型、范围和边界;④坚持以用户(人)为中心,促进知识网络的建设;⑤加强数字图书馆理论与技术的研究开发。

第二,数字图书馆从技术上看是一个以数字信息资源为对象,以网络为基础平台的信息网络系统。但是,在传统图书馆基础上发展数字图书馆,具有很强的机构特征,并不是"虚拟的"和"无墙的"图书馆。传统物理图书馆是数字图书馆技术的机构和物理载体。在功能上,数字图书馆是对传统图书馆功能的继承创新和发展。因此,在应用各种数字图书馆技术,开发传统图书馆不具备的以用户为中心的、多种类型和载体的信息资源的集成服务的同时,社会仍然需求的传统图书馆的印刷载体文献的保存、社区借阅服务等功能必须被数字图书馆所继承。例如,在信息资源的保存方面数字图书馆不仅要承担保存数字信息资源的任务,同时仍需保存传统的印刷载体馆藏。据统计,软盘的保存寿命为18个月,光盘的保存寿命为10年左右,硬盘的保存寿命也不过30年,而数据库最多每50年必须进行一次备份和更新。由此可见,这些数字信息资源的保存寿命比印刷载体文献的寿命要短得多。在社区服务方面,在可预见的未来,受到人们阅读习惯等多种因素的影响,印刷载体文献将仍然是信息的主要载体。因此,数字图书馆也必须收集印本文献,并提供相应的借阅服务。

2.建立快速灵活的信息处理机制

数字图书馆信息服务的一个主要特点是利用先进的信息技术,对不同种类、不同结构的数字信息资源间的差别进行屏蔽,通过互操作对异构信息资源和服务进行无缝连接,为用户提供一揽子的集成信息服务。在目前的网络环境中,信息资源的载体纷繁复杂,形式多种多样,数量异常庞大,信息资源的时效性和动态性不断增强,传统图书馆无法对这些快速、复杂、多样的信息资源做出快速反应。因此,面向发展数字图书馆的目标,必须对传统图书馆进行改革,建立符合数字图书馆特点和需求的、快速灵活的信息处理机制。为建立符合数字图书馆需求的信息处理机制,至少需要对传统图书馆进行如下三个方面的改革:

(1)体制和运行机制改革

随着计算机、网络、通信等信息技术的飞速发展和网络的迅速普及,人类社会信息发布、传播与信息交流的渠道日益多样。同时,随着社会经济的高速发展,对信息的需求更加紧迫。由于网络具有方便、快速的优势,导致传统图书馆信息服务相对冷落。尽管传统图书馆一直在发展和利用网络开展信息服务,但是,以网络为依托发展起来的网络内容提供商和网络信息服务提供商,依靠强大的资金投入和灵活的市场机制,得到了快速的发展,各种商业网站、门户网站(水平门户和垂直门户)的增长速度十分惊人,水平质量不断提高。在信息服务领域,传统图书馆已经受到了来自数据加工业和信息咨询业的强烈冲击。同时,在图书馆界内部,为争夺流动性日益增强的用户的竞争已经开始,大多数的图书馆,特别是大型图书馆已经强烈地感觉到了来自外部和行业内部竞争的生存压力。

在这种环境下,传统图书馆发展数字图书馆,仅仅依靠先进的信息技术和现有的信息资源是不够的,必须对传统图书馆的管理体制、运行机制、分配制度等进行改革,引进竞争和奖励机制,形成有利于事业发展的良好的管理体制、运行机制和创新环境。在体制和机制上建立适合于对动态的、复杂多样的信息资源做出快速反应的制度保障。在这方面,无论是公共系统、高校系统,还是科研、专业系统,均有不少图书馆和情报机构已迈出可喜的一步。

(2)对传统图书馆业务管理模式进行改造和重组

传统图书馆的业务管理模式以印刷载体文献的收集、整理、组织加工和传递为基础。为了便于对印刷载体文献的加工处理,传统图书馆的业务管理基本是按照印刷载体文献的类型(图书、期刊、会议文献、科技报告等)和语种(中文、西文、俄文、日文等)实行分类管理、分类收集和加工整理与服务的模式。这种业务管理模式在传统图书馆业务管理中发挥了重要的作用。这种业务管理模式对数字图书馆所要求的集成化信息资源加工和信息服务来说,无异于设置了障碍。

为了便于传统图书馆馆藏的分类管理,对传统图书馆的馆藏和数字信息资源实行分类存放是无可厚非的。但是,相对于信息资源的采集和加工而言,上述管理模式则存在很多弊端。首先,由于按照文献类型(图书、期刊、电子出版物和数据库等)和载体类型(印刷载体、数字载体)分别进行信息资源的采集,导致同一主题领域的不同类型和载体的文献信息资源的相互分割独立,破坏了信息资源采集的一致性和完整性,容易出现用户在查询获取某一主题领域的信息资源时,因为各种类型和载体的文献资源不匹配和不完整而错漏、片面;其次,由于采用上述按文献类型和载体分类的信息资源加工模式,导致信息资源加工部门数量过多,功能重复,从而造成不必要的重复劳动和较低的工作效率;第三,随着信息资源类型的不断增多,上述管理模式将导致更多功能重叠的独立机构出现。这样,不仅浪费重复劳动,而且对各种信息资源的集成处理将更加困难。因此,面向发展数字图书馆的目标,必须树立新的、系统的采购、加工和服务的思维和观念,彻底改革传统图书馆的业务管理模式,建立一个精练的负责所有类型信息资源采集和加工的新机构,对图书馆信息资源的采集、加工实行集成化管理,这样才能在信息资源的采集和加工方面,保持对动态信息资源的快速反应的能力。

(3)积极开展数字图书馆理论研究和实践开发活动

在建立起适应竞争需求的管理体制和运行机制,并确立了符合数字图书馆发展的业务管理模式以后,传统图书馆还应加强数字图书馆的理论研究和开发实践工作。虽然在世界范围内,尤其是发达国家,关于数字图书馆的研究开发活动,也只是在20世纪90年代才开始的,但是,迄今已经取得了很大的进展。而我国关于数字图书馆的研究开发活动,还只是刚刚开始,尚无比较系统和成熟的数字图书馆理论和技术成果。因此,必须继续加强我国数字图书馆的研究开发工作。

第一,建立一种鼓励图书馆研究人员跟踪、研究数字图书馆有关理论和技术的研发机制,探索符合本馆自身需求和特点的数字图书馆发展模式,为发展数字图书馆做好理论、技术和人才的储备。

第二,积极开展数字图书馆的实践和开发活动,根据本馆实际情况进行基于组件的分布式数字图书馆的功能设计、结构设计和系统实现,在实践中探索数字图书馆的具体模式。

第三,全面了解、跟踪、分析和消化吸收发达国家数字图书馆研究开发活动取得的有关成果,并应用于我国相应的研究开发工作。

第四,在发达国家,各个领域的研究人员和机构,都在从事数字图书馆理论与技术的研究开发工作,特别是计算机和网络领域(甚至是IT领域的人员和机构,如美国的施乐公司等)的机构,在数字图书馆的技术开发中,发挥非常重要的作用。在我国已经出现这样的趋势,应该鼓励上述机构加入我国数字图书馆的研发工作。

第五,在发达国家,其数字图书馆项目更加侧重于试验和研究,几乎很

※ 数字图书馆发展建设研究 ※

少见到大规模的数字图书馆建设。其根本原因在于数字图书馆理论和技术还不十分成熟和系统,关于数字图书馆的概念、模式尚无统一的标准,甚至还存在很多争论,还存在若干阻碍数字图书馆建设的技术问题,尚未得到解决等。在我国,由于一些特殊的原因,更加侧重于数字图书馆的有关工程建设。由于在全世界范围内,有关数字图书馆的研究开发活动也才开始不久,所以,在发展数字图书馆方面,世界各国都站在了同一个起跑线上。发展中国家应该利用这个契机,加强数字图书馆的研究和建设,争取利用信息技术和网络,实现图书馆的跨越式发展,赶上甚至超过西方发达国家。同时,我们还应该看到,虽然在发展数字图书馆方面,我们同发达国家站在了同一个起跑线上,但是,与发达国家相比,我们的基础(传统图书馆水平、技术、人才、观念等)还很薄弱。因此,我们在积极肯定和支持我国的数字图书馆建设的同时,必须坚持在数字图书馆工程建设的过程中,重视和加强相应的理论研究和技术开发工作,坚持在跟踪、学习、引进和消化吸收发达国家的数字图书馆理论和技术的基础上,针对我国图书馆行业、信息产业的具体情况,进行数字图书馆理论和技术的创新。只有这样,才能保证工程建设的正确方向和技术路线,也才能争取在若干年后,我们不至于再回过头来,重新购买国外的技术和系统平台。

第六,在数字图书馆的研发和实践过程中,必将传统图书馆的自动化系统和各种数据库系统作为未来数字图书馆的分布式组件进行改造和集成。随着数字图书馆理论研究和实践活动的深入,必然要求对现有的自动化和网络系统进行改造。图书馆自动化系统,应该积极探索如何对MARC格式和系统功能进行改造和扩展,形成一个灵活的、可扩展的、能够处理图书、期刊和各种电子出版物及下载的网络公共信息资源等各种信息资源的综合性系统。在对MARC格式和自动化系统的改造和扩展方面,可以参考OCLC的有关做法进行研究和试验。这种循序渐进的发展程序对传统图书馆向数字图书馆的发展将会起到积极的作用。

第七,在数字图书馆的研究开发和建设过程中,应坚持利用IT领域的先进技术和人才,采用招标开发的方式,图书馆的管理和技术人员参与具体的开发工作。避免以前曾经存在的封闭的家庭作坊式内部开发模式。同时,在引进技术和自动化系统,乃至数字图书馆的开发中,也要注意具体的方式,图书馆引进和购买的是服务,而不仅仅是产品。不同类型、不同规模的图书馆,其业务管理模式也具有不同的特点和规律。因此,如果仅仅是购买作为产品的自动化系统或数字图书馆有关系统和技术,必然会与本馆的具体业务工作存在一些矛盾。目前,存在一种现象,一些图书馆在经过考察购买有关系统后,常常是业务工作迁就系统的特点和要求。而开发商一般不肯为某一个用户而修改其系统。这种现象的本质在于,图书馆购买的是产品,而不是服务。因此,正确的开发模式是,图书馆在与开发商签订协议时,应明确购买的是服务,而且是专门服务。开发商要根据图书馆的具体业务需求,开发新系统或对原有系统进行改造,而且图书馆的业务和技术人员,应参与项目的设计和开发。

3.确定合理的信息资源开发利用原则

前文曾经论及,数字图书馆的信息资源主要由三部分组成:数字图书馆自建的信息资源、合作伙伴提供的信息资源(包括引进和购买的信息资源)和网络公共信息资源。在确定数字图书馆的用户主体和类型以后,如何协调上述三种信息资源,确定合理的信息资源开发策略是决定传统图书馆能否顺利向数字图书馆发展的重要因素。面向发展数字图书馆的目标,传统图书馆必须对原有的信息资源开发利用模式进行调整,确定符合数字图书馆需求的信息资源开发利用的基本原则,为向数字图书馆发展打下良好的资源基础。为此,传统图书馆需要加强以下工作:

(1)增加数字信息资源的比例

传统图书馆向数字图书馆发展,必须增加数字信息资源的比例,在保证传统图书馆的保存功能和借阅等服务的基础上,逐步完善数字信息资源体系和相应的检索查询体系,以向数字图书馆发展奠定良好的资源基础。在增加数字信息资源的过程中,首先,应加强各种类型、各个层次的数据库信息资源的引进;其次,应加强网络信息资源的发现、下载和组织加工,将动态的、复杂和无序的网络信息资源变成有序的信息资源,并能够提供用户进行方便、快速、有效的访问和查询。

(2)从以资源为中心向以用户为中心转变

传统图书馆的信息资源开发利用一向以资源为中心,按照文献类型和信息资源的载体类型预先将各种信息资源分类组织起来,用户必须按照图书馆的信息资源组织系统,分门别类地逐一进行检索、查询和利用。在一定的环境下,这种业务组织模式,曾给读者以方便,但是在文献物理形态存储和检索,以及通信技术已发生巨大变化的情况下,如不适时改变,很可能反为用户查询和获取所需信息资源带来了很多限制。因此,传统图书馆应该根据数字图书馆的以用户为中心提供集成信息服务的要求,对现有信息资源进行改造和集成。

第一,对各种文献数据库(包括书目数据库、篇名数据库、文摘数据库、全文数据库和科学引文数据库等)进行互联和集成,实现各种类型、各个层次的文献信息资源的集成化信息查询服务,即用户通过一次查询,能够获取从图书到篇名、文摘、全文等各种所需的信息资源,并能够利用科学引文索引等方法,实现查询结果的质量控制,并且根据与用户需求的相关程度进行排序输出等功能。在此基础上,逐步实现对某一主题领域的不同种类的数据库信息资源(如文献数据库、数值数据库等)的互联和集成。这种互联和集成不是固定的,而是动态的和可扩展的,其本质是在各种数字信息资源之间实现广泛的互操作。

第二,通过建立适当的机制和平台,鼓励用户对图书馆的信息资源进行评价。这种评价既包括对各种信息资源(图书、期刊、数据库、电子出版物、网络信息资源等)的评价,也包括对各种信息服务(OPAC查询结果、数据库检索结果等)的评价。图书馆将这些评价收集起来,或者提供给其他主题相关的用户在利用图书馆的信息资源时进行参考,或者将这些评价信息集成到资源内部,用于信息检索的过滤和质量控制的参数。总之,来自用户的评价信息对于改善图书馆信息资源的使用效果具有良好的辅助作用。

(3)加强信息资源共建共享

数字图书馆是一个网络的概念。因此,只对传统图书馆内部的信息资源进行互联和集成是不够的,还必须努力对传统图书馆外部的各种信息资源进行互联和集成。为此,传统图书馆必须转变信息资源收集的观念,从强调拥有信息资源的所有权,向强调信息资源的使用权转变。通过各种共享、互换或有偿使用协议,争取尽可能多的信息资源提供者,并对这些信息资源进行互联和集成。除去自建信息资源以外,与网络公共信息资源相比,由第三方有偿提供使用的信息资源具有更高的质量和实用价值。在未来的数字图书馆时代,一个数字图书馆拥有的信息资源的数量和质量更多地取决于与它签订信息资源提供协议的信息资源提供者的数量。因此,传统图书馆可以将更多的力量投入信息资源的引进工作,以相对较少的投入争取尽可能多的合作伙伴,为向数字图书馆发展奠定坚实的信息资源基础和合作伙伴网络。

总之,传统图书馆向数字图书馆发展,必须抓住数字图书馆的本质,根据发展数字图书馆的基本原则,结合自身实际情况和特点,制定明确的发展目标。根据发展目标,分步骤、分阶段地逐渐改变传统图书馆中不适应数字图书馆发展的思想、业务管理体制、信息资源结构和开发利用模式,积极开展数字图书馆理论研究和技术实践,把各种先进的数字图书馆技术应用到传统图书馆的信息管理和信息服务中,逐渐形成一个基于组件的分布式数字图书馆系统,并进一步向知识网络发展。

我们有理由相信,在传统图书馆基础上发展起来的数字图书馆,在未来激烈的网络信息服务竞争中具有强大的竞争力和生存能力。传统图书馆只要以数字图书馆为发展目标和方向,坚持改革与创新的精神,就一定会在未来的网络和数字信息环境中拥有广阔的发展空间和巨大的发展潜力。

二、颠覆数字图书馆的大趋势

随着信息技术的迅速发展,文献信息的生产、传播与服务形态已经发生了巨大变化,数字图书馆已经逐步成为建设、组织和提供文献资源的主要机制。但是,现在的数字图书馆形态只是信息服务先河中的一个短暂阶段,发展的根本特征是持续的,往往革命性的变化。正如美国雪城大学(Syracuse University)的 Scott Nicholson 教授在"2005数字图书馆前沿问题高级研讨班"上的讲演中指出,图书馆界过去五年的变化超过了前面一百年的变化,而未来五年的变化将使过去五年的变化微不足道。为了应对未来的变化,我们不但要关注已经应用到数字图书馆领域内、对现有能力和机制起着增强作用的技术与方法,还必须高度关注那些可能对我们所熟悉的能力和机制进行破坏和颠覆的重大趋势。N. N. Taleb 教授在《黑天鹅:那些"高度不可能事件"的影响》中指出,我们所不知道的、超出正常期待范围的东西,对我们的影响要远远超过已经知道的东西。因此,必须高度关注可能的破坏性或颠覆性趋势,尤其是那些发生或将要发生在我们赖以生存的领域的趋势,主动利用这些趋势来进行战略性创新,才能驾驭发展,为自己创造未来。

(一)破坏性技术

破坏性技术(Disruptive Technologies),是由哈佛大学商学院教授克莱顿,克里斯滕森提出,泛指那些有助于创造新价值、开辟新市场,而且逐步或者迅速地颠覆原有的市场格局、取代原有技术的新技术。当然,"技术"应作广义的理解,包括方法、工具、模式和机制等。

一般来说,破坏性技术在初始阶段比较简单或者"低端",往往针对被当时的主流市场所忽略的顾客群,往往能更加简单方便地支持顾客的目标,往往意味着不同的商业模式,往往来自市场的新加入者。

通常来说,"破坏过程"并不是发生在空白的或濒临垮台的市场上。市场上往往已有相当多参与者,他们激烈竞争并持续发展。市场的领先者仍然不断地改进技术与方法,甚至采用全新的技术来提高现有市场或产品的能力与价值,因此在这种持续性创新(Sus-taining innovation)下,市场及其原有的参与者仍然在发展。但是,这种持续性创新并没有增加新的价值类型,没有创造新的市场,而且由于其关注点局限于原有市场价值与产品能力,往往难以适应不断变化的市场与顾客,相反可能与之越来越背离。与此同时,针对新的价值、新的顾客群及其市场应用的技术开始涌现,尽管一开始与传统技术相比存在很多不足,甚至在某些传统的能力指标上与传统技术相比始终不足,但它们能更好地适应新的顾客群(以及那些陷于原有市场但其需求没能得到满足的顾客群),能创造新的价值,创造出新的市场并逐步将这类新市场扩展到愈来愈大的范围,从而"突然"引领和占领了市场,使得原有的市场领先者被边缘化、甚至败下阵来。其实,在整个过程中,原有的市场领先者也许一直在努力地发展和持续创新,但他们之前的成功反而将他们局限在原有的格局中,成功为失败之母。

破坏性技术及其对市场的影响就在我们身边。其实图书馆数目被Google"边缘化",图书馆期刊馆藏被电子期刊数据库"取代",参考咨询服务受到网络百科类和咨询类服务的"挑战",等等,都是我们身边的破坏性技术颠覆现有市场格局的鲜活例子。而且,我们的"市场"内部也开始显现许多值得特别关注的、容易让"破坏性技术"乘虚而入的缺口,预示着可能被颠覆的危机。OCLC在2010年3月发布《研究型图书馆:危机与系统化变革》,调查了研究型图书馆馆民对面临的危机及其可能带来的影响的看法。

应充分意识到,现在的数字图书馆模式,仍然基本是传统图书馆模式的延伸,是传统服务价值和服务市场的简单能力提升和服务扩展,仍然依赖传统的文献类信息产品(Information Ilens)而不是依赖信息内容(Information

Content)来提供服务,仍然主要是服务那些把书刊借回家去(或者从网络上检索下来)独立和孤立地阅读的信息使用者,仍然主要是依靠本地化的资源及其检索与获取服务,整个运营模式仍然高度依赖传统的以商业出版为基础的学术交流体系。这些资源和服务将继续发挥作用,通过后面的分析可以看到,仅仅依赖或者局限于这些资源和服务,将把我们的未来置于危险的境地。我们必须持续关注可能颠覆我们的基本技术、机制和能力的破坏性技术,未雨绸缪,把握未来。

(二)可能颠覆数字图书馆的破坏性技术

对那些可能颠覆数字图书馆的破坏性技术的分析,必须跳出我们现在所理解和运营的数字图书馆框架(文献的数字化、文献的组织与保存、文献的检索与传递以及围绕"如何利用数字图书馆"的咨询与素质教育等),关注那些可能创造新价值、开辟新市场、颠覆原有市场格局的新技术、新方法、新模式和新机制。

1.教育科研信息的内容形态变化

数字化出版:数字学术文献已经成为科技教育用户依赖的用以学习与创造的基本保障。多数重要出版商的科技期刊和主要国家的专利文献已实现完全数字化出版,主要科技会议录、专著、工具书等学术型"图书"的数字化快速推进并迅速逼近市场转换的转折点,开放获取期刊和开放获取知识库迅速发展。例如,在DOAJ登记的开放学术期刊已经超过6700种,在DOAR登记的开放机构知识库已经超过2000个。

科学数据:科学数据的数字化、网络化组织利用正在高速发展。数据(包括各种数值型、事实型和文字型数据)一直是科学研究的基础产出,是科学出版的重要内容(包括嵌入到论文、专著中的复杂数据),是科学研究与教育的基本信息资源。世界各国积极建设数字化、网络化的科学数据平台,包括中国科技资源共享网、美国的科学数据网、英国的科研与教育数据服务网等,同时许多领域都已经建立了大规模的科学数据服务机制,典型的如医学与生物领域的美国国家医学图书馆NCBI、社会科学领域的美国高校ICPSR、生物多样性领域的BHL、地球与环境科学领域的Pangaea、原子分子物理领域的VAMDC等。同时,人们正在积极建设从科研项目申请到科学出版全流程的数据管理与利用机制。美国科学基金会从2011年开始,要求所有项目申请者要提交相应的数据管理与共享计划,要求研究者有效组织和共享研究项目所产生的科学数据；多个国家的科技教育机构联合发起了 DataCite 项目，为科学数据集提供专门的唯一标识符和公共登记系统，支持数据集的规范引用和复用，并纳入 Cross Ref 系统与文献的链接；多家出版商也发起了 Dryad 项目，对科学期刊文章中引用的科学数据集进行登记、描述、保存和公共获取服务。这些及其他努力正在建设一个全面的科学数据发现、关联、利用和复用的基础环境。

语义化出版：历史上，科学文献是供人阅读的。但是在数字化条件下，一方面，科技文献越来越多，已经没有任何人能完整阅读自己所在的哪怕一个很小领域的全部相关文献。另一方面，数字化使我们能够对科技文献中的每一个知识对象(人、机构、项目、时间、设施、活动、主题，等等)和它们之间的相互关系进行解析，能够基于这些解析来鉴别、关联和组织不同层次的知识内容。因此，在科学内容创作与出版时，对其中的知识对象与知识关系进行鉴别和标引，并把解析逻辑与结果作为内容出版的有机组成部分，支持语义化出版(Semantie Publishing)，就成为未来科学出版的重大发展方向。大量的研究与试验已经开展，例如对 LATEX 文本进行语义标引的 SALT 项目，对科学文献进行细粒度语义解析的 Nano publication 计划和 Enhanced publication 计划，对科学报告进行模型化标引的 MOSTR 计划，Flsevier 的 Article of Future 计划，英国皇家化学会的 Prospect 项目，PLoSNTD 的 Semantie Enriching 计划，等等。不仅如此，W3C 已经在考虑标准化的科学文献置标语言 ORB，而 Google、微软和雅虎也在联合研究对网页的语义化标准机制。显然，当科技内容在出版时已经拥有深度和计算机可读的语义标引时，智能化检索与发现将呈现出全新的功力。

2.用户利用信息的基本方式变化

科技创新的战略转变：科技创新正走向自主创新和针对重大问题的战略创新，正在走向创新价值链中基础研究、应用研究、产品开发和市场营造等多个环节的转移转换创新。今天的科技创新面对的往往是海量、模糊、复杂关联和动态发展的知识，科技创新的信息需求发生了(或者说显露了)重要转变，也对信息服务提出了相当不同的要求。

支持高影响力的"弱信息"需求：在数字信息和网络级检索能力的支持下，人们越来越希望能够满足自己的"弱信息"需求(Weak Informnation)和"强信息"(Strong Infor-mation)是 Palmer 提出的信息需求与内容分类，前者是那种问题结构模糊、知识范围不清晰、缺乏明确且系统的检索发现步骤、需要动态解构和探索大量文献内容才可能部分满足的信息需求；后者则是那种问题结构清晰、易于辨别和利用、可以通过对具体文献具体内容的检索、获取和阅读来满足的需求。在面对复杂和动态变化的研究问题时，对于"弱信息"的需求往往是"更为重要"和"更需要帮助"的需求。

支持高影响力的"战略性阅读"需求：在面对重大复杂问题和自主创新的挑战时，科研人员和科技决策者越来越依赖"战略性阅读"来帮助他们梳理科技发展的结构，把握科技发展的趋势，探索和决定，（大到宏观科技布局，小到项目逻辑路线）所需要的方向与路径。这时，重要的往往是同时"阅读"许多文献，辨析和组织相关的内容，鉴别和分析可能的趋势、方向和路径。这时，"阅读"往往不是为了解决某个具体问题，而是建立宏知识（Meta Knowledge）。显然，快速地检索、分析和建构"宏知识"的能力已经成为"更为重要"和"更需要帮助"的需求，而且往往是"更高层次所需要"的需求。其实，为了支持"战略性阅读"，许多机构和公司已经开发了多种工具（包括开源工具）。

支持高效率的交互合作学习：上述信息需求的变化也反映到高等教育之中。在数字技术和网络技术的冲击下，教育的形态正发生根本转变。香港大学图书馆馆民Sidorko在"二十一世纪研究型图书馆的建设与发展研讨会"上指出，现在的教育是一种合作型、研究型和面向问题解决的团队活动。这种活动的理想基础设施就是互联网，这种活动的基本形态是对整个网络信息的灵活发现、解析、共享、重组和创造，而不是老师把演示文档在网络上播放给学生。因此，有人提出，未来的学校将会像开源软件社区一样，开放、交互、动态、问题驱动和创造驱动，需要新型的支持动态交互知识构建的信息服务。

综合考虑本章的分析可见，对于今天的科研与教育用户，所需要的已经远远不是具体文献的检索、获取和阅读，而是在海量数据基础上的探索、发现和分析的支持。一个科学家，甚至一个学生，都不仅仅是一个读者，而更应是一个信息分析家。因此，除了为他们提供文献的检索与获取服务外，显然还有许多往往对用户的作用和影响更大的服务需要提供。

3.运营环境的釜底抽薪式变化

数字图书馆下的图书馆运营机制发生了很大变化，它所带来的同质化、外包与众包以及对图书馆价值的重新评价,已经成为悬在每个图书馆馆民头上的一把利剑。馆藏的非本地化:数字图书馆带来了"馆藏"的"非本地化"以及基础服务的"无差别化"。数据库网络获取形态、集团采购、馆际互借联盟、开放获取资源、网络检索与服务系统等,成为伟大的均衡器,帮助许多中小图书馆实质上拥有与大馆几乎同等量级的"馆藏"和基础服务能力。例如,中科院各个研究所图书馆的中文电子期刊已经和国家科学图书馆(以下简称"国科图")总馆一样多,许多研究所图书馆的外文电子期刊也达到好几千种,而且通过普惠的馆际互借系统能覆盖与国科图总馆同样多的其他外文期刊和会议录,同时,所有的研究所图书馆都能利用全院的网络化检索、馆际互借、参考咨询等服务系统。实际上,这样的例子在许多参加CALIS或区域集团采购的中小型高校图书馆和许多利用地联联合服务平台的公共或专业图书馆中也存在。而且,即使对于那些拥有"特藏"的图书馆,如果特藏不数字化,或者不把数字化的特藏开放服务,在其他机构看来,这种特藏就相当于不存在,对数字图书馆的同质化效力没有根本影响。图书馆再也不能仅仅靠自己的馆藏量去说明自己的智力内涵和能力水准了,必须利用自己的服务来证明自己与众不同,使自己脱颖而出。

服务的外包和众包:其实,图书馆服务的外包(Out-sourcing)和众包(Crowd-sourcing)对任何一个图书馆都已经不陌生。我们采购的以网络获取为基本形态的电子期刊数据库就是典型的外包——我们将这个数据库的维护、保存和服务委托给了出版商;我们参加的联合目录系统、馆际互借系统和联合参考咨询服务就是典型的众包——我们依赖众多的合作者来弥补相互之间馆藏或专家的不足。现在,外包和众包的道路在不断拓展,例如美国哥伦比亚大学和康奈尔大学之间的共享馆藏建设(2CUL),大英图书馆和英国多个高校图书馆的合作保存馆藏项目UK Research Reserve,美国研究图书馆的共享数字化资源馆藏Hathi-Trust,英美国家图书馆以Portico为基础的电子期刊与电子图书长期保存服务,加拿大科技信息所将文献传递服务外包给Info Retrieve公司,以及国内外许多学术图书馆开始利用的WorldCat Local、Summnon或Primo Central等来综合检索服务,等等。外包和众包已经从"不得不为"的经济节俭措施逐步变成一种在有限条件下优化资源配置、提高贡献力度的战略。接下来的问题就是,图书馆必须回答:有哪些服务是自己不可或缺、也只有自己才能做好的服务?

证明自己价值和创造更大价值的压力：美国Emory大学的王雪茅先生在高校图书馆分会2011年会上介绍"美国高校图书馆馆民当前关心的问题"时指出，向学校证明、为学校创造更多的价值就是这样的问题。这不仅是由于美国的经济危机所致，其实更重要的是数字图书馆带来了人们（包括管理层和教职工）对图书馆价值进行的重新认识和解读；而且这也不仅是美国或英国的图书馆才会遇到的问题，我们大家都面临同样的质疑。这种质疑来自至少三个方面：①任何图书馆都必须用事实、而且是用户直接效益事实来证明自己的价值（User-oriented value 和 Evidence-based evaluation）。②真正的价值或贡献在于"贡献差"，即通过你所提供的这种服务比利用相同投入从别处获得的服务更好更省。③这个价值或贡献只能通过你来实现，而不能通过外包或众包来更有效地实现。对于任何一个机构或社区来说，始终关注的是在有限条件下追求最大效益，这时合理的决策规则是"选择性优秀"（Selective Excellence），即将资源投入到能创造更大效益的地方。在"馆藏"和基础服务都可以非本地化的情况下，如果一个图书馆在上述三点中的任何一点上难以证明，被边缘化或者被替代就是一个合理的选择。而且，证明这三点是一个持续的任务。

三、数字图书馆的法律地位及其版权问题

（一）数字图书馆的法律地位与解决新的版权问题的关系

"图书馆定位"一直是改革开放以来图书馆界关注研究的热点。就数字版权保护而言，图书馆同样有一个定位问题，即数字图书馆的法律地位问题。或者说，数字图书馆的主体性质和法律地位直接决定了其在版权制度中享有的合法待遇，也决定了版权法调整与其相关的权利主体的利益关系时采用的原则和方式，因而影响着版权问题的解决。

不同的权利主体具有不同的法律地位，并因此享受不同的权利，承担不同的义务与责任。比如我国《著作权法》第三十二条、第三十五条、第三十七条、第四十条分别规定了报刊出版者、表演者、录音制作者、广播电台和电视台享有的法定许可权利，而图书出版者、录像制作者则不享有该项权利。又比如《著作权法》第十二条规定的"合理使用"中的第1款、第2款、第6款、第8款可以直接适用于图书馆，却不适用于其他营利性机构。

客观事物是普遍联系与永恒发展的。因而，主体的法律地位是会随环

境条件的改变而发生变化的,这将直接影响到和其有利害关系的主体的利益。如果法律不能洞察这些变化,及时地对主体的社会性质及法律地位做出新的界定与必要的调整,赋予主体新的权利及义务,势必会导致利益平衡机制的失调。关于数字图书馆版权问题的国际大讨论,已经经历了五六年的历程。虽然许多问题得到了合理解决或取得了明显进展,但是从整体情况看,至今仍无法在理论和现实的矛盾冲突中找到一个被版权人、图书馆、读者等利益主体普遍接受的解决问题的方案。其中固然与技术的发展和应用造成的版权制度的相对滞后有关,但也与我们始终用凝固的眼光看问题,用旧的观念对待新事物,对新的技术环境、新的法律环境及信息社会权利分配和利益调和大背景中的图书馆的法律地位没有全面正确的认识大有关系。

因此,解决数字图书馆版权问题,必须实事求是地研究新的版权问题产生的根源,打破传统理念的束缚,阐明数字信息服务对其主体性质的影响。通过完善法律,给予图书馆科学合理的法律地位,并规范相关权利主体的行为,使版权人、图书馆、读者三方面的利益得到有效协调。

(二)图书馆的公益性法律地位

图书馆的任务是传播知识信息,提高读者受教育的水平,促进社会公众整体创新素质的提高,推动科学文化事业的发展。"公益性"是图书馆的主体性质,是图书馆在现实社会中存在的必要条件,是根据其公益性事业的法律地位,依靠国家和社会对其投资的必要条件。这一点在联合国教科文组织的《公共图书馆宣言》与各国宪法及相关法律中都得到了确认。

为了保证图书馆实现其不可替代的社会使命,各国版权法都针对图书馆制定有合理使用的条款,又称为图书馆的"豁免"或"例外"。比如:美国版权法第一百零七条规定:"为了批评、评论、新闻报道、教学、学术研究等目的而合理使用有版权的作品……不属于侵犯版权。"为了防止图书馆滥用权利,版权法又规定了若干反限制条款。比如:英国、澳大利亚、新西兰等国家的版权法规定,若为个人娱乐目的,无论复制多少,均视为不合理。英国版权法第三十九条对图书馆提供作品复制件的限制条款是:(a)这些复制件只能提供给这样一些人:必须使图书馆员相信,需要这些复制件的目的在于研究或个人学习,并且不会为其他目的而使用;(b)不得向同一个人提供多于合理部分的数量的复制件。美国版权法第一百零八条规定,图书馆复制作品应仅仅为取代被毁坏的、正在毁损的、丢失的或被盗窃的复制件或者录音制品。澳大利亚版权法还规定,图书馆进行的复制必须是无偿的。

合理使用原则决定了图书馆利用版权作品的无偿性,这是图书馆历来遵循的原则,是图书馆良好社会形象的组成部分。如果利用图书馆收藏的作品需要付费或图书馆开展其他形式的有偿服务,就会招来各种非议和争论,因为这不仅同图书馆的公益性主体性质相矛盾,而且还与图书馆坚持的合理使用原则相抵触。

(三)数字技术对图书馆公益性服务性质的影响

图书情报学博士黄先蓉指出,图书馆工作的意义和版权制度的宗旨基本一致,版权法的立法目的构成了版权法对图书馆保护的理论基础。她详细论述了图书馆在维护版权法中发挥的利益平衡作用:一是保护作者合法权益,调动作者创作的积极性,促进科学文化事业发展。二是协调作者、传播者之间的利益关系,促进作品的广泛传播。三是鼓励公众利用作品,满足公共利益的需要,提高民族素质。图书情报学博士马海群教授认为,图书馆是版权制度的一种"均衡器",因为图书馆所处的特殊地位,使其事实上成为协调版权人与读者利益关系的中介组织。然而,图书馆在版权制度中的"均衡器"作用受到了来自数字技术的挑战,并对其能否继续发挥利益平衡的功效提出了疑问。

第一,从数字技术对版权保护的影响分析。数字技术使作品的复制变得快捷,复制件同原件的区别不再有版权意义,而复制的实质性投入越来越小。作品的使用方式更加灵活多样,甚至出现版权人事先无法预料的使用方式法,使人身权同一性的要求可能得不到满足。数字创作环境和软件技术的应用使作品创作变得轻而易举。表现为对在线作品拼凑嫁接、改头换面的"创作"行为增多,侵权隐秘性增强,侵权举证愈发困难。网络在扩大受众范围的同时,也使版权的某些专有特征(比如:地域性特征)逐渐弱化与淡出。传统版权制度中不适合数字技术条件的部分原则(比如:权利穷竭原则)未及时修改,使版权人受到的侵权威胁大大增加。

第二,从数字图书馆的特点分析。传统图书馆对作品的传播方式是"由点到点",图书馆把版权作品单向传给读者,对图书销售不会有大的制约。数字图书馆对作品的传播方式是"由点到面",即通过网络可以把同一部作品传递给众多的读者,这无疑对图书的潜在市场产生很大的负面作用。比如:我国国家图书馆曾就网络对图书销售的影响做过一项调查,结果有10%的读者声称,网上有的书他们就不会再购买纸质图书。虽然,有学者据此得出"网上借阅图书不会过分影响图书销量"的结论,但是,应该看到,网络销售已经使版权人的利益受到了不小的损失。而且可以肯定,随着网络的普及、技术的完善和网络资源的丰富,因能得到网络图书而不去购买印刷型图书的读者比例会大大提高。在网络环境中,图书馆服务具有网络连线服务提供者(ISP)与网络内容服务提供者(ICP)的性质。一方面,图书馆可以为读者提供版权材料上网、电子布告板系统、聊天室等服务,另一方面,图书馆还可把自己选定的版权材料经过加工处理后上网传播。在这些服务过程中,不仅图书馆本身利用作品的行为极易发生侵权,而且图书馆对读者利用数字化作品的具体行为很难控制。

从以上分析得知,数字技术条件下存在着在图书馆中强化版权保护的合理性和必要性问题。就目前版权理论研究与司法实践的倾向看,ISP和ICP对数字化作品的使用适用授权许可和法定许可,就是说不仅要为基于其服务活动之上的侵权行为承担法律责任(严格责任或过错责任),而且要为其用户的侵权活动负连带责任。已有许多学者认为,图书馆对数字化作品的使用也应适用授权许可或法定许可,因为数字图书馆从事着同网络服务者类似的服务活动。马海群教授指出,公共图书馆有必要参与ICP活动以承担公共信息传播职责。如果能确认ICP的网上信息创作者、发行者和传播者的地位,那么在版权法的进一步修订中,公共图书馆就应同ICP一样取得信息传播者的法律地位。北京大学法学教授张平说,在未来的图书馆工作中,分析读者需求与许可项目、许可费用的比较,确定下一年度的许可使用情况等活动将取代图书订购、分期检验、装订、上架等重复性工作,图书馆会像出版社、表演者、广播电台、电视台那样有更多的法定许可的权利。上海大学知识产权学院院长陶鑫良教授强调,"法定许可应成为网络传播作品的世界通用的交通规则"。因此,应就图书馆使用数字化作品的行为赋予法定许可属性。果真如此,图书馆能接受授权许可、法定许可这些付费使用作品的方式吗?

图书馆公益性主体性质受到冲击的另一个原因在于数字图书馆正在利用自己的技术和i人才优势以及网上的丰富信息资源,扮演着一个使信息增值的角色。按照版权法原理,图书馆对增值服务是可以收费的。比如英国国家图书馆文献提供中心(DSC)就将图书馆服务分为基本服务和增值服务两类。对于基本的、满足普遍需求的外借、阅览服务是无偿的,对于附加了技术因素的服务、附加了成本消耗因素的服务,则实行有偿提供。由于数字图书馆开展增值性服务的能力与机会都远远超过传统图书馆,因而,其有偿服务活动将大大增加。此外,还存在着保护图书馆自己开发的计算机软件、数据库、多媒体等作品的版权问题,这些作品同样需要通过有偿授权方式提供给用户使用,当然也可以是无偿的。通过增值性服务和版权有偿使用,可以使图书馆获得维持运行费用的补偿,因为这部分支出不可能完全靠国家投资。增值性有偿服务和版权有偿使用服务会在数字图书馆整个服务中占多大比例,会对图书馆公益性主体性质究竟产生何种影响尚无法完全预料,但是要求数字图书馆完全实行无偿服务,确实是不现实了。

(四)正确认识数字图书馆的法律地位

图书馆界对解决新的版权问题的基本态度仍然是基于其公益性主体性质的,所以主张把合理使用原则延伸到数字环境并作适当扩大。同时,拒绝授权许可、法定许可等作品利用方式。这种认识无可厚非,图书馆作为社会上最大的传播科学文化知识的公益性机构,如果仅仅出于保护少数版权人的利益而抛弃合理使用原则,受到损失的必然是社会的整体利益,这无疑是杀鸡取卵,得不偿失。所以,图书馆的公益性主体性质不能丢掉,任何时候都要把满足公众普遍需要的无偿服务放在第一位,这对数字图书馆同样重要。同时,对数字图书馆出现的新的服务方式及其对公益性主体性质的影响,要给予充分重视和研究。因为仅仅围绕合理使用而采取的限制与反限制措施,不足以解决新的版权问题。徐敏韬先生对数字图书馆的功能曾做过如下预测,或许能为我们对这一问题的思考提供帮助。他认为,数字技术环境中图书馆的功能将出现新的整合,图书馆将集出版商、销售商的功能于一体。在这种情况下,图书馆将不再是公益机构,可能成为盈利组织,其在版权法中的特殊地位将消失,所承担的权利义务会完全改变。

在图书馆公益性主体性质发生某些移位的情况下,如果图书馆一味坚持合理使用才能体现公益性的观点不放,只会事倍功半或适得其反,会阻碍作品传播,不利于读者利益的实现。而授权许可、法定许可等版权限制方式,既保护了版权人适当的经济权益,又打破了网络条件下不合理、不合情的权利滥用和过度垄断局面,从而减少作品利用过程中的阻滞,使更多的读者受益。如果有限度地接受授权许可、法定许可是读者的意愿,又是图书馆力所能及的事,受到保护的将是版权人和读者双方的利益,而不仅仅是某一方面的利益,这才是均衡器的真正作用所在。事实上,国外许多图书馆早就在开展这方面的尝试,比如 DSC 把版权使用费包括在向读者收取的复印费中。这笔费用上交后,由英国版权授权署转交给世界各地的版权人。DSC 还将收取版权税的做法扩展到更广泛的文献业务活动中,从而保证读者得到的复制品没有版权纠纷。美国新技术委员会(National Commission On New Technologial Use Of Copyrighted Works,CONTU)建议,当文献传递服务的费用超出合理的收费标准时,图书馆可以要求读者付版权税。

物竞天择,适者生存。总之,接受授权许可、法定许可,需要图书馆工作者在思想认识上来一次深刻的革命,需要有个从争论到探索再到争论,最后认可的过程。就像前些年因研讨图书馆转轨问题而对有偿服务开展百家争鸣一样。图书馆的公益性主体性质不会在数字时代消失,所享受的公益性事业的法律地位也不会因为新的服务方式的开发而改变,只是会在某些方面做出调整。因此,引入授权许可、法定许可是版权理论在图书馆应用中的新发展,与其说接受授权许可、法定许可是为了解决新的版权问题的需要,不如说是图书馆主动适应新的版权保护形势而采取的积极措施。而如何在合理使用与授权许可、法定许可之间保持合理、公正和有节制的平衡,如何界定无偿服务与有偿服务的范围,如何根据不同作品类型、不同使用方式、不同使用对象确定不同的收费标准,必须通过法律来规范。

第二章 数字图书馆发展研究

第一节 数字图书馆的发展演化

数字图书馆的发展是随着经济、信息技术、信息素养、信息需求的发展提高而演化的。经济的发展是数字图书馆发展的基础,信息技术的快速发展是数字图书馆发展的动力,而人的信息素养与信息需求变化为数字图书馆的发展提供了方向,数字图书馆的发展变化应该不断以满足人们信息需求为目的,随时随地为人们提供信息服务、知识服务,为社会经济发展服务。

一、数字图书馆发展演化的影响因素

传统图书馆是以馆藏与图书馆管理为工作范畴,随着信息技术特别是网络技术的发展,信息资源急剧增加,信息越来越海量化,人们面对海量信息也开始感觉到无所适从,越来越难以找到自己所需要的信息改变这种状况,图书馆开始以信息资源、信息服务为发展重点,自动化、系统化思想开始在各个图书馆得到体现,随后也开始了数字图书馆的计划。数字图书馆的出现是历史的必然,它改变了人们获取信息资源的方式,也改变了人们的生活方式,不管是哪种形态的图书馆,都是为了帮助人们很好地获取信息。通过图书馆,可以将原先分散的、无序的信息资源进行集中化、有序化、可存储化,建立一个可传播、可获取信息资源的平台,通过该平台人们可以有效、方便地获得自己的信息或知识。[①]

Lan Rowlands 和 David Bawden 在"Digital Libraries: A Conceptual Framework"一文中给出了数字图书馆建设的生命周期模型,该层次模型说明了社会因素、系统因素与信息因素共同搭建数字图书馆的基石,在该基石上进行图书馆引进、探索、整合、传播、使用等业务工作。

同时,他们在生命周期模型基础上描述了数字图书馆的综合模型,该模

---
①蔡莉静,陈曹维. 现代图书馆信息服务[M]. 北京:海洋出版社,2006.

型充分考虑生命周期模型中的社会因素、系统因素、信息因素,在此基础上进行设计、实施、评估数字图书馆,并以技术为核心,考虑怎样由理想世界转到现实世界。该模型可看作数字图书馆的综合模型,为后续数字图书馆的建设提供启示。

Lan Rowlands 和 David Bawden 的数字图书馆生命周期模型,指出了影响数字图书馆建设与发展的几大主要因素。数字图书馆建设与发展只有与社会因素、系统因素与信息因素和谐共进,才能提供为人们、为社会有用的信息服务。

二、数字图书馆演化进程

数字图书馆的发展从世界范围来讲不过是十四五年,而国内发展也不过是十年的历史,但其取得的成绩是斐然的。先后有很多数字图书馆项目建设成功,并为人们提供信息服务,不断满足人们对信息的需求,并能为不同的人群提供个性化的服务,逐步体现以人为本的哲学思想。下面从不同角度来探讨数字图书馆发展演化进程。

(一)数字图书馆内容建设角度

第一,数字化技术与概念探索阶段。1945年,美国著名科学技术管理学家布什(V.Bush)先生在《大西洋月刊》上发表了"As We May Think"一文。文中首次提出将传统的图书馆馆藏文献的储存、查找机制与计算机结合起来,构思并描述了他所设想的一种 Memex 装备机械化的个人文档与图书馆,即台式个人文献工作系统,能存贮书、记录和通信的装置。1948年美国数学家维纳(N. Wiener)成为第一个指出电子计算机将能够在图书馆运作中大显身手的学者。1965年,Lickider 将全计算机化的图书馆命名为"未来的图书馆"(Library of the future)。Ted Nelson 于1974年发明并命名了"超文本"(hypertex)和"超空间"(hyperspace)概念,探讨数字图书馆的定义与结构等问题,但未曾真正建立起一个可运作的系统。1978年美国著名图书馆学家兰卡斯特(F. W. Laneaster)发表了《走向无纸的时代》和《电子时代的图书馆员》两部论著,描述了电子图书馆的前景。1979年英国不列颠图书馆的哈利(A. J. Harley)提出了"虚拟图书馆"的概念。20世纪80年代中期,日本政府曾制订过建设电子图书馆的计划。1988年美国国家科学基金会(NSF)的伍尔夫(W. Wulf)撰写国际合作白皮书正式提出了数字图书馆的概念。1989年 M. Kibby

与 N. H. Evans 在《网络就是图书馆》一文中指出:"理想的电子图书馆并非一个存储一切信息的单个实体。它通过网络提供系列化的收藏和服务。"1992年,A. J. Harley 将虚拟图书馆定义为"利用电子网络远程获取信息与知识的一种方式"。

第二,数字图书馆的自动化设计阶段。1988年美国国家科学基金会实施"水星计划",目的是利用现代技术建立一个规模较大的电子图书馆演示模型。1989年,卡内基梅隆大学进行图书馆自动化研究,目标是建立一个电子传输全文系统。1991年,伊利诺斯技术学院国际关系图书馆进行电子文献储存项目建设,用于国际关系与商业活动方面的资料。1993年哥伦比亚大学实施"两面神计划",提供联机检索法律文献。该时期的图书馆项目,主要是实现图书馆的自动化,代替人进行图书馆的各项工作。

第三,数字图书馆规模化建设阶段。1993年,各国有关信息高速公路规划的出台,使数字图书馆建设更加兴旺。1993年由美国国家科学基金会(NSF)、美国国防部尖端研究项目机构(DARPA)、国家航空与太空总署(NASA)联合发起数字图书馆先导计划(Digital Library Iitative,代号 DLI),其中 1994—1998 阶段被称为 DL-1,第二期工程 1999 年正式开始,被称为 DL1-2。随着美国数字图书馆先导计划的实施,"数字图书馆"一词迅速被计算机科学界、图书馆界以及其他各领域所采纳,数字图书馆的研究也如火如荼地进行,数字图书馆项目在全世界范围内迅速展开。

第四,数字图书馆信息、知识集成服务与增值信息服务阶段。该阶段主要解决在异构分布式环境下资源的互操作问题。同时强调在海量的数字资源中,怎样为用户提供有用的知识,注重信息的增值服务问题。

(二)数字图书馆体系结构角度

第一,基础结构阶段。数字图书馆建设最初体系结构采用两层结构,两层模式将更多的任务放在客户端处理,加重了客户端的负担。三层结构即浏览器/Web 服务器/数据库服务器(B/S/D)的引入解决了两层的不足,它将事务处理的业务逻辑放在应用服务器上,增加或删除业务逻辑与客户端无关,只需要在应用服务器上处理即可,这样减少了客户端的负荷,客户端成为真正的瘦客户。IBM 提出三角形客户机/服务器模型的数字图书馆体系架构,该结构包括图书馆服务器、对象服务器以及客户机,核心是图书馆服务器。三角形结构中,数据层数据直接送回到用户,无须经过中间层,而用户只能访问服务器,保证了数据的安全性,数据传输减少,系统性能得到提高。1995年,Robert Kahn和Robert Wilensky在《分布式数字对象服务的框架》一文中提出Kahn-Wilensky信息体系结构,即后来所说的K-W结构。文中阐述了通过句柄(Handle)机制有效实现分布式数字对象的识别、调用等服务。William Y. Ams、Christophe Blanchi、Edward A. Overly在K-W结构基础上,提出数字图书馆体系结构的八条原则并将数字图书馆的体系结构描述为用户界面、句柄系统、搜索引擎系统、资源库系统四个部分。

第二,分布式结构阶段。随着信息爆炸,信息量越来越多,信息分布的范围越来越广,数字图书馆的建设必须考虑到在分布式环境下的体系结构,以便解决分布式环境下,信息的利用共享。在分布式环境下,信息与系统体系结构很难做到同构,异构的情况相当普遍,如何实现分布式环境下,异构信息资源的互操作是一个现实的问题。解决分布式异构环境下信息资源的共享,主要采用中间件技术,出现了很多基于协议解决方案的中间技术,比较典型的有Z39.50、OAI、Dienst、Emerge、SDLIP等。

第三,基于网格、p2p、面向服务、Cyberinfrastructure的下一代数字图书馆体系结构。2004年6月在意大利召开的"数字图书馆的体系结构:对等网、网格和面向服务"会议中,学者围绕网格(grid)、对等网(peer to peer network,p2p)与面向服务(service-Oriented architecture,SOA)等技术讨论构建数字图书馆新体系结构问题。德国的Ingo Frommholz在"supporting information access in neat generation digial library architecture"一文中也指出网格、对等网与面向服务等技术使构建下一代数字图书馆体系结构成为可能:①设计高效低成本的下一代数字图书馆体系结构,使数字图书馆技术向更广泛的用户群体开放;②快速适应DL服务及相关IT领域的发展;③促使更广泛的内容与服务提供者的动态联邦模式。文中列举了三种典型的数字图书馆体系结构:①基于网格的虚拟数字图书馆体系结构,该体系结构典型代表是DILIGENT项目,其目标是构建一个有成本效益的为大量动态虚拟E-Science组织存取知识共享和合作研究的安全、可协调、动态的试验平台。②面向服务的分布式的数字图书馆体系结构,该体系结构典型代表是BRICKS系统,目标是设计、开发和维持一个文化遗产领域面向用户和服务的知识资源共享空间。③基于Web的集中式文档协作体系结构,该结构典型代表是COLLATE系统,它是为分布式用户群而设计的基于内容和注释工作的知识工环境。它既支持单个用户，也支持某一领域专家之间的资源共享和合作研究模式。

Alkins报告提出了"Revolutionizing Science and Engineering Through Cyberinfrastrue"，报告将Cyberinfrastructure定义为全面整合硬件、软件、网络、中间件的系统，它支持基于Internet的高级数据获取、存储、管理、整合、挖掘与可视化。同时报告对Cyberin-frastucture与Infrastructure作了比较，认为Cyberinfrastucture是分布式的计算机、信息与通信技术体系结构，它是一种具有高度自动化、高信息量、高度合作、协作分享的网络环境。如果Infrastructure为工业经济需求而产生的话，那么Cyberinfrastructure是为知识经济需求而产生的。由此可见，数字图书馆发展到今天，应该基于Cybeinfrastructure为用户在广域网环境中提供知识层次的增值服务，更好地满足科学与研究工作的需要。

（三）数字图书馆服务模式角度

从数字图书馆服务模式角度看，可将其分成1.0与2.0阶段。Library 2.0概念最早出现在"Campus Library 2.0"文中，之后相继有不同的研究者在不同的场合提出图书馆2.0的概念，对图书馆2.0作了不同的阐释。其中TALIS的白皮书"Do Libraries Matter? Theise of Library 2.0"提出了图书馆2.0的七项原则：①图书馆无处不在；②图书馆没有障碍；③图书馆鼓励参与；④图书馆使用具弹性的最好的单项系统；⑤图书馆2.0应该能够激发热情；⑥能集成一体化的图书馆知识服务；⑦能使服务对象扩大化的一个知识社区。该白皮书对图书馆2.0进行了比较好的阐述。

Michael Casey在"Library Crunch"中对Library 2.0的解释是"图书馆2.0是一个能够让图书馆快速地反映市场需求的运作模式。这并不表示要放弃既有的读者或使命。它是一种快速改变、弹性的组织架构、web2.0工具及使用者参与的哲学，能够使图书馆处于一个更加巩固的位置，并有效地、有效率地满足更多使用者的需求"。

John Blyberg指出："图书馆2.0在馆员之间或者是馆员与读者之间深受科技导向、双向及社交互动（social interaction）的影响，Lib2.0提供了一个框架（framework），在这框架里以usability及findability的目标来重新评估传统图书馆经营的每一个面向。"

图书馆2.0与图书馆1.0相比，更具有个性化、丰富性以及信息服务的多样性,但图书馆2.0并不是图书馆1.0的替代,而是一种补充或者说,图书馆1.0是基础,图书馆2.0是升华。图书馆2.0的精髓就是以人为本,提升用户使用数字图书馆的体验相比于图书馆2.0,图书馆1.0时代用户极少参与图书馆的信息建设,用户的地位是被动的,他只是信息的消费者,而不是信息的制造者。J. Maness对Lib1.0与Lib2.0作了比较,指出图书馆2.0不仅是关于搜索的,还是发现的;不仅是访问的,还是共享的;不仅作为人类个体搜索和利用信息,而且作为社群也是如此。图书馆1.0与2.0在服务模式上的差别,形成数字图书馆两个不同的发展阶段。

(四)数字图书馆概念内涵角度

目前世界范围内出现数字图书馆研究热潮,由于研究角度不同,对数字图书馆的概念理解与定义也就不同,正如Marchionini在《图书情报学百科全书》"数字图书馆研究与发展"一章中指出的那样,"数字图书馆"是在不同群体中有不同意义的概念。对于工程和计算机科学群体而言,数字图书馆是一个管理结构化的多媒体数据的新型分布式数据库服务设施的隐喻。对于政治与商业群体而言,这个词代表一种新的世界情报资源与服务的市场。对未来派群体而言,数字图书馆代表着威而士的世界大脑的表现形式。

美国国会于1993年通过了"电子图书馆法案"(Flectronie Library Act of 1993),该法案认为电子图书馆系统应具有四个方面的特征:①利用一系列技术能够将包括教育和研究在内的大量信息发送到家庭、学校和社区,并能提供检索;②交互的多媒体程序为正规的和非正规的教育与学习,尤其是科学、数学、地理、语言和综合性学科领域的教育与学习提供帮助;③这些信息与服务可提高生产率,能为每个人的生活提供新的选择,并能改善他们的生活水平;④这些信息与服务必须是每一个人都能享受的。

1995年召开的美国联邦信息基础结构与应用项目(IITA)数字图书馆专题讨论会指出:"数字图书馆是向用户群体提供便于查找利用庞大的、经过组织的信息和知识存储库的手段的系统。这个信息组织的特点是没有预知的关于信息使用的详情。用户进入这个存储库,重新组织和使用之。这种能力由于数字技术的能力而大大增强。"

1997年3月美国国家科学基金会(NSF)桑塔菲分布知识工作环境计划研讨会提出,数字图书馆的定义不仅只是数字化的收益与信息管理工具两者的对应词,它更应说是一种环境,这个环境将收藏、服务方式及人结合起来以支持数据、信息和知识的搜集、传播、利用及储存。

Williamn Y. Aims 将数字图书馆非正式地定义为"有组织的信息馆藏及相关服务,信息以数字化形式保存,并通过网络进行访问。"

2001年美国总统信息技术咨询委员会(PITAC)报告《数字图书馆:获取人类知识的通用途径》指出:"数字图书馆:获取人类知识的通用途径。所有公民在任何时间、任何地点都可以使用与互联网连接的数字设备,搜寻到所有人类知识。通过利用互联网,他们可以访问到由传统图书馆、博物馆、档案馆、大学院校、政府机构、专门组织,甚至世界各地的个人所创建的数字藏品。这些新的图书馆提供的是传统图书馆、博物馆、档案馆馆藏资料的数字版本,其中包括文本、文件、视频、声音及图像。它们所提供的强大技术实现能力,使用户能够改善其查询功能,对查询结果进行分析,并且改变信息的形式以便交互高速网络使各个不同数字图书馆群的用户能够协同工作,对其各种发现相互进行交流,并使用仿真环境、科学遥感仪器、流式音频和视频。不管数字信息存放的物理位置在什么地方,先进的搜索软件都能找到,并及时提供给用户在这样的美好前景中,任何教室、任何群体和个人都会与世界最大的知识资源近在咫尺。"

从数字图书馆的概念内涵,可以看出数字图书馆发展演化趋势,这种演化是渐进式的,同时也表明信息用户对数字图书馆的一种期望。

(五)著名学者观点

第一,美国雪城大学信息学院秦健博士认为,美国数字图书馆的形式演变分为下面几个阶段:1990年,主要是以国家基金支持为主导的研究型项目产生的DL,它独立于常规图书馆的数字资源,检索利用通过独立的系统。2000年,主要是学术团体、出版商、政府部门、教育界实用型DL,其数字资源与常规图书馆资源并进,检索利用仍然是独立系统,但是相互连接逐渐形成。现今,主要是网络社区、兴趣团体参与型DL,并且数字图书馆数字资源多样化、表述深化、专业化,检索途径、结果显示一站化、多维化。

第二,1994年,新加坡国家图书馆所编《2000年的图书馆》中对图书馆发展范式演变作了总结性描述:①从图书的保管者到面向服务本位的信息提供者;②从单一媒体到多媒体;③从本馆收藏到无边界图书馆;④从我们到图书馆去到图书馆来到我们中间;⑤从按时提供到及时提供;⑥从馆内处理到外包处理;⑦从区域服务到国际服务。现在数字图书馆正朝着以用户信息活动为中心的方向发展,用户在这种虚拟的信息空间中方便地获取自己所需的信息资源。

第三,张晓林在《数字图书馆机制的范式演变及其挑战》一文中将数字图书馆演变分为三代范式:第一代是基于数字化资源的数字图书馆。这也是数字图书馆建设初期的主要任务和模式,主要解决资源的数字化问题,并在资源数字化的基础上,提供基于网络与信息系统的资源检索。第二代是基于集成信息服务的数字图书馆。这个阶段主要解决在分布式环境下,由于信息资源的多样性,信息系统的异构性与分布性所带来的资源不统一,相互之间缺乏互访性等不足而提出的解决方案,构建统一的信息资源服务平台,解决资源的无缝链接。第三代是基于用户信息活动的数字图书馆。该阶段主要解决用户怎样灵活处理信息、提炼知识和交流协作,体现以用户为中心、以用户信息活动为基础的一种机制或解决方案。

上面分别从不同的角度描述了数字图书馆的发展演化,这种变化是递进的,与经济、技术、社会环境等因素紧密相关的。在数字图书馆的发展变化中,我们始终应该注重数字图书馆的发展必须保持经济、技术、人、组织、信息之间的平衡,这样才能使信息用户处在一个和谐的信息空间中。

数字图书馆的发展演化受到社会环境、经济、技术等因素的影响,不同时期,人们对数字图书馆的要求不同,期望不同。今天数字图书馆的发展应该是以用户信息活动为中心的泛在的数字图书馆,它以信息用户活动情景为出发点,是一个世界范围内的信息与知识门户,为全球提供知识服务。

第二节 泛在知识环境下的数字图书馆发展趋势

泛在知识环境已经成为数字图书馆未来发展的目标定位和必然趋势。泛在知识环境发展目标的确立,表明数字图书馆将成为国家知识基础设施的重要组成部分,将全面改变教育、研究和学术活动,并对世界信息化进程产生更大的影响。在这种情况下,我们应当采取哪些应对措施?如何积极发挥数字图书馆在构建泛在知识环境中的作用?如何开展泛在知识环境的研究和建设?思考这些问题时,分析美国、欧洲等数字图书馆研发的引领性国家和地区的数字图书馆研究和建设的趋向,关注他们当前和未来实施的数字图书馆相关计划和研究的新思路、新动态和新举措,则具有重要的现实意义。

一、泛在知识环境下的数字图书馆——泛在图书馆特征分析

从20世纪90年代以来,网络已经成为人们检索、存储、传递和利用信息资源的重要平台。图书馆则从进入基于网络的数字化信息传递的时候开始,就已经成为这场变革的前沿阵地。当今日益发展的数字图书馆技术、无线网络技术以及与之相关的网络互联协议已经共同造就了"泛在图书馆"。泛在图书馆服务将在用户的指尖处触手可及。享受无缝的、动态的和交互性的信息资源和服务,对于泛在图书馆用户来说,只要轻轻一点,就可以轻松实现。

从泛在图书馆的传递和利用方式我们可以看出,网络是未来泛在图书馆发展的基本平台。佐治亚州南方大学图书馆的Lili Li提出了数字时代泛在图书馆的六个特征。

第一,网络化。泛在图书馆信息资源和服务以网络为传播媒介,离开了网络,泛在图书馆的功能将无从实现。

第二,全天候。泛在图书馆不受时空的限制,每天24小时不间断向用户提供服务,用户可以随时随地随心所欲地获取自己想要的信息资源和服务。

第三,开放性。开放性是泛在图书馆的一个重要属性。泛在图书馆除了为特定用户提供受密码保护的信息资源、服务和教育外,也对全球用户开放其信息资源特别是学术性信息资源。

第四,多格式。泛在图书馆通过网络不间断地、无缝地向用户实时传递TXT、JPG、WaV、RM、PPT、PDF、HTML等格式的信息资源,满足不同种类、层次用户的信息需求。

第五,多语种。泛在图书馆致力于为不同国家和地区、具有不同文化背景的用户提供各具特色的多语种服务,以促进不同文化和语言背景的用户自由利用泛在图书馆信息和服务的权利。

第六,全球化。泛在图书馆为全世界不同年龄、性别、肤色、种族、宗教、语言能力、信息技能和信息素养的用户提供各种信息和服务,成为全球性的信息服务提供者,保障全球用户平等利用泛在图书馆信息和服务的权利。

与此同时,泛在图书馆还有许多与我们传递信息和馆员参与教学和科研相关的特征,这些特征主要包括以下八个方面:学术检索(学术信息日益

增长的优势将使其在网上可以获得全文检索);资源整序(泛在图书馆信息应用程序将为用户提供经许可的资源和网络免费资源,以使用户能够将这些杂乱无序的资源整合、序化);专家咨询(通过网络参考咨询服务可与学科专家馆员取得联系);馆员作用(馆员的作用尤其是在信息素养的培养和构建同步和异步学习能力方面引人注目);设备更新(旧的设备需要加大关注的力度,一些设备需要更换或重新设计以适应泛在图书馆新技术发展的要求);复本存取(图书馆将创建能够减少低使用率资料的复本的合作,同时通过国家和地方的呈缴本制度维持"最终复本"的存取);机构合作(本地和地区为共享资源的合作、利用和网络将在未来发生最大的作用);数图项目(数字图书馆将提供独一无二的特色馆藏,并将使离线检索成为可能。一些数字化的努力将瞄准保护现有公共领域免遭商业利益的侵蚀);领导地位(图书馆将通过计划、数字仓库、数字档案等方式提升高校教师学术成果的检索,占据机构领导地位)。这些特征都已被"泛在图书馆"这一词汇很好地概括。

二、欧美发达国家数字图书馆发展趋势

(一)美国

美国是最早开展数字图书馆研究和应用的国家之一,也是数字图书馆技术最为先进的国家之一。自1993年以来,美国科学基金会和其他联邦机构,对数字图书馆的研究投资近1亿美元,先后发起了数字图书馆一期工程、二期工程、国家科学数字图书馆等计划和项目,涉及35个不同的学科部门,在数字图书馆研究和建设中取得了举世瞩目的成果,例如:三维模型、途径控制、代理人软件、视听检索、分类与聚类、数据途径服务技术、文字录像、经济模型、电子笔记、联邦结构、地理信息系统信息图示化、学习环境、追踪数据分析、移动计算等等。经过数十年的发展,美国数字图书馆建设已从局部的、少数机构的试验及方案研究,转入深入的大规模的建设阶段。它所取得的成就,对促进和引领全球数字图书馆的发展起到了举足轻重的作用。近几年来,美国也较早地意识到新的环境为数字图书馆带来了严峻的挑战;未来数字图书馆的发展要想在激烈的竞争中脱颖而出,继续为美国的教育和科研提供坚强支撑,确保美国科研和工程领域在世界的领先地位,则必须转变其发展思路和发展方向,使其朝着泛在知识环境的发展目标迈进。对此,

美国许多研究机构或大学都开展了相关的研究和实践进行积极的探索,例如美国科学基金会的 Cybeinfrastructure 和 NSDL2.0、国会图书馆的 NDIPP 计划、ARL 的 CNI 社区和 SPARC 项目等、Google 的"世界数字图书馆计划"、斯坦福大学的数字存储库、柯内尔大学基因组计划(Cornell Genomics Lpiative)和数字喜马拉雅山项目(Digital Himalaya Project)等等。由于篇幅和时间的限制,这里仅介绍几个主要的、最具代表性的数字图书馆计划和发展动向。[1]

1.Cyberinfrastructure 与泛在知识环境

2003年6月,美国召开的"后数字图书馆的未来"研讨会(又称为"泛在知识环境"研讨会),对美国数字图书馆研究和建设方面的投入进行了反省和总结,例如,Stephen Downie 教授认为,美国数字图书馆的研究是"爬行式渐进"的,数字图书馆项目太过于面向课题,且缺乏第三方评估,缺少"大思想"或"革命性的、影响深远的成就",从而导致了数字图书馆计划研究对社会影响不大。而 Carl Lagora 教授则指出,网络研究与数字图书馆研究的人为分离,给美国数字图书馆的整个研究领域带来了不良影响,因而数字图书馆未来对网络信息的研究经费必须用来弥补对网络基本认识的缺乏,等等。在此基础上提出了"后数字图书馆",指出数字图书馆要协同 NSF/ACP 知识基础设施的建设,定位于提供"泛在知识环境",成为普遍访问全人类知识的工具,就如同无所不在的以太(e-ther)一样,成为未来学术、研究和教育的须臾不可或缺的公共设施。"泛在知识环境"的目标在于,建立一个多语言、多媒体、移动的、语义的数字图书馆知识网来检索人类知识,服务范围从信息服务转向知识服务,要以前所未有的规模和速度来推动知识进步。并指出了数字图书馆短期内的进一步研发方向:①进一步扩大数字图书馆的资源范围,使其能够处理、组织和利用各种类型、更大规模的信息资源;②将"语境"融入图书馆的信息服务之中,提供有针对性和个性化的服务;③将信息融入日常生活之中;④使信息变得更少但变得更有用,通过各种手段向用户提供有用的信息;⑤使信息成为生产力,通过资源、技术与人的互动,创造出合理的数字图书馆应用模式,真正为人类的生产和创造活动服务。

泛在知识环境的提出与国家科学基金会网络基础设施构想的出台是前后呼应的关系,它把数字图书馆与先进网络基础设施连接在一起。"后数字

---

[1]欧阳剑.泛在信息环境下图书馆信息资源组织研究[M].北京:知识产权出版社,2015.

图书馆""泛在知识环境""先进计算网络基础设施"的共同内涵是建设知识基础设施，代表了在新的信息环境中美国国家知识基础设施的发展方向，是美国新世纪发展科研、工程、教育的重要国家战略的组成部分。美国国家科学基金会在2006年发布的报告中明确指出，对包含了数字图书馆在内的网络基础设施的战略投资是保持美国在世界科学工程领域的领导地位必不可少的条件之一，因而将继续加大对它的投资。这也反映了美国对国家知识基础设施建设的高度重视。

2. 美国国会图书馆（Library of Congress, LC）

国会图书馆是美国知识网络的中心枢纽，它既是美国全国性的图书馆、档案馆和其他机构库的网络，也是主要研究型图书馆的国际网络，被视为互联网上免费、高品质教育资源的首要提供者，也就理所当然地承担数字图书馆建设与研究的重要职责，且已经取得了许多成果。其中，早在1995年，国会图书馆在国会的支持下，投资6000万美元，启动和实施的国家数字图书馆项目（National Digital Library Program, DLP），即美利坚记忆（American Menory, 1995—2001），并具有重要的影响。该项目将国会图书馆及所有重要公共图书馆、研究图书馆中的绘画、图书、音乐、手稿、照片及运动画面全部数字化，并通过广域网和有线电视网传给各地用户，使公众可以免费获得终身学习的机会。当前，国会图书馆实施的最具备代表性的数字图书馆项目则为国家数字信息基础设施和保存计划（the National Digital Information Infrastructure and Preservation Program, NDIIPP）和世界数字图书馆项目。

（1）国家数字信息基础设施和保存计划（NDIPP）

随着信息技术的快速发展，国会图书馆意识到新的数字技术为数字图书馆带来了美好前景，但不稳定的、瞬息万变的网络环境所产生的数量空前的数据，使得数字资源的保存成为一个巨大的挑战和迫切需要解决的难题，同时也为数字图书馆的发展和研究提出了新的课题。在这种情况下，国会图书馆于1998年成立一个由高级管理人员构成的小组，开始制定一个数字化战略，负责评估图书馆在数字化环境中应承担的角色和履行的义务，并委托国家科学院（NAS）计算机科学和电信研究委员会来评估图书馆是否有充分的准备来应对快速变化的数字化世界所带来的挑战。同时，国家科学院报告，即《国会图书馆21：国会图书馆的数字化战略》，建议图书馆与联邦其他机构或非联邦机构协同工作，领导建立全国性的合作计划致力于存档和数字信息保存。在这种情况下,2000年12月,美国国会通过了一项法案(PL-554号法案),拨款1亿美元,决定由国会图书馆领导实施一项新的合作项目,即国家数字信息基础设施和保存计划(the National Digital Information Infra-structure and Preservation Program,简称NDIIPP)。它的目标在于,通过与各种机构、企业、图书馆、大学合作,致力于寻求全国数字资源保存所需的技术构成、技术标准等,发展全国性的数字信息资源收集和保存战略,建立保存工作合作伙伴网络,构建保存的结构体系,以及进行数字信息资源保存研究。NDIIPP仅是国会图书馆在21世纪对数字化遗产进行保存的一项准备工作,同时也与商业化、非营利和其他政府机构等建立合作关系以共同致力于普遍促进全国数字化保存的发展。具体说来,该计划主要有以下5个目标。

第一,确定和收集濒临消失的、仅以数字化形式存在的信息资源。

第二,构建和支持一个全国性的合作者网络共同致力于数字化内容的保存。

第三,促进数字化保存技术工具和服务的开发与使用。

第四,促进支持数字化保存的公共政策的发展。

第五,阐明数字化保存对每一个人的重要性。

此外,NDIIPP的体系结构模型也随着时间的推移和认识的深入而不断地发展。当前它所采用的结构模型为NDP Technical Archtecture第二版。该结构模型可以看作是由不同组织之间存在的一系列界面所构成的,无论这些组织是相互独立的机构、部门或者一个机构内部不同服务的提供者。它体现出这样的思想——不存在一个技术设计方案可以实现和表示出所有可能的使用功能,但存在一些共同的元素,通常包含了对数据和职责或控制在各个群体之间的转换,且这些共同的元素是可以被表示出来的,并由一系列的层来表示。其中,最底层负责数字化资源的长期保存,提供数字资源对象的存储、鉴别和检索等服务;中间层提供析取、指针、元数据管理、生命周期管理和视图五种类型的操作,实施与数字化内容析取和管理相关的系列复杂的功能,主要负责对某一机构保存的信息进行处理,使之不受时间推移和技术手段更新的影响而长期为用户所利用。顶层为应用层,提供对信息资源的存取服务的为用户使用信息和数据提供帮助。在结构模型流程图中,网络信息资源,无论来自个人或机构还是由网络爬行器自动获取,从左边进入保存机构,经过中间层的加工处理后从右边输出给信息保存机构。

(2)世界数字图书馆项目

世界数字图书馆项目由国会图书馆和联合国教科文组织于2005年共同发起,它的参与者包括了分布在世界各地的图书馆和文化机构。世界数字图书馆将使得用户能够通过互联网免费地获取多种形式重要的第一手资料,包括手稿、地图、珍本书、音乐乐谱、唱片、胶卷、印本、相片、建筑制图和其他重要文化资料等。它的目标在于促进国际和不同文化间的相互理解和认识,为教育者提供资源,通过互联网拓展非英语和非西方的内容,并促进学术研究。它通过体验技术,使得访问者能够接触全世界的文化遗产。

3.国家科学数字图书馆(National Scientific Digital Library, NSDL)

1998年,国家科学基金会正式启动NSDL计划,总投入已经超过6000万美元,并于2001年完成网站的雏形并投入使用。该项目旨在建立一个联机环境,通过互联网向师生提供高质量的科学、数学、工程与技术教育资料,推动信息智能检索、资源标引和联机帮助等服务,以提供对高质量资源和工具的有组织存取,支持科技、工程、数学和技术教育教学过程的创新。NSDL在教育领域发挥着多重作用:资源知识库、数字图书馆服务提供者、教育和扩大工具、交流中心、研究和教育综合平台、教师职业发展源、技术培育工具、数字图书馆研究机构以及协作平台。NSDL的合作网络共同致力于促进STEM教育的发展,它由社会中间件所构成——环境、贡献和协作交织成的一个独特的网络——把最终用户和基于技术的资源和服务相联系起来,促进了教学和学习的发展。

NSDL最初的发展模式是建立在传统图书馆服务模式和功能的基础之上的,并采用一个元数据存储库(Metadata Repository, MR)作为数字图书馆的体系结构。该结构的设计主要是为了实现以下三个基本目标,即收集基于网络的STEM资源;对这些资源进行检索;促进它们的获取。因而它本质上是一个联合目录。经过几年的研究和实践表明,基于MR的NSDL能够提供数字图书馆的基本服务,取得了许多成果,但同时也存在许多问题。其中,元数据的质量问题、OAI-PMH的合法性问题以及XML-schema的灵活性问题尤为突出,导致维护MR的管理费用过高而难以维持。此外,随着信息技术的发展和环境的变化,NSDL也意识到,数字图书馆真正成为有效的教育和研究支持工具,它不仅仅要提供对高质量的信息资源的快速准确的存取,还必须能够反映和揭示与信息相关联的动态的教育环境;数字图书馆也并不仅仅是一个信息资源库,它必须为数据、信息和知识的整个生命周期以及知识构建提供支持。但是,MR存在很大的局限,妨碍了数字图书馆朝着这些方向发展。在这种情况下,Dean Kraff提出了建立NSDL2.0协作式数字图书馆基础结构,表明了NSDL建立一个灵活动态的图书馆的新目标和新思路。总的说来,NSDL2.0体现出来以下几种设计思想和特征。

(1)"超越检索和获取"(Beyond Search and Access)

NSDL意识到,随着功能强大、无所不在的搜索引擎的发展,网络信息备受用户青睐使得数字图书馆面临激烈的竞争环境。在这种情况下,不能把Google模式神化,它也并不能解决数字图书馆领域存在的所有问题。数字图书馆必须提供"超越"简单的信息检索和获取的服务,除了基本的功能外,还要促进协作和知识环境的创建,才有可能在激烈的竞争中脱颖而出。

(2)重视用户参与

NSDL2.0所蕴含的数字图书馆"哲学"与Web2.0哲学存在很大程度上的相似,尤其是它所倡导的"参与的文化"。这突出表现在NSDL2.0是协作式的,它支持用户通过注释、评论等主动方式或通过对资源的使用模式来创造信息和信息环境,从而为图书馆创造知识。从这个意义上讲,数字图书馆的核心是一个不断发展的信息知识仓库,它把专业的查询和"群众的智慧"有机结合到一起。

(3)重视信息的"语境"

NSDI2.0引入信息"语境"的概念,认为信息的语境十分复杂,且反映了数字图书馆的服务对象的范围以及用户使用和管理信息所表现出来的不同特征。它把传统数字图书馆中资源和结构化元数据的观念与服务为导向的体系结构和语义网络技术相联系,对各种结构化、非结构化和半结构化信息及其之间的丰富的联系进行动态全面的揭示。

此外,NSDL2.0运用了Information Network Overlay(INO)信息模型,它的关键部分为基于Fedora中间件的NSDL Data Repository(NDR),并加强对社会性软件和工具的开发和利用,在此基础上研制和提供一系列工具和服务来帮助用户发现、选择和使用信息和信息的语境。NSDL2.0的基础结构和提供的各种工具和服务不仅支持用户访问和获取资源,还帮助用户发现和创建与科学资源相关的信息,促进用户的理解和对图书馆的参与,从而有助于进一步实现NSDL"共享和构建知识的实验室"的发展愿景。

4.Web2.0环境下的图书馆2.0与数字图书馆

Web从其产生之初就没有间断过其迅速发展变化的脚步,同时,也对人们的信息行为产生了巨大的影响。2004年,OReilly Media公司首次提出了Web2.0的概念,它具有简单、方便、个性化、自由、开放等特征,在技术上主要包括RSS Feeds、Blogs、podcast、Ajax(如Google Maps)、Web Service、社会性软件(如WiKi、Flicker),等等。Web2.0的兴起改变了互联网信息生成、共享、交流的模式,推动互联网从用户通过浏览器浏览网站提供的内容、享受各项服务的"全民上网"时代进入了"全民织网"时代。除了各种新颖的技术外,Web2.0重视用户体验、重视群众的智慧等特征,也为图书馆和数字图书馆的用户交互和服务带来了新生。在这种情况下,Michael Casey在2005年9月引入了图书馆2.0的概念,而英国Talis公司的Ken Chad和Paul Mille:所撰的Talis白皮书提出了图书馆2.0的四个重要原则,即图书馆无所不在(Library is everywhere);图书馆没有障碍(Library has no brrier);图书馆邀请参与(The library invies participation);图书馆使用灵活的单项优势系统(The library uses flexible,best-of-breed systems),进一步推动了图书馆2.0的发展。而Michael Casey引进的"长尾"理论、Michael Stephens的障碍学说等等则是对它的进一步丰富和发展。迄今为止,人们对图书馆2.0的认识也从Web2.0相关技术在图书馆中的应用发展到更加重视其相关理念和哲学在图书馆中的应用,即以读者为中心的变化、重视用户体验、重视用户交互和重视用户参与,等等,并且产生了很多积极的例子,例如,美国的密歇根州Am Atbor市的市立图书馆(AADL)把整个图书馆网站改成以网志的形式呈现,并且各个部门都有自己的博客,如Audio Blog、Book Blog、Events Blog、Serice Blog和Research Blog,积极促进用户的参与和互动;而圣约瑟芬公共图书馆(SpJoseph County Public Library)设立了专题指南维基(WiKi),帮助用户了解专题信息以及图书馆与社区事务,用户也可以进行反馈,提出想法和建议,由馆员发布相关的信息,用户也可以对图书馆提供的服务发表意见和进行讨论,鼓励用户参与;OCLC也积极利用Web2.0进行服务创新,并启动WikiD试验(Wiki Worldeat);等等。同时,Web2.0技术和理念也将深入数字图书馆建设的各个方面,对新环境下的数字图书馆的服务创新和技术创新也提供了很好的借鉴和支持,促使其真正倾听用户的声音,真正人性化、无处不在。Web2.0影响下的图书馆和数字图书馆将具备巨大的发展前景,成为泛在知识环境建设的重要力量,共同致力于为人们提供无所不在的服务。

(二)欧洲

随着数字化时代的到来,欧洲许多国家的数字图书馆研究和建设也处于黄金时期。比较有代表性的数字图书馆项目有英国的电子图书馆计划、德国的Global Info计划、法国国家图书馆的Gallica项目、俄罗斯记忆,等等。同样的,欧洲国家也认识到,随着信息技术的快速发展,尤其是泛在智能技术、数字化科研环境的产生与发展,给数字图书馆带来了巨大影响,因而必须积极探索数字图书馆的未来发展方向,重新制定数字图书馆发展战略,例如英国JISC的数字图书馆计划、德国的马普数字图书馆、法国倡导发起的欧洲数字图书馆计划、DELOS的"动态泛在知识环境",等等,这里就几个主要的数字图书馆计划进行介绍和分析。

1. 英国的E-Science计划

互联网的快速发展,尤其是万维网(World Wide Web)的产生,对科学研究和活动产生了巨大的影响。而当前,科研人员需要开展新的协作,除了能够获取不同网站的信息,他们还希望能够使用远程的计算资源来整合和分析来自不同数据源的信息,来访问和控制远程实验设备,这种新的协作式科学应用的核心需求将集中表现在获取、移动、处理和挖掘数据的能力。

在这种情况下,英国科学技术局(Office of Science and Technology,OST)的主管John Taylor认为,信息资源将成为一种新的"公共事业"(utiliy),用户将会像使用和消费传统的公共设施如电、天然气和水一样来使用和消费信息技术产品和服务。他意识到许多科学领域将会获益于公共的信息基础设施来支持多学科的和分布式的协作,从而提出了分布式的、协作的科学观念,并引进了"E-Science"这一术语。E-Science是一种全新的科研协作模式,以及实现全球合作的下一代基础设施。E-Science设想通过基于互联网的分布式全球合作来实现大规模的科学研究,它的实现需要大量新技术,其中,核心技术是网格技术。网格技术把分布式计算、网络安全、资源管理、协同工作等技术集成一体,构成并实现E-Science。

在这些思想的指导下,英国于2000年宣布启动E-Science计划并于2001年正式投入建设。英国也是最早实施E-Science的国家之一,也最具代表性,取得了许多研究成果,至今已建立起25个全国性和地区性的E-Science

中心。总的说来,英国的 E-Science 研究包括英国研究理事会总会的 E-Science 计划和各个研究理事会的 E-Science 计划两大部分。其中,研究理事会总会的 E-Science 计划义被称为英国 E-Science 核心计划,由工程和物理科学研究理事会负责实施,主要任务是致力于解决与 E-Science 的基础设施、组件、科学应用有关的问题和其他相关问题,且组件开发主要集中在应用服务、数据管理服务、数据挖掘与分析服务、合作工具包、网格计算服务、领域本体、任务本体与元数据以及可视化服务等七个方面。

2. 联合信息系统委员会(Joint Information Systems Comitee,JISC)的数字图书馆相关项目

联合信息系统委员会(JISC)在英国数字图书馆界被看作是与美国科学基金会相对应的资金支持者,致力于提供世界级的领导来促进信息和通信技术的创新使用,从而为教育和研究提供支持。它通过重视开发和提供服务和工具、促进能够有效支持使用和增加信息价值的过程和实践的发展,来提供电子信息无所不在的(任何时间任何地点)可靠的获取,从而使得每一个用户——无论学生、教师、研究人员或管理人员,都能够获取世界先进的技术来支持他们的学习和工作。

JISC 资助和监督的数字图书馆大型研究开发项目——电子图书馆计划,对英国乃至整个世界的数字图书馆研究和建设都产生了重要影响。电子图书馆计划正式开始于 1995 年,总投资 1500 万英镑。第一阶段从 1995—1997 年,主要涉及六个研究领域,包括电子文献传递(Electronic Document Delivery)、电子期刊(Electronic Joumals)、数字化(Digitisa-tion)、即时出版(On-Demand Publishing)、网络情报资源检索(Access to Networked Re-sources)、混合图书馆(Hybrid Library)。第二阶段主要是对第一阶段的修正和补充,涉及三个研究领域,包括预印本服务(Pre-Print Quality Assurance)、电子短期借阅服务(E-lectronic Short Loan Project,高需求文献的电子提供)、辅助研究(Support Sudics)。而它的第三阶段以"复合图书馆"(Hybrid Library)为题,所以又被称为复合图书馆工程。它从 1998—2002 年,总投资 410 万英镑,研究内容主要包括混合图书馆、大规模的资源发现、数字化资源保存、前期项目成果如何与图书馆其他资源汇集转化为方便用户使用的有机整体,等等,共实施了五个相关研究项目:AGORA,BUILDERE,HEADLINE,HY-LIFE 和 MALIBU。

在新的环境中，JISC将继续促进技术对教育和研究的现代工作方式的支持。它认为，互联网已经实现了对日益丰富的信息资源和其他资源(高性能计算、视频会议、声音、科学仪器和仿真等)的普遍获取，但工具和政策相对落后，从而妨碍了对它的有效开发和使用。在这种情况下，JISC将致力于创建一个国际互联网环境(international Internet evironment)：①提供泛在存取；②开发和研制方便、可靠的访问管理工具和规程；③实现通过简单快捷的查询来获取所需的内容；④在保护内容所有者权利的同时，不限制合理合法的使用；⑤促进先进的通信工具的开发；⑥可持续的，可行的。

为实现上述目标，当前JISC重点关注以下八个战略主题，即网络(Network)存取管理(Access Management)、信息环境(Information Environment)、e-Resource、e-Learning、e-Research、e-Administration、事务和社区参与(Business and Community Engagement)。列举以下五个作简要阐述。

第一，e-Framework计划。它是由英国JISC和澳大利亚的教育、科学和培训部(DEST)以及其他国际合作伙伴联合发起的。它的主要目标则是通过改善战略计划和执行过程来促进教育和研究技术上的协同性。该计划旨在指定一个基于以服务为导向的技术框架的发展的和可行的开放标准来为教育和研究社区提供支持。E-Framework采用以服务为导向的方法来开发和发展教育、研究和管理信息系统。该方法使得系统的灵活性和经济性得以最大化从而能够在广泛的环境中得以应用。

第二，e-Research：加快信息和计算技术的发展，从而促进研究过程的所有阶段。"e-Research"这一术语是由e-Science引申而来，它把e-Science拓展到所有的研究领域而并不局限于自然科学。它涉及支持研究活动全部活动的技术，包括创建和维持研究合作，发现、分析、处理、出版、存储和共享研究数据和信息，等等。该领域典型的技术包括虚拟研究环境、网格计算、可视化服务和文本与数据挖掘服务。

第三，Information Environment(JISC IE)的目标是通过提供资源发现和资源管理工具以及发展更好的服务和实践来实现研究和学习资源便利的存取。它旨在支持研究和学习资源的发现、获取和使用，并按照特定的要求对信息进行选择，以满足特定用户学习、教学和研究的需要。

第四，Digital Repositories Programme的目标是把各个领域(研究、学习、信息服务、制度政策、管理和行政、记录管理,等等)的人和实践集中在一起，从技术和社会两个方面来确保数字仓库最大限度地协调发展。

第五，Repositories and Persevation Programme。该计划投资1400万英镑来建设高等教育知识库和数字内容基础设施。它将资助一系列计划来促进支持数字知识库和保存的信息环境的发展，包括知识库间的联合检索工具、资助机构开发大量的数字内容、制定保存方案和提供知识库的发展建议。

3.面向e-Science需求的虚拟数字图书馆

2000年，英国政府投资1.18亿英镑，最先开始实施e-Science项目。e-Science作为一种全新的科研协作模式，是建立在网格技术基础之上的，其实质为"科学研究的信息化"，具有高智能性、高技术含量、高协同性、共享性、依赖性等特征，它的出现将改变人们从事科研活动的方式和方法。而其他许多国家都十分重视E-Science的研究和建设，如美国的网络基础设施(Cyberinfrastructure)、欧盟的(E-Infrastructure)、日本的地球模拟器中心等等。e-Science也必将改变数字图书馆的服务理念、服务内容、服务手段等，将成为下一代数字图书馆的工作环境。

因此，欧洲图书馆界已经开始积极讨论数字图书馆的未来发展模式和发展方向。2004年9月，欧盟拨款630万欧元启动DILIGENT原型项目，以创建一个由网格技术支持的先进数字图书馆基础架构，使得动态虚拟组织成员能够在共享计算资源、存储资源、多媒体资源、多类型内容资源以及多类型应用资源的基础上建立一个临时的虚拟数字图书馆。具体说来，它的功能主要包括：数字图书馆的创建与管理、流程管理、内容与元数据.管理、索引与检索服务、终端用户服务等。DILIGENT以EGEE项目的建设成果为依托，在e-Science环境下，将可以被无缝地集成到OCSA中，并且把数字图书馆与E-Science的核心技术——网格技术相结合，支持任何用户不受时空限制，以一种友好的、多模式可选的、高效的方式去存取人类知识。DILIGENT的研究和建设目标表明，欧洲数字图书馆的建设正朝着与网格技术结合、面向E-Science需求的虚拟数字图书馆迈进。

4.欧洲数字图书馆计划

2005年1月，法国国家图书馆馆长Jean-Noel Jeanneney最先发出呼吁，希望欧盟认识到Google数字图书馆计划对欧洲文化的影响，要求尽快形成与Google相抗衡的欧洲项目。2005年4月，法国、意大利、西班牙、德国、波兰和匈牙利领导人在给欧盟委员会主席Jean-Claude Juncke:和欧洲委员会主席Jose Manuel Barroso的信中提议建立欧洲数字图书馆,他们指出:"欧洲图书馆的文化遗产在丰富性和多样性上是无与伦比的,但是如果不进行数字化并使其能够在线存取,那么在未来,这些遗产有可能被淡忘。"同年5月,欧洲委员会对建立欧洲数字图书馆的计划表示支持,欧盟25个成员国中23个国家图书馆明确表示支持建立欧盟数字图书馆的倡议,并宣布将对欧洲的文化遗产进行有组织地数字化。2005年10月初,欧盟执委会正式公布欧洲数字图书馆计划,将欧洲的文化遗产有计划地转化为数字内容,使得人们通过互联网就可获得欧洲的文字和影音文化遗产的战略计划,确保欧洲民众能够将这些遗产运用到他们的学习、工作和休闲中。并确定了未来行动的三个关键方面:数字化、在线获取和数字化保存。

欧洲数字图书馆计划是应对Google数字图书馆计划、防止"未来欧洲大陆将无法在人类知识库中找到属于自己的版图"而提出来的,得到了欧洲许多国家政府首脑的支持,具备明确的目标和坚强的后盾支持。同时也表明,做强做大是数字图书馆今后的发展方向,图书馆之间、图书馆与企业之间乃至国家之间的通力合作有利于实现信息资源、经费、技术的最优组合,是数字图书馆蓬勃发展的重要条件;此外,为更多的用户提供免费的信息资源和服务、实现信息民主,是数字图书馆不可推卸的重要责任之一。欧洲数字图书馆计划,也是数字图书馆研究与建设走向全球化的第一步。

5."动态泛在知识环境"(Dynamic Ubiquitous Knowledge Environment)

(1)"数字图书馆未来十年发展大图景"

2001年,在欧盟第五框架计划(FP5)的资助下,DELOS Network of Excellence for Digital Libraries组织了第一次头脑风暴研讨会,产生了《San Cassiano报告》,提出了"数字图书馆未来10年发展的大图景"(a 10 year Grand Vision for DL)——任何公民在任何时间任何地点,通过使用各种连接互联网的设备,克服距离、语言和文化障碍,以友好、多形态、快速、有效的方式,访问人类所有知识。很容易看出,这与前面提到的2001年美国总统信息技术咨询委员会(PITAC)提交的名为《数字图书馆:人类知识的泛在存取》的报告中对数字图书馆未来的发展定位有着极大的相似之处。

(2)"数字信息王国"

2003年,DELOS在对《San Cassiano报告》、FP5资助的DELOS其他研究项目以及与.美国科学基金会的联合数字图书馆研究项目进行系统总结和分析的基础上发布了总结报告,指出数字图书馆融合了众多学科和研究领域,例如,数据管理、信息检索、图书馆学、文献管理、信息系统、网络、图像处理、人工智能、人机交互,等等。数字图书馆过去十多年的发展,实际上主要是致力于沟通不同学科和科学家们之间的隔阂,理解"数字图书馆的功能性"应该是什么,并把各个相互孤立的研究领域的解决方案整合到系统中,为实现它的功能提供支持。而数字图书馆领域经过十年的发展,这一目标已经基本实现,并积累了丰富的知识和经验,从而进入成熟阶段,因此需要改变其原先的发展战略,推动它向下一代数字图书馆迈进,尤其是应当开发专门的数字图书馆技术,而不应满足于作为一种借鉴其他学科的应用技术。报告建议设计和构建通用数字图书馆管理系统,为数字图书馆所囊括的所有功能提供支持,从而推动各种数字图书馆技术的进步,为数字图书馆的进一步发展奠定坚实的基础。并认为,数字图书馆的发展已经远远超越了它原先设定的目标,超出了"图书馆"的任何一个内涵。除了图书馆,它还包括数字档案馆和博物馆;它不再仅是为了获取文本文献,还处理多媒体资源,以及融入这些资源对象中的知识、语义和行为;并为多种多样的专深的技术和应用需求提供支持。因而,数字图书馆的未来发展应该定位于"普遍存在的知识库和交流渠道,成为所有人用来获取、评价和增强各种形式的数据的一个通用工具"。而"Digtal Library"这个名称已经不再适用于该研究领域,提议将其更名为"数字信息王国":Digital Information REALM(Resources Entrusted to Archives, Libraries and Muscums)。

(3)"动态泛在知识环境"

2004年,DELOS Network of Exllence for Digital Libraries 在欧盟第六框架计划(FP6)的资助下,邀请数字图书馆研究领域25位著名专家,举办了DELOS第三次头脑风暴研讨会,进一步探讨数字图书馆的未来发展方向和发展战略,并产生了《数字图书馆未来研究方向》(Future Rescarch Directions)报告。该报告在前两份报告的研究成果基础上,进一步指出,过去数字图书馆建设的发展受到传统观念的影响,呈现出以内容为中心、以存储为中心、基于特定环境的系统、重复建设、孤立的系统等特征。而为了实现前两个报告中所提出来的数字图书馆未来发展的方向和目标,必须打破两个神话,即数字图书馆仅是为了图书馆的资源(Digtal Libraries are for things in Libraries only)、数字图书馆仅是为了文化遗产(Digital Libraries are for Cultural Heriage only)。

此外，报告对发展战略进行了重大调整，体现在以下四个方面。

第一，关注数字图书馆的功能性（functionality）和互操作环境（operational environ-ment）；未来的通用数字图书馆系统要体现以人为中心、以交流/协作为中心、基于通用技术的系统、最大限度地重复使用、全球分布式系统以及泛在性等特征。

第二，提出对数字图书馆的概念框架进行调整。指出概念框架是由内容层（底层）、内容管理和功能层（中间层）和用户交互层（顶层）三个主要的层构成。当前的数字图书馆系统普遍是从内容开始向上构建，并且每个系统间都由不同的模块构成，并且是相互孤立的。而未来的数字图书馆系统是从用户需求开始向下构建，每个系统都有相同的、通用的数字图书馆管理系统来实施它的基本的管理功能，并有专门的模块来实现其他的功能，并且所有的系统之间都是相互连接的，用户之间则可以通过这一网络系统进行交互和交流。

第三，指出传统的数字图书馆概念是一个包装了有着密切联系的软件的特定目标信息的孤立的存储库。而传统的信息资源、信息创建模式和信息检索模式仅仅是未来数字图书馆最基本的功能。

第四，指出功能、系统、用户体验等方面需要解决的一系列基本问题，并提议将数字图书馆研究领域改名为最能体现未来数字图书馆系统特征的"动态泛在知识环境"（Dy-namic Universal Knowledge Environment）。

这三份报告的内容反映了欧洲数字图书馆的未来发展方向，它所提出的不受时空限制普遍访问人类所有知识的发展目标和"数字信息王国""动态泛在知识环境"等发展定位与美国科学基金会确立的泛在知识环境、后数字图书馆发展目标存在许多共同之处，表明未来数字图书馆的发展要在更为广泛的社会空间中发挥更大的作用，它的功能不再局限于提供满足特定需求的信息资源，而是要为人们创造无所不在的知识空间和知识环境。

三、欧美发达国家数字图书馆发展比较分析

通过对当前国际上主要国家实施的泛在知识环境相关计划和研究的整理、分析和比较，我们可以得出以下结论。

第一，无论是美国的Cybeinfrastructure、英国的E-Science，还是欧盟的E-Infrasturcture，实质上都是创建和整合以协同、共享资源和虚拟组织为主要特征的知识环境和国家知识基础设施，为教育和科研活动提供有力支持，

发展知识经济时代的知识创新型生产力。而数字图书馆已经成为该知识基础设施中必不可少的组成部分,它的服务对象、服务方式和服务内容都发生了极大的变革,不再是提供简单的存取和检索服务,它要进一步融入人们数字化网络化的科研环境和教育学习,为知识协同和知识创造提供支持,从而成为泛在知识环境下"知识的发动机"。

第二,各国的数字图书馆相关计划及其战略发展目标都表明,未来数字图书馆应该支持用户不受时空限制地获取所需要的信息资源和服务;能够动态地、无缝地提供各种异质信息,包括文本、PDF、图像、幻灯片、音频和视频等;能够为全球范围内、不同文化背景的用户提供多语种支持,并且无论用户的年龄、性别、肤色、种族、宗教、语言能力、计算机技术和信息素质,都可以毫无困难地了解和存取全世界的文化遗产。

第三,从数字图书馆体系结构来看,美国的NDIIPP计划和欧盟的DE-LOS的数字图书馆研究和检索实践都表明,不存在一个技术设计方案可以实现和表示出所有可能的使用功能,但所有的数字图书馆系统都体现了部分共同的原理,具备一些相同或相似的基本功能和元素,尽管这些功能的名称和配置可能有所不同,但都可以被表示出来,从而能够构建由通用的功能模块构成的数字图书馆体系结构,有利于实现网络环境中全球范围内数字图书馆系统之间的互联,并解决用户协作、交互和系统互操作等问题。同时还根据社区的具体目标和需求,设计和构建专门的功能模块、工具或服务嵌入通用体系结构之中,不断进行数字图书馆体系结构的创新,为社区的具体目标的实现提供支持。

第四,重视解决异质信息资源问题。泛在知识环境中的数字图书馆应当包含人类的所有知识,能够动态地、无缝地提供各种异质信息,包括文本、PDF、图像、幻灯片、音频和视频等,因而,对异质资源的存取、加工和使用将成为一个十分重要的问题。其中,NDI-IPP计划的AIHT(the Archive Ingest and Handling Test)项目研究了如何对各种类型的数字化信息进行评估和处理,以确保在提供有价值的服务的同时减少系统和工作流程中的不确定性。而斯坦福大学作为该项目的参与者之一,设计和创建了可嵌入结构来驱动外部检查和评估的软件工具Empircalwalker,通过在文档数中循环系统、联系外部元数据、计算检查和确定文件格式、分析文件内容等,它通过收集大量的技术元数据,为知识库对数字内容存在的相关风险进行度量提供客观依据,并确定保存活动的优先顺序。

此外,NSDL 的 Information network overlay(INO)体系结构对各种异质信息采用结构化和非结构化多种方式来进行描述,揭示它们之间的相互关系,并支持用户通过参数设置对异质资源进行个性化存取。此外,Delos 也指出,未来的数字图书馆系统要能够解决对异质资源的集成、综合处理和个性化表示等问题。

第五,协同性。一方面,各国的数字图书馆计划都表明,数字图书馆的建设必须依靠不同领域、不同机构之间合作来进行,并积极面向全球寻求合作伙伴通过协同工作来共同建设。其中,NDIIPP 的一个重要观念在于,大规模的数字保存必须有许多组织的持久合作和参与。它的 AIHT 项目在一个较小的范围内——哈佛大学(测试哈佛数字存储库)、奥多明尼昂大学(设计基于 Fedora 的"自我存档对象"self-archinving objects)、约翰斯·霍普金斯大学(测试 DSpace 和 Fedora)和斯坦福大学(测试斯坦福数字存储库),对协作伙伴之间的文档传输和交换进行模拟,对这一协作的理念进行了测试,结果表明,尽管不同的机构采用不同的工具、生产出不同类型的元数据,但通过统一元数据标准和促进机构之间的相互理解和信任,共享和协作的结果是令人振奋的。另一方面,许多数字图书馆实践都强调支持"虚拟社区""共同兴趣小组"的创建,为用户的协同工作和知识的协作构建提供支持。例如,NSDL 提供的 Our NSDL 群件工具和 MatDL50 Pathway's Soft Matter Wiki 协作工具,都是用来支持用户参与社区知识创造,促进团体组织的同步或异步、面对面或远程工作协作以及共同兴趣小组的创建;而 Delos 也指出,未来的数字图书馆系统要体现以交流/协作为中心,必须为用户的协作提供支持。

第六,开放获取(Open Acess)和机构知识库(Istitutional Repository)成为两个巨大的趋势。在新的科研环境中,传统的科学交流模式和科研协作模式发生了重大的变革,开放获取和机构知识库开始成为重要的科学交流渠道和知识保存、利用模式。美国一些机构也积极提倡开放获取,并建设了许多机构知识库,例如哈佛的数字存储库、斯坦福大学的机构知识库、OCLC 研究出版存储库,并开发了一些机构知识库的构建工具,例如,DSpace、Eprint、Fedora 等等。而英国的 E-Science 计划的一个重要研究课题则是对各种新形态和新格式的数字资源的开发和利用,例如,它所实施的 CombeChem 项目的关键理念之一为"Publication@ Source",即为获取的试验结果和最终出版的分析结果之间建立全面的端对端的联系。而JISC实施数字知识库计划、存储库和保存计划，以及资助EBank项目和FAIR(Focus on Access to Institutional Resources)计划，也推动了开放获取的发展和机构知识库的建设。这表明，在泛在知识环境中，开放获取和机构知识库成为两个巨大的趋势，尤其是机构知识库，已经成为开放获取的主要形式和国际数字图书馆发展的新兴和热点领域，也将是数字图书馆面向用户需求、融入用户知识过程以及支持教育和科研活动的重要举措。

第七，重视信息的"语境"。NDIIPP计划、NSDL、Delos以及JISC最新的数字图书馆实践都表现了对信息"语境"的重视。NDIIPP设计了相应的模块和机制来捕获和描述语境信息，它的AIHT项目也对语境元数据的创建等相关问题进行了一些探讨；NSDL最新提出的数字图书馆体系结构尤其强调对信息的教育环境、社会文化信息、信息使用模式、用户能力、偏好等各种语境信息和复杂的社会网络关系的搜集、描述和利用；而Delos也强调数字图书馆必须结合信息所在的社会因素和文化因素来创建高效的信息空间。

第八，重视用户参与和用户交互。Web2.0作为下一代的互联网，它的兴起改变了互联网信息生成、共享、交流的模式，推动互联网进入"全民织网"时代。Web2.0关于"重视用户体验和用户参与""集中群众的智慧"等理念和哲学对数字图书馆的发展产生了重要影响。其中，NSDL和OCLC尤其重视利用Web2.0相关技术来促进用户的参与和互动。NSDL利用Wiki、Blog、Tagging等技术和软件开发系列工具和服务，支持用户通过评论、注释、标签等形式在社区知识创建中发挥重要作用，它的新的体系结构尤其注重支持用户通过注释参与知识创造和交流；而OCLC启动了WikiD试验(Wiki WorldCat)，允许用户通过Wilds向WorldCat添加记录，支持用户添加注释或评论，查看其他人的注释或评论、添加或编辑记录；等等。

第三节 资源整合下的数字图书馆发展方向

数字图书馆的发展是一个渐进的过程，前期主要是技术准备时期，尤其是计算机技术、数字存储技术、互联网技术等的发展及其在辅助标引、科技文献全文储存和检索系统的应用实践，为数字图书馆的产生奠定了基础。

数字图书馆真正大规模的建设始于20世纪90年代的一些大型项目,如"美国记忆""数字图书馆创始计划"等。这些大型项目产生了海量的数字信息资源。建成了一个个异构的信息资源系统,这些信息资源系统由不同的机构建成,采用不同的技术和标准,运行在不同的系统环境中,分布在不同的网络环境中,无疑给人们利用这些资源带来诸多不便。随着各种各样的文献信息资源系统进入图书馆,这样的不便越来越明显,图书馆用户不再满足于进入一个个数据库系统,重复着相同的检索操作。人们逐渐认识到数字信息资源整合的必要性。早在美国数字图书馆创始计划中,斯坦福大学承担的一个项目就是集成数字图书馆系统,主要研究互联网上异构信息源之间的可互操作性,提供统一查检手段,创造一个共享环境。

随着数字图书馆的发展和用户需求的不断提高,人们开始不断探索和研究数字图书馆信息资源整合,数字图书馆逐渐从单一的电子图书馆、信息资源数据库系统向集成各种信息资源和信息服务的整合系统转变。[①]

一、从整合角度看数字图书馆的发展

从整合的内容、技术及其实现的功能角度看,数字图书馆可以分为不断发展、完善的四个层次。

(一)基于本地同构资源系统的数字图书馆

从整合角度看,这种数字图书馆是处于最低层次的,主要以同一数据库管理系统为技术基础,一般由同一组织建立。有两个发展层次:一是选择同一类型的文献进行数字化,建设数字资源系统,整合的信息内容往往比较单一。如超星数字图书馆、早期的方正阿帕比教学参考书数字图书馆、清华同方的中国期刊全文数据库、NetLibrary、ACS等。二是以同一数据库系统整合多种类型文献数字资源,各类型数字资源一般以子库的形式构建。如中国知网(CNKI)、万方数据资源系统、中美百万册数字图书馆等都包含多种文献类型。这一层次的数字图书馆,绝大部分是纸质文献的数字化或收集特定的网络信息资源,由同一组织或出版商建设,采用同构的系统,用户界面统一。建立这个层次的数字图书馆有以下几个关键:数字化文献的选择或网络信息资源的评价和选择,DBMS平台及OS平台、硬件平台的选择,数据格式标准体系的建立,用户界面的设计与优化,数字化工作流程,用户权限的

[①] 江山.资源整合视角下的数字图书馆发展方向[J].办公室业务,2014,(17):135-136.

控制等。

(二)基于分布式异构资源系统整合的数字图书馆

分布式异构资源系统的整合是数字图书馆建设的重要研究课题,数字图书馆建设一开始就非常注重研究数字信息系统间的互操作及分布、异构的资源系统之间的整合。国内外开发了很多数字资源整合系统产品,如整合传统书目数据库和数字资源的OPAC系统、整合地区性或全国性书目数据库的联合目录(OCLC的WorldCat、CALIS联合公共目录、NSTL,全国期刊联合目录等)、Endeavor开发的ENCompass,WebFeat Prism, Innovative公司的MetaFind + WebBridge,Calis资源统一检索平台、清华同方异构数据库统一检索平台、TRS资源整合门户、汇文一站式检索系统、复鑫跨库检索系统、CSDL跨库集成检索系统、PubMed/PubRef的"Link-out"系统、Metalib/SFX平台、CrosBRef/DOI参考链接系统及学科信息门户、机构知识库系统(如DSpace,Eprint)等。

这一层次的数字图书馆主要面向分布式异构数字信息资源,致力于这些资源系统间的互操作,建立整合检索和无缝链接各数字资源系统的联邦式数字图书馆。从近十年的实践情况看,有很多方案被提出来实现这种联邦式数字图书馆,一是跨库检索模式,也称联邦检索。主要是应用CGI、ODBC、JDBC、ASP、JSP及中间件技术等进行异构数据库之间的连接和数据转换,接受用户对数据库的并行交叉访问和查询,对查询结果进行查重等处理,最后通过统一界面提供给用户。二是数据仓库模式。将异构数据库中的数据库复制并提取出来,通过分析、综合、转换和装载,使分散的、不一致的数据转换成集成的、同构的数据,建立一个数据仓储集合,以提供集中的、统一的检索。绝大多数学科信息门户从实现原理上看可以归入这个模式。三是链接整合模式。主要利用各种链接机制,将收录在不同资源系统中的有各种关联的资源连接起来,用户可以根据链接的指引实现关联资源的获取。以上每种模式都应用不同的原理,采用不同的技术,具有不同的优点和不足。如链接整合可以实现"知识关联",但不能检全资源,容易迷失方向和出现"断链";跨库检索系统能实现基于关键词的检全,但检索结果常有偏差,一些资源系统的个性化检索功能被屏蔽。

基于资源整合的数字图书馆更多关注的是技术、标准和协议。如人们不断地研究相关标准、协议之间的互操作,元数据的互操作;239.50协议不断得到修订,更加适应数字资源环境,856字段的增加使OPAC系统有链接数字资源的能力;在数字对象标识方面开发了OpenURL框架,CrossRef/DOI得到广泛的应用;OAI协议的广泛应用,建立基于OA资源或是联盟协议资源的集成数字图书馆;在链接领域开发SFX开放动态链接技术;在跨库检索领域广泛应用中间件技术(包括数据转换、数据映射、封装技术等)、代理技术等,语义整合技术开始得到重视。总之,很多相关技术、标准和协议被开发或引入数字图书馆来提高数字资源提供能力。

(三)基于服务整合的数字图书馆

这一层次的数字图书馆主要从图书馆角度提出,更注重为用户服务,将图书馆服务纳入数字图书馆体系中,如馆藏书目查询、文献传递、馆际互借、用户培训、个性化服务定制、参考咨询服务系统等。目前,这一层次的数字图书馆正通过"门户"方式来实现,如北京大学数字图书馆门户,暨南大学的"以用户为中心的数字图书馆门户"等,还有北京交通大学、清华大学等图书馆利用MetaLib系统建成MetaLib/SFX学术资源门户。这些"门户"都强调一站式、集成化、一体化的服务。一方面将OPAC系统、资源导航系统、跨库检索、链接系统都纳入"门户"中,在一定程度上可以使各种整合模式形成优势互补。另一方面门户也集成了更多的图书馆服务,使用户能更方便、快捷、准确地找到自己需要的信息。

这一层次的数字图书馆更多关注的是"门户"的设计,根据用户需求,优化图书馆资源与服务之间的衔接,更加关注图书馆用户信息需求的满足,正如肖珑提出的"从用户的角度看,从他/她登录图书馆主页的一刻起,感受到的是一个学术与信息服务的整体环境","数字图书馆服务及其门户平台的建设,是网络服务体系的整体建设","以用户使用数字图书馆的过程为基础,以方便用户、实现资源和服务的最大化利用、提高图书馆门户网站的竞争力为目标,是门户建设中最重要和最基本的设计"。

(四)基于知识整合的数字图书馆

知识服务是传统图书馆追求的目标,同样也是数字图书馆的目标。但长期以来传统图书馆只能提供文献来满足读者的知识需求。早期数字图书馆以保存数字化文献、收集网络信息资源等为基础,通过网络为用户提供任何地点、任何时间的文献信息资源服务,大大方便了,人们获取文献资料。数字图书馆技术,尤其是知识组织、知识处理相关技术的发展,使数字图书馆提供知识服务成为可能。数字图书馆知识服务的目标是为用户提供信息资源中的知识内容,如概念、内涵、观念、思想、理论、方法、技术、制度、方案、计划等。知识内容分显性知识和隐性知识,文献信息中包含的是显性知识,隐性知识存在于人脑中。要提供真正的知识服务,需要一个完善的知识整合系统的支持,通过整合文献信息资源的知识内容提供显性知识,通过提供领域专家学者或咨询服务专家的信息提供隐性知识的线索。数字图书馆的知识整合是指通过知识组织技术,将数字信息资源按其所包含的知识之间的各种关联组织成一个有机的知识网络。按采用的知识组织技术的不同,知识整合主要有基于主题图的知识整合、基于本体的知识整合、基于知识地图的知识整合等。

基于知识整合的数字图书馆将是知识内容集成和知识服务集成的有机体。知识内容的集成将所有包含知识的资源都集成到数字图书馆中,包括传统文献中的知识内容、知识单元;网络中包含有知识内容的网站、网页、博客、维基等资源;甚至包括专家、学者、机构等的信息。知识内容以一定形式关联,而且动态变化。实现对知识内容的抽取、关联、重组,为用户提供从文献、信息数据到知识的转换,实现对知识的理解和应用。而知识服务的集成则是知识处理工具的集成,包括知识内容的分析工具、组织工具、利用工具,以支持用户在利用数字图书馆中对知识内容的发现、分析、组织、交流及创造。这些知识工具以用户利用知识过程为中心,方便用户根据自己的需要和习惯来收集、组织和利用各种知识。

数字图书馆的知识整合系统必须实现两个目的性功能,一是知识整合检索,可以通过自然语言实现基于概念语义的知识检索。即给出一个自然语言关键词,系统可以判断该关键词所属的学科领域中对应的知识概念,并给出与该知识概念相关的信息资源。二是知识链接网络,通过各种链接机制,将数字资源关联成一个有内在联系的知识网络。一方面知识链接网络可以为用户提供知识导航,帮助用户了解感兴趣主题在学科知识体系中的位置,研究现状,了解相关研究领域的研究情况,了解其应用与被应用的情况,了解相关交叉学科等,拓宽用户的视野。另一方面通过各种链接对知识检索的结果进行拓展。

数字图书馆的知识整合追求的是知识体系的整体性和关联性,有以下六个特点:①数字图书馆所需要处理的不仅仅是一本图书、一篇文章等文献层次,而是更细粒度的知识单元。②知识整合的支撑是知识组织体系,要对资源中包含的知识内容及其之间的各种关联进行细致的描述,而不仅仅是题名、作者等形式上的揭示。③数字图书馆要解决的是提供用户所需要的知识。这些知识可能包括概念、定义,研究机构、领域专家、学者,领域经典著作等,学科常识、前沿课题、技术应用等。④知识内容不一定都能从数字图书馆收录的文献资源中得到,还有大量的知识可能分布于数字图书馆资源系统外,如网络资源,甚至是专家学者的头脑中。⑤需要强大的知识处理工具,需要数字图书馆对信息知识进行感知、捕获、分析、重组和传递。通过资源与工具的链接、集成、嵌入来收集一切可能的信息资源,通过对信息和知识的析取、链接和重组来提供符合用户需要的知识产品。⑥数字图书馆提供资源和服务应该是动态的,即具有智能性,知识整合的数字图书馆将更广泛地使用动态链接和个性化技术。

从以上分析可以看出,数字图书馆的发展实际上也是一个数字资源整合发展的过程,数字资源整合是数字图书馆建设的一个重要内容,数字资源整合的发展推动数字图书馆逐步向高层次发展。基于本地同构资源系统的数字图书和基于分布式异构资源系统整合的数字图书馆主要关注数字信息资源,前者更关注传统文献的数字化、网络资源的资源库系统的建设,后者更多的关注系统间的互操作技术。而整合图书馆服务的数字图书馆主要从传统图书馆服务角度出发,把文献传递、馆际互借、参考咨询等服务整合到数字图书馆中。以上三个层次的数字图书馆归根到底是基于文献信息资源的,其出发点主要是"我能为你提供什么文献,如何提供文献"。然而到了知识整合层次的数字图书馆,其目标已不仅仅是提供文献,而是提供用户所需的知识。在这个发展过程中,数字图书馆集成的资源越来越多、应用技术越来越复杂、功能性也越来越强。

二、关于数字图书馆发展方向的思考

(一)知识服务是数字图书馆追求的目标

在知识经济社会中,"知识就是生产力""知识就是财富"已经是无可争辩的事实,知识服务已经被提升到现代图书馆的核心能力的高度。张晓林就提出,我们应将核心能力定位在知识服务,即以信息知识的搜寻、组织、分析、重组的知识和能力为基础,根据用户的问题和环境,融入用户解决问题的过程之中,提供能够有效支持知识应用和知识创新的服务。目前图书馆开展知识服务的模式主要有咨询台式服务模式、学科馆员式服务模式、门户网站式服务模式、知识库服务模式等。知识服务当然也是数字图书馆的目标。数字图书馆的知识服务是指利用知识组织系统将数字图书馆的数字信息资源整合成为具有语义关联的知识网络,根据用户解决问题过程中出现的知识需求提供直接知识内容的服务。

(二)知识整合网络是数字图书馆知识服务的基础

数字图书馆的知识服务应该建立在知识整合网络的基础之上,或者说知识整合网络是数字图书馆知识服务的支撑之一。知识整合网络是指利用知识组织系统将信息资源的知识内容进行语义标引形成的网络。知识组织系统是工具,除了传统的分类法、主题词表外,还有概念图、主题图、知识地图和本体等更加适合数字环境的组织体系。信息资源是对象,包括规范化的文献数据库资源,也包括半结构化和非结构化的网络资源、多媒体资源等。语义标引是手段,只有标引的内容从文献层次深化到信息资源中的知识内容层次,实现知识元的链接,才能满足知识服务的需要。

(三)数字图书馆发展的主要任务

从知识整合的角度看,当前数字图书馆发展的主要任务有以下三点。

第一,理论研究上应该着重关注新理论、新技术的发展。加强对数字资源整合领域出现的相关新理论和相关新技术的研究,如语义网、知识网格、Web服务、知识库等。

第二,实践上应该加强成熟理论及技术的应用、改造和完善。如在知识组织体系家族中,分类表和主题词表是图书馆界传统的知识组织技术,各学科领域基本都有本专业的叙词表。我们应对其加强改造和应用,以更适应数字化环境。如国外许多学术团体相继进行了利用现有叙词表转换建立本体的尝试,已经有10多种叙词表用各种方法被转换为本体。本体是一种概念体系公约,反映的是相关领域中公认的概念,能更规范、准确地描述概念含义以及概念之间的内在关联,可以构造丰富的概念间的语义关系,形式化能力最强,同时具有高度的知识推理能力,能通过逻辑推理获取概念之间的蕴涵关系,是最能体现知识组织体系特点的技术和方式。如果一个组织构建了专业领域本体,如法学本体、经济学本体等,其他组织就可以共享和复用。本体构建技术和标准已经相对成熟,我们应该积极在各个领域建立领域本体,并反复应用到数字图书馆系统中来评价、排错和完善。

第三,要加强用户利用知识的研究。数字图书馆知识整合的最终目的是知识服务。知识服务是贯穿用户解决问题过程的服务,是贯穿于用户知识获取、分析、重组、应用过程的服务,因此,要根据用户的要求来动态地和连续地组织服务,而不是传统信息服务的基于固有过程或固有内容的服务。知识服务系统的出发点是用户的知识活动,考察的是专家学者、科研人员在知识活动过程中对知识的需求和处理形式。因此,对用户知识利用的考察和研究将使数字图书馆知识整合系统更加适应用户知识利用行为,有利于提供更好的知识服务。

(四)数字图书馆知识整合可能遇到的挑战

第一,是新知识、新概念的自动发现。知识整合层次的数字图书馆,将来发展的难点之一可能是新知识、新概念的自动发现以及如何纳入原有知识体系。已知的知识概念可以通过知识组织技术形成知识网络体系,但人类的知识总是不断地增长和改变的,表现为新知识概念的不断产生,已有知识概念在新领域的应用,或是随着社会的进步被注入新的内涵形成与其他概念的新的关联等。数字图书馆的知识整合必须具有支持对这些新知识概念及其新关联的发现机制,以适应人类知识的发展变化。知识发现技术尽管已经提出了很多算法,但从实践情况看,离实现理想的效果还很远。知识发现涉及复杂的知识挖掘、知识抽取、知识推理、本体自我进化等智能技术,在数字图书馆数字资源知识整合领域的应用更少。这些新技术的开发和应用可能是一个严峻的挑战。

第二,是自动语义标引。实现对数字图书馆信息资源的语义标引是构建知识整合网络的关键,是实现知识服务的基础。在巨量动态的数字资源环境下,手工标引在速度和效率上明显力不从心。实现计算机自动标引是唯一出路,在这方面,人们已经开发出许多语义标注工具,如 Annotea、GATE、OntoMat、SMORE 等。但这些工具都是以半自动为主,没有实现真正的自动化。理想的语义标引应该具有通用性,支持多语言标引,具有自动分类、自动知识获取等功能。很显然,目前的技术还远远没有达到这些要求,成为制约实现知识整合、知识服务的一个瓶颈。

第三,是用户个性化知识服务。个性化知识服务是现代社会的要求,知识整合系统应该完美支持用户个性化知识需求。然而,不同学科、不同研究方向和不同层次的用户对知识的需求是多样化的，每个用户对知识需求都是个性化的，整体用户对知识需求是广泛的，知识需求的边界是模糊的，也是不断变化的。面对这些情况，如何持续跟踪用户知识需求的变化，如何真正融入用户利用知识解决问题的过程中，如何根据用户知识需求的个性特征选择相应的知识整合模式、采用合适的知识组织体系等等，都将可能是对数字图书馆的知识整合的挑战。

第四节 移动数字图书馆现状及其发展策略

近年，以无线网络、3G技术为代表的移动网络技术的应用和普及，使泛在环境更具可触及性，移动数字图书馆服务也应运而生。移动数字图书馆，就是指用户通过移动终端（如手机、PDA）等，以无线接入的方式接受图书馆提供的服务；是数字图书馆在移动网络环境下的一种创新服务方式。它借助以手机为代表的移动终端具有高度的便携性、互动性、网络化，及用户的海量性等优势，通过无线通信网络使图书馆与庞大的移动终端用户群体紧密联系，利用移动终端作为平台，延伸、拓展了数字图书馆服务，与数字图书馆形成长短互补关系。移动数字图书馆因其拥有大范围的受众和阅读的便利性，成为传统图书馆向数字化图书馆转变过程中不可或缺的环节和重要发展方向。

一、当前国内移动数字图书馆服务发展概况

近年来，移动数字图书馆的建设与发展日益成为业界关注的热点，越来越多的图书馆搭建移动数字图书馆服务平台，并力图将其融入更多读者用户的日常学习和生活当中。2005年5月，上海图书馆开通了全国首家"手机图书馆"，拉开了国内移动数字图书馆服务的序幕。当前，国内移动数字图书馆服务主要有以下三个方面的特征。

（一）服务模式由单一的短信服务发展为WAP网站服务与短信服务互为补充

国内移动数字图书馆服务从2005年开始进入集中发展阶段，初期的服务模式主要是图书馆读者通过手机短信形式获取和查询相关信息。2007年

以后，WAP（Wireless Appli-cation Protocol）网站服务逐渐兴起。图书馆通过建立WAP网站，将大量信息及各种业务引入到移动终端中。相对于以信息推送见长的短信服务，WAP网站服务在信息查询和交互功能上优势更加明显，这在很大程度上弥补了短信服务的不足。WAP网站服务模式将是未来移动数字图书馆的主要服务模式。[①]

（二）新服务项目不断推出，服务内容逐渐丰富

随着业界对移动数字图书馆研究的深入以及移动技术的发展，特别是支持高速数据传输的5G网络正式投入商业运营，为移动数字图书馆创新服务带来了新的发展机遇。在原有的OPAC检索、图书续借、图书预约、到期提醒、书刊推荐等服务的基础上，可视化参考咨询、移动流媒体点播、电子书刊阅览、移动学习社区、移动导航、书刊定位等新型服务项目不断推出，移动数字图书馆的服务内容逐渐丰富。

（三）服务重点仍以基本的文献借阅辅助服务为主，数字化全文阅读服务尚未真正普及

移动数字图书馆的目标功能主要有三部分：移动图书馆的门户站点、支持各类移动终端设备的移动OPAC、移动数字图书馆。从目前已建立的移动数字图书馆来看，大部分只是把图书馆自动化系统的WEB模块功能从PC移到部分移动终端设备，其重点仍以OPAC检索、图书预约、续借等基本的文献借阅辅助服务为主。受技术、版权、经费等因素制约，目前大多数数字移动图书馆并未将作为数字移动图书馆服务核心部分的电子图书、期刊、专业数据库全文服务延伸到移动终端设备，数字化全文服务尚未真正普及。

二、制约移动数字图书馆发展的几个因素

（一）资源不足，数字图书出版机制尚未成熟，可浏览、下载的数字资源太少

移动数字图书馆的核心服务是将图书馆的各种电子图书、期刊、专业数字库延伸到各类移动终端，让用户可以在移动终端检索、浏览及阅览全文。目前大部分移动数字图书馆尚未提供或只提供少量的在线数字资源供读者阅读，例如国家图书馆的"掌上国图"目前也只有1000余种图书和20余种报纸提供手机用户阅读。另外，数字图书出版机制尚未成熟。目前传统出版

[①]刘静．试论移动数字图书馆现状及其发展策略[J]．黑龙江史志，2015，(01)：317．

社存在三种情绪:一部分出版社看到了数字图书发展趋势,但只接受局部变化;另一部分认为数字图书发展会冲击畅销书的销售,加速自己的消亡;还有一些出版社则认为数字出版还是离自己太远了,并不是眼前需要考虑的事。由于供应链尚未理顺,导致现时出版的电子书种类过少、新书过少,移动数字图书馆可供浏览、下载的数字资源与传统网络海量的资源相比太少,资源的不足严重制约着移动数字图书馆的发展。

(二)使用便捷性差,移动终端与数字资源之间存在多种技术门槛和障碍

目前,图书馆数字资源存在资源系统不统一、数据格式不统一的缺陷,不同程度地影响移动终端对数字资源的访问。另外,移动终端目前没有标准系统,屏幕规格因要适应硬件设备外观而随意设定,没有标准的制式,部分不同制造商的设备之间无法兼容。基于技术原因,目前有些移动数字图书馆的服务只支持特定型号的设备。部分手机终端不支持多媒体信息,信息交换平台与无线通信设备不兼容。移动互联网与互联网之间的无缝链接有待发展,手机等移动终端与台式电脑之间的信息交换方案尚未得到有效解决。

(三)移动终端屏幕小、性能较差、电池续航能力有限、阅读需按流量计费

移动终端设备有着特殊的局限性,以手机为例,其最明显的一点局限是屏幕小,基于便携性以及电池续航能力的考虑,即使是目前最新型号的智能手机,其屏幕最大的也只有4.3寸左右,使用时远不能和笔记本电脑、台式电脑等传统的网络接入设备大屏幕的舒适性相比。性能、功能方面也不及笔记本电脑、台式电脑。另外,上网费用也是阻碍移动数字图书馆发展的另一瓶颈。例如,当读者用手机通过移动数字图书馆的WAP网站下载资源或进行流媒体点播,运营商按流量向读者计费。上网费用过高,会导致读者放弃使用这些服务。值得注意的是,流量费的产生,改变图书馆免费服务的优势,对读者心理也造成一定的影响。在同样付费的情况下,读者可能会选择其他服务供应商。

三、移动数字图书馆发展策略

目前移动数字图书服务尚处于发展的初级阶段,在今后继续发展的过程中,还必须不断更新技术、统一标准、弥补不足以打破上文提及的种种制约。作为数字图书发展的一种新的趋势,它拥有的发展动力,是谁也无法阻挠的,假以时日,移动数字图书馆服务在图书馆服务数字化进程中的优势就必能充分地体现出来,成为传统图书馆向数字化图书馆转变过程中不可或缺的环节和重要发展方向。而图书馆行业也必须制订好移动数字图书馆的发展策略,以适应随之而来的变革。

(一)提高思想认识,积极参与移动阅读建设

随着移动通信与互联网的结合,人们对移动阅读需求和意愿将不断增强,图书馆需要考虑如何为移动用户提供随时随地的服务。作为图书馆管理人员,特别是决策者,一定要清楚地认识到:数字图书馆是未来图书馆发展的主要形态。移动数字图书馆是传统图书馆向数字化图书馆转变过程中不可或缺的重要环节。开展移动数字图书馆建设,是图书馆自身发展的需要,应将移动数字图书馆作为数字图书馆建设的重要工程来抓。

(二)以创新技术推动服务发展,以特色服务吸引移动用户

技术是图书馆发展的基础,服务是图书馆发展的关键。移动数字图书馆的出现,标志着读者阅读方式趋向多样化,同时也意味着读者对图书馆服务要求的提高。随着移动数字阅读时代的来临,图书馆应加强新技术的研究和应用,适时引进新技术,及时吸收消化,做好技术积累。通过技术手段解决当前移动数字图书馆存在的一系列问题,以技术创新推动服务方式和服务手段的改进和创新。可以采取以下几项措施:①制作舆情监测周报,为政府决策提供相关信息;配合好顺德建设,合作共建网络学习园地。通过做好政府服务工作,争取政府经费支持,使图书馆步入良性发展轨道。②深度挖掘本地历史文化资源,依托丰富的地方文献,建设具有地方特色的数据库,为保存本地历史文化服务。③根据本地产业特点,建设八大支柱产业信息专题栏目,定期向企业用户推送,为发展本地经济服务。④根据学生、外来务工人员、企业白领这三类移动数字图书馆用户最大的群体的个性阅读需要,分别开展定制文献推送服务。

(三)开展馆际合作,以共享资源策略,扩大有限资源的服务效益

数字移动图书馆目前尚处于探索阶段,在建设过程中,涉及人员、技术、资源、经费、推广等一系列问题,再大的图书馆也不可能独立解决全部新问题。各地应寻求多馆合作的途径,采取共享资源的策略,充分利用有限的资源。多馆合作，可以节省各馆在项目建设前期的调研费用、构建服务平台的软硬件费用；便于向电信服务运营商、数字资源供应商争取更多的优惠措施，既书省经费又丰富资源；便于集中力量攻克技术难关，解决了中小型图书馆在技术方面的不足，缩短开发周期，抢占服务先机；便于对本地特色资源栏目建设进行统筹协调，合理安排人力资源；实现读者"共享"，从而扩大服务人口覆盖面，为提高服务效益提供保障；便于进行整体宣传推广，加强宣传效应。需要注意的是，在合作共建本地区移动数字图书馆服务平台时，应采取统一的技术标准为今后跨地区合作提供保障。

（四）做好宣传推广，利用移动平台群体优势，促进数字图书馆事业发展

移动数字图书馆是图书馆的一项全新服务，目前社会公众对于这项服务的认知程度仍处于很低的水平，针对这种状况，图书馆应成立专门的宣传推广小组，充分利用网络的优势，运用多种平台、多种手段开展宣传推广工作。在宣传方式上，除了利用图书馆建筑空间，如宣传栏、电梯、墙壁、楼梯、电子显示屏等固定平台外，要充分发挥各种移动平台的群体优势，加强数字阅读推广工作，以促进数字图书馆事业的发展。例如利用馆外活动及流动图书车进行馆外宣传推广；利用网络平台，包括图书馆 WEB 网站、WAP 网站，以及读者服务 QQ 群、博客、微博、论坛等，通过发报服务信息、解答咨询、发起讨论等方式加强网络宣传，引起网民的广泛关注；借助本地较有影响力的报纸、电视和网络媒体等进行宣传，特别是可以通过交换信息资源或合作共建信息栏目的方式，与本地网络媒体建立民企合作的关系，加强宣传效应。利用短信、E-mail 主动推送优势向潜在用户发送推广信息。

移动数字图书馆有着广周的发展前景。随着技术的发展和标准的统一，可以预见，以手机为代表的移动数字终端设备将呈现形式多样化、性能越来越强大、操作越来越便利、不同设备间实现无缝对接等特点，移动数字终端用户将保持一个持续增民的态势。4G 的逐步普及以及 5G 网络试点工作的开展，将为移动互联网带来更广阔的应用环境。无线网络以其便利性必将逐步取代传统的有线网络，移动互联网将逐渐成为主要的信息服务平台。随着城镇化进程，居住地离上班地点越来越远，异地交流越来越频繁，地铁、轻轨等建设也在加快，公共交通系统将逐步成为人们出行的主要方式,为移动阅读的发展提供了更多的空间。可以说,移动数字图书馆发展的前景,就是数字图书馆的发展转变的前景。对此,图书馆应及时调整人员配置,加强职业培训和导引,协助原来从事纸本文献借阅服务的员工逐步转型;加强计算机技术人员、数字化资源采编人员以及学科馆员队伍建设,适应移动数字图书馆建设的需要;加强文献利用评估工作,及时了解读者阅读需要变化,根据实现情况逐步调整印刷型文献与数字资源的采购比例;开展对出版物全数字化后图书馆现有馆舍资源如何充分利用的研究探索,做好从传统服务模式向数字化服务模式转变的各种准备工作。

第五节 数字图书馆发展的可视化分析

一、数字图书馆的发展及其概念

(一)数字图书馆的发展

20世纪90年代兴起的"数字图书馆"一词,起源于1993年由美国国家科学基金会(NSF)、美国国防部尖端研究项目机构(DARPA)、国家航空与太空总署(NASA)联合发起的数字图书馆创始工程(Digital Library Initiative,DLI)。其中1994—1998年阶段被称为DLI第一期工程,或DLI-1。第二期工程于1998年开始全面筹划和招标,1999年正式开始,被称为DLI-2。20世纪90年代初互联网的急速发展和万维网浏览器的迅速普及,将整个社会真正推进电子网络时代。NSF、DARPA和NASA在形势驱动下从1994年到1999年总共投资6800万美元,其中2400多万美元拨给以6所大学为中心的数字图书馆创始工程第一期工程,即DU-1。"数字图书馆"一词由此迅速被计算机科学界、图书馆界以及其他各领域所采纳。

20世纪90年代末以来,数字图书馆引起了人们的普遍关注,各国政府都投入了大量人力、物力、资金发展数字图书馆。在各国实施的数字图书馆国家计划或项目中,以美国的数字图书馆创始计划和数字式图书馆联盟计划、英国的"存取创新"计划、日本的"关西图书馆计划"、新加坡的"2000年图书馆发展计划"等最具代表性。其中,美国是当今世界上最重视数字图书馆建设和研究的国家,数字图书馆在美国被作为"信息基础设施技术与应用(IITA)"中的一项"国家级挑战(National Challenge)"课题。

在国外数字图书馆研究热潮的引领下,国内图书情报界紧随其步伐,先后于1997年国家计委批准立项中国试验型数字式图书馆(CPDLP)重点科技项目,由中国国家图书馆、上海图书馆、南京图书馆、中山图书馆、深圳图书馆、辽宁图书馆以及文化部文化科技开发中心联合承担;1998年由文化部、中国国家图书馆、中国电信总公司、中国科学院、清华大学、北京大学等单位合作实施中国数字图书馆工程;由北京大学、清华大学、华南理工大学、上海交通大学承担的国家教育部数字图书馆攻关计划等。这些项目的实施极大促进了国内数字图书馆的发展,为我国数字图书馆与世界数字图书馆的接轨做出了重要的贡献。

(二)数字图书馆的概念

数字图书馆涉及的领域具有明显的跨学科特征,因此国内外对数字图书馆的概念并没有一个准确的定义。目前文献中普遍使用"电子图书馆""数字图书馆""虚拟图书馆"等概念,这些名词意义比较接近,世界上许多国家建设的电子图书馆原型也多冠以"数字图书馆""虚拟图书馆"等名称。电子图书馆(electronic library)在含义上同数字图书馆最为接近。国内外一般认为,电子图书馆是数字图书馆的早期提法,1992年前大多使用"电子图书馆",1992—1994年间这两个概念并行使用,1994年后使用"数字图书馆"的逐渐多了起来。[1]

数字图书馆研究专家E. A. Fox指出:"数字图书馆是一种有纸基图书馆外观和感觉的图书馆,但在这里图书馆资料都已被数字化并存储起来,而且能在网络化的环境中被本地和远程用户存取,还能通过复杂和一体化的自动控制系统为用户提供先进的、自动化的电子服务";汪冰认为数字图书馆的定义仍未确定,"电子图书馆""数字图书馆""虚拟图书馆""无墙图书馆"等术语常常被当作同义词使用,这也显示出数字图书馆概念内涵的宽泛性;赵洗尘也认为图书馆学论文中对数字图书馆的定义很多,差别也很大。

---

[1]李晓飞.近五年国内数字图书馆研究可视化分析*[J].图书馆研究,2020,50,(05):117-128.

二、数字图书馆计量分析

(一)数据来源与数据处理

本专著主要选取 SCI、SSCI 作为计量分析的数据来源,考虑到数字图书馆的同义词较多,而目前数字图书馆以"digital library"为主要使用的词语,故以"主题"为检索项,"digital library"为检索词。计量分析数据以"article"学术性论文为主,剔除会议论文、纪要、通知等非学术性论文,共检索出 2430 篇论文。论文数据的计量分析主要采用 HistCite、Citepace Ⅱ、Excel 等软件进行,结合定量和定性分析手段,统计分析出有关数字图书馆研究论文的发展情况。

(二)文献各年分布情况分析

在 SCI、SSCI 中,研究主题为"数字图书馆"的发文情况可以看出,1990 年以前基本没有论文刊载,正如前面所述,可能与在此之前并未提出"数字图书馆"的概念有关。1993 年之前有关数字图书馆的学术性论文只有数篇,可以称之为数字图书馆的萌芽阶段。1993 年美国发起的数字图书馆创始工程(DLI)后,有关数字图书馆的论文开始出现剧集的增长,并在 1999 年到达顶峰,应该是数字图书馆研究的发展阶段。2000 年后,数字图书馆的研究稳步增长,随着计算机技术和现代信息技术的进一步发展,数字图书馆的研究在这几年中有了进一步的发展,研究继续呈上升态势。2005 年国际图联管理委员会探讨制定《国际图联数字图书馆宣言》,并于 2007 年底正式通过,《国际图联数字图书馆宣言》呼吁各国政府和各类图书馆积极推动数字图书馆的发展,消除数字鸿沟,促进世界文化与科学遗产为人类广泛利用。从论文的发文趋势来看,数字图书馆仍会成为 21 世纪的一个研究热点。

(三)文献的国家(地区)比例分布分析

数字图书馆发端于美国,并迅速在全球掀起数字图书馆研究的热潮,依托现代计算机技术和现代通信技术,20 世纪 90 年代开始到 21 世纪初的 10 年,可以称之为"数图纪年"。从数字图书馆文献所属国家(地区)的分布图可以看出,美国所占的比例达到可 48%,几乎占了所有统计文献的一半,可以说是数字图书馆研究实力最为雄厚的国家。究其原因:一是有国家政策的大力支持,二是有现代计算机技术和现代数字通信技术的支持,三是拥有一批优秀的图书情报人才和计算机技术人才,正是如此三管齐下,才使得美国数字图书馆的发展走在了世界的前列。美洲地区与美国相邻的加拿大,在数字图书馆方面也不甘落后,学术论文比例占到4%。亚洲地区,中国,日本,中国台湾、印度、新加坡等国家和地区,数字图书馆的研究也不少,尤其是各国(地区)政府都大力支持数字图书馆的发展,但与美国相比还存在一定的差距。欧洲地区(英、德、意、法、西班牙等主要成员国),2005年由法国国家图书馆发起倡议的"欧洲数字图书馆建设计划",被认为是对Google数字图书馆的资源垄断进行"欧洲人的反击",从而让人们了解欧洲的智慧、历史、文化以及科学。

数字图书馆的发展随着现代计算机技术和现代通信技术的发展而发展。不管是图书情报专家,还是计算机通信技术人员,都为数字图书馆的发展做出了很大的贡献。期间不管图书馆人对数字图书馆是持支持的态度,还是中立反对的态度,毫无疑问它或多或少地给实体图书馆带来了冲击。这不仅是图书馆技术层面带来反思,更是服务观念的转变,当前国内数字图书馆的研究已趋于降温,数字图书馆的发展应为用户带来的快捷、方便的服务却是不争的事实。

第六节 我国数字图书馆面临的问题

经过近几年的实践,全国各地政府,各个大学纷纷建设数字图书馆,特别是一些企业公司看好这个市场,也纷纷加入,推出解决方案,出现了2002年数字图书馆热潮。然而许多问题也更加突出,亟待解决。对于我国数字图书馆建设所面临的问题,许多专家有过论述,可以归结为五个方面的问题:技术问题、法律上的版权问题、标准问题、运营模式问题、人才问题。其中,版权、技术、标准是三大关键核心问题。从技术角度讲,数字图书馆要支持普遍存取、分布式管理和提供集成服务的基于fntranet和fnternet环境下的数字图书馆。从应用角度讲,数字图书馆是集数据库应用平台、信息资源电子商务平台与资源数字化加工服务平台于一体的数字图书馆。从资源角度讲,数字图书馆是包括书报刊平面媒体、音频、视频及其他媒体资源在内的综合性数字图书馆。由于这些问题,我国数字图书馆的建设将是一个长期的过程。

一、技术问题

数字图书馆所面临的技术问题归纳为信息资源建设及资源数字化、存储与压缩、分类、索引和检索、安全性、用户界面等10个技术挑战。其中,如何将资源数字化和资源存储、索引检索是数字图书馆建设中的三大关键技术。

国内对于数字化采用的技术有中国数字图书馆(国家图书馆)和超星图书馆采用的图形扫描技术、书生之家采用的全息技术、万方数字化期刊采用的正文格式。图形扫描,需要人工标引,人工建立图形页索引,不能自动建立图形页的内容索引,占用空间较大,加上工作量大,适用于对一些珍、特、奇古籍资源的原样保存,不适用于大量检索、阅读的文献,会造成网络传递的拥挤。书生之家的全息技术与图形扫描技术相比,在保存原样的基础上,便于标引和检索,这正是书生之家虽起步较晚,但市场占有率却较高的原因。正文格式主要包括文本格式和PDF格式,其特点是可以对文献实现任意地方的检索,占用空间小。它是目前资源数字化最佳的方式。[①]

数字化资源的存储目前采用的主要是磁盘阵列存储,容量从几百个CB到几个、十几个TB,它必须同应用服务器配合使用,作为服务器的一个逻辑盘使用。另外,还有光盘库和光盘塔,它是一组或若干组光驱,解决多光盘读取问题,前几年比较流行,应用于小型局域网,随硬盘技术的发展,已经被硬盘存储所代替。近几年,兴起了网络存储——NAS(Network Attached Storage),它是直接存在于网络上的存储设备,无须应用服务器的干预,允许用户在网络上存取数据,用户可以直接读取,而不是作为应用服务器的一个逻辑盘使用,这样,可以大大提高读取速度,增加稳定性。

资源数据的压缩就是要尽可能地使数据包变小,存贮时占用较小的空间,网络传输时,占用较小的网络带宽,减少网络阻塞,提高传输速度,节省网络费用。如重庆维普的中文科技期刊全文数据库,《情报科学》2003年第1期上的文章《知识创新系统的信息保障》共有五页,如果不压缩,共有476KB,采用压缩后为167KB,减少了近300KB,若从网络上下载这篇文章,假设不压缩使用0.1秒,压缩后,则只需要约0.035秒,速度提高近3倍,网络费用也减少了。因此,数据压缩对于海量的信息存储和传输至关重要。

关键字或主题词检索,已无法对海量的多媒体信息实现快速便捷的检

---

① 张成昱,张蓓. 移动数字图书馆和知识一起运动[M]. 北京:清华大学出版社,2017.

索。随着面向对象技术的发展和基于内容的存储检索技术的发展,对于海量的多媒体检索,特别是数字化图像的检索有望得到解决。基于内容的检索是指根据媒体和媒体对象的内容及上下文联系在大规模多媒体数据库中进行检索。它的研究目标是提供在没有人类参与的情况下能自动识别或理解图像重要特征的算法。目前,基于内容的多媒体信息检索的主要工作集中在识别和描述图像的颜色、纹理、形状、空间关系上,对于视频数据,还有视频分割、关键帧提取、场景变换探测以及故事情书重构等问题。由此可见,这是一门涉及面很广的交叉学科,需要利用图像处理、模式识别、计算机视觉、图像理解等领域的知识作为基础,还需从认知科学、人工智能、数据库管理系统、人机交互、信息检索等领域引入新的媒体数据表示和数据模型,从而设计出可靠、有效的检索算法、系统结构以及友好的人机界面。数字图书馆建设遇到的技术问题是综合性问题,随着技术的发展,特别是IT技术的发展,新的更有效的解决方法将会不断出现,推进数字图书馆的建设。

二、法律上的版权与著作权问题

数字图书馆的法律问题,实质是版权和知识产权在网络时代的运用问题,版权问题是数字图书馆建设的最关键、最基础的问题。数字图书馆的建设涉及作者、出版商、发行商、采购商、应用单位,图书馆以及最终读者几个环节,如何解决这些环节的问题,在数字图书馆的建设中已日渐突出。王蒙等著名作家状告网站侵权,北京大学法学院陈兴良状告"中国数字图书馆"侵权纠纷案,便是活生生的例子。中华文化信息网在建设中,均碰到了版权的问题。如何既保护作者的知识产权,同时,又让各类文化、科技的文明成果纳入数字图书馆,以使其为更多的人服务,创造出更大的价值,这是一个急迫的任务。理论界对于数字图书馆版权问题给予了相当多的关注,有关企业在实践中也做了积极而有益的探索。目前国内几家较好的数字图书馆的做法值得参考。

(一)清华模式

主要针对期刊版权,首先取得出版单位的授权,通过出版单位刊登有关说明取得作者的同意而获取作者授权,并支付给出版单位和作者适当版税。这种授权是非排他性,出版单位和作者可以继续和其他机构合作。清华同方光盘公司在创办中国学术期刊(光盘版)的过程中,在版权建设方面开展了许多创造性的工作，取得了不小的成果，对于后来者具有很好的借鉴作用。这种模式的不足之处是对于已经发表的作品的授权考虑不到。

(二)书生模式

主要针对书籍版权，同时取得出版单位和作者的授权，通过为出版单位提供有关服务换取授权。因为各种条件的制约，作者授权取得进展甚微。对于解决出版社授权问题，书生公司做了有益的探索。

(三)超星模式

主要针对书籍版权，先使用并预留适当比例的版税，如果作者有异议，与作者商谈并取得作者授权，如果作者不同意，支付已使用版税并将其作品撤除。同时，还委托版权保护中心代收代转一部分版税。

(四)方正模式

以高额回报取得出版单位的授权，作者授权由出版单位负责解决。比之其他模式，更加商业化，更加彻底一些。不足之处是高额回报的兑现有一定的风险。

(五)博库模式

直接支付现金购买作者版权。不足之处是成本太高。

(六)雷速模式

采取版税制和版权置换方式，同时直接取得出版单位和作者的双重授权。雷速模式综合考虑了其他模式的特点，代表了未来解决版权问题的发展方向。

综合以上各种解决模式，可以看到对于书籍版权的问题，不但要解决作者授权，而且还要解决出版单位授权。期刊主要解决出版单位授权问题，作者对文章内容具有版权，整个期刊的版权归出版单位所有。对上述各种解决版权问题的模式也是在起初分界相当明显，随着实践的发展，逐渐出现了合流的趋势，使版权问题的求解已取得阶段性成果。特别是出版界同IT界的合作，共同出版电子书刊，以解决新书出版时的网络版权问题，是值得推广的好方法。然而，要最终解决这个问题，需要从法律层面对于版权和著作权、作品的发表和存在形式进行重新解释和修订。例如，国家可以用法律形式统一规定：已出版书籍数字化时在一定年限内考虑出版者的版权，著作权则适当考虑(可以参照专利的有关规定)，而对于像《三国演义》这样的古籍，则不考虑版权问题。作品的发表和存在形式,也该重新考虑,不一定就只局限于印刷型,网络版、电子版也应视为发表和存在形式,这样,个别学术专业性很强的作品和期刊,由于发行量范围小,可以以网络版、电子版直接发行,这样避免了版权(印刷型)问题,而只考虑著作权问题和网络型期刊的知识产权。

三、标准与规范问题

数字图书馆标准规范问题涉及许多领域,同技术、经济、管理等问题紧密相连,主要包含两个含义:一个是建设中的统一管理规划问题,另一个技术标准问题。

统一管理规划问题就是国家统一管理部署问题,如何统一数字图书馆建设的规范,最大限度地降低重复投资,减少浪费,这个问题已引起国家及有关部门的关注,并且也采取了一定的措施。国家科技图书文献中心的成立以及各个分馆分中心和国家高等教育文献保障系统的成立,其目的都是按照"统一采购、规范加上、联合上网、资源共享"的原则,采集、收藏和开发理、工、农、医各学科领域的科技文献资源,面向全国开展科技文献信息服务。

技术标准问题,其内容包括系统硬件平台标准、系统软件平台标准、开发工具平台标准、应用软件平台标准、生产工具平台标准、生产工艺标准、元数据标准、数据质量标准、资源建设标准、与图书馆自动化管理系统兼容标准、文档标准等一系列内容,是一个庞大的系统工程,而且,同IT技术的发展紧密相关,需要在民企的框架下分期按阶段逐渐形成。

"中文元数据标准"课题组拟定完成《中文元数据方案》,并通过专家鉴定。这是国内第一份中文元数据方案,将对国内外的中文数据制作起到规范和指导作用。

由国家科技图书文献中心牵头,国家图书馆、国家科学数字图书馆、国家高等教育文献保障系统等多家联合组成工作组,就数字图书馆建设中的标准规范问题进行深入的研讨,《我国数字图书馆标准规范建设》项目由科技部立项。先期启动了数字图书馆标准规范总体框架与发展战略、数字图书馆标准规范开放建设机制、数字资源加上规范、数字对象唯一标识符规范、基本数字对象元数据规范、专门数字对象元数据规范和数字信息资源检索与应用规范七个子项目进展顺利。

国内几家较大的数字图书馆和相关的公司企业,由于都看准了国家对数字图书馆的巨大投资以及带来无限商机,凡是有条件的单位均在数字图书馆上大动手笔。各个大型图书馆都想将自己的数字图书馆的建设纳入国家计划,以争取国家投资,在数字图书馆建设中占有一席之地。同时,IT界也纷纷推出解决方案,以期在国家数字图书馆建设项目上中标,占据市场。虽然已经形成了几个大的集团,如超星、书生、清华同方、重庆维普、方正等,但是,我国数字图书馆建设及其相关的TT产业可以说依然处在国家宏观管理下的自由竞争阶段。

不管如何讲,标准与规范,需要竞争,需要百家争鸣,在竞争中形成优势,产生为大家都接受的标准与规范,而不能靠国家政令,说谁谁为标准和规范,国家的规范和标准只是宏观调控和指导。比如说,CNKI、万方、重庆维普都发展数字化期刊,国家政府不能发布政令,说CNKI的数字化期刊模式为数字化期刊的标准和规范,禁止其余两家发展数字化期刊。只有经过竞争,优胜劣汰,在竞争中,各自发展新技术,寻求更好的解决方案,否则,就限制了新技术的应用和发展。谁将在我国数字图书馆建设中取得决定性地位,我们将拭目以待。

第三章 知识管理技术在数字图书馆中的应用

第一节 知识管理技术及其应用领域

一、知识管理技术的定义

知识管理的各个环节只有依靠知识管理技术才能实现。目前,以现代信息技术为核心的知识管理技术极大地提高了知识管理的效率,知识管理技术不仅扩大了知识采集的范围,降低了知识采集的成本,还扩大了数字图书馆知识共享的范围,降低了知识传播和知识服务的成本。对于知识管理技术的定义如同对知识管理的认识一样,可谓"仁者见仁,智者见智",不同学科和不同领域对知识管理技术也有着不同的认识。

从广义的角度看,只要是用于知识管理流程,对知识的获取、存储、共享、应用和创新有用的任何技术和方法都可以称为知识管理技术,而不仅仅是指基于计算机的技术。但是建立在传统的数据管理和信息管理技术基础之上的现代信息技术,才是知识管理技术的核心,也是成功实施知识管理的基本前提。

总之,知识管理技术是知识经济时代现代信息技术的新发展。它不是一项具体的技术,而是一个包含了多种技术内容的技术体系,覆盖了知识的获取、存储、共享、应用及创新的各个环节。[1]

二、知识管理技术的类型

一提到知识管理技术,任何对知识管理稍有关注的人,都能随口列举出一连串的技术名称,如知识发现技术、数据挖掘技术、文档管理技术、数据库技术、群件技术、搜索引擎技术等。但对知识管理技术的分类仍然是众说纷纭。

---

[1] 安月英. 数字图书馆理论与实践[M]. 西安:西安地图出版社,2010.

IBM公司发布的《企业知识管理白皮书》将知识管理技术分为电子协作（Collaboration）技术、商业智能（Business Intelligence，BI）技术、知识传递（Knowledge Transfer）技术、知识发现（Knowledge Discovery）技术和知识搜寻（Expertise Location）技术五类。

按应用的针对性，知识管理技术可以分为隐性知识管理技术和显性知识管理技术。

根据知识管理技术的核心功能，可将其分为网络技术、数据库技术、群件技术、数据挖掘技术、文档管理技术、人工智能与专家系统技术等。

我国学者盛小平在其著作《知识管理：原理与实践》一书中认为，知识管理涉及的技术主要包括如下类型。

第一，存储技术，如数据库、知识库、文件服务器、数据仓库、数据集市等。

第二，连接技术，如互联网、安全、授权、无线网、移动计算、对等计算等。

第三，通信技术，如电子邮件、邮件列表、讨论组、聊天、瞬时通信、即时通信、视频/音频会议、网络研讨会、网络电话等。

第四，写作技术，如办公套件、桌面出版、图形套件、多媒体等。

第五，传播技术，如环球网、内联网、外联网、企业门户、个性化、企业联合组织、音频/视频流等。

第六，检索技术，如搜索引擎、检索代理、索引、分类、主题词表、术语表、本体、协同过滤等。

第七，分析技术，如查询、报告、多元分析（在线分析处理）等。

第八，工作流，如流程建模、流程引擎等。

第九，电子学习，如交互多媒体（基于计算机的培训）、网络研讨会、仿真、学习对象技术等。

第十，合作技术，如日历、文件共享、会议支持、应用共享等。

第十一，团体技术，如团体管理、网络日志、在线百科全书（Wikis）、社会网络分析等。

第十二，创新技术，如认知转化、创意产生等。

第十三，数据挖掘技术，如统计技术、多元分析、神经网络等。

第十四，文本挖掘技术，如语义分析、贝叶斯推理（Bayesian inference）、自然语言处理等。

第十五,网络挖掘技术,如协同过滤、智能代理等。

第十六,可视化技术,如二维与三维导航、地理制图等。

第十七,组织技术,如本体开发、本体获取、术语、分类、主题词表等。

第十八,推理技术,如基本规则的专家系统、案例推理、知识库、机器学习、模糊逻辑等。

三、知识管理技术的应用领域

知识管理技术涵盖了知识管理的全过程,在知识管理的每个环节都需要相应的知识管理技术的支撑。知识管理技术主要应用于实施知识管理的各个领域,具体说来有以下12个方面。

第一,文献管理。这体现在:在电子文献的整个生命周期中实现电子文献的自动控制,提供诸如存储/存档、分类、导航、检索、翻译、成像(允许纸本文献的数字化)、访问控制等多种功能。

第二,内容管理。这包括管理整个网络出版过程,管理作者和内容创建过程,把内容与标准化输出区分开来,支持多媒体知识库、模板的自动页面生成和新内容的配置。

第三,过程管理,通称为工作流,实现跨业务的任务与信息流程的自动化,包括处理案例的工作流引擎、建模流程的工具、访问外部各种应用、监控和管理业务营运。

第四,群体支持,即群件,支持团体和团队工作,包括通信(同步与异步)、协作(如日历、会议支持和工作流)及合作(文档库、群决策)。

第五,项目管理,支持项目活动与资源的管理,包括确定与组织活动和任务的各种功能,指定责任与最后期限,分配人力与其他资源,识别重要事件、关键路径和约束。

第六,团体支持,即大型团体的协同交互,包括同步与异步的通信与交互工具、参与水平的管理,如领导与促进作用、身份归档和集体决策。

第七,决策支持,通称为业务智能,综合各种决策工具,包括数据的查询与报告、平衡记分卡、决策模型,适用于有序和无序情况下的各种技术。

第八,发现与数据挖掘,支持大量数据中的模式和关联识别,包括处理与组织数据的工具、一系列的分析技术与可视化工具,适用于从财务到客户行为、网络导航等多个领域。

第九,检索与组织,促进访问与组织相关内容,从各种消息来源识别文献中的关键词和主题,自动产生索引与分类法,根据相关性对主题文献进行分类,在专业分类中使用专门的本体软件。

第十,企业门户,通过单一人口集成访问各种信息与系统,进行用户访问控制与个性化的内容表示,支持工作流管理、通信与协作。

第十一,学习管理,支持各种方式的、从自我安排的到基于团体指导的在线课程的开发与传递,包括内容创建与管理、通信与交互、评估与性能报告等各种功能。

第十二,专门技能管理,提供大型团体的技能代理,包括识别与分类管理各种技能、咨询与解答及其通信工具。

具体对于某项技术,它可能能够支持知识管理的多种活动或多个阶段,如电子邮件既可支持知识创造,也可支持知识存储,还可支持知识应用或再应用。

第二节 图书馆知识管理的技术框架

数字图书馆知识管理的实现必须以知识管理技术为支撑,其运行也必须以技术框架为基础。因此,数字图书馆在实施知识管理的过程中,需要建立一个总体的技术框架,将各项知识管理技术综合起来应用,才能达到好的效果。知识管理是个多层的体系结构,它由不同层面上的技术组件构成。根据知识管理的流程,我们认为数字图书馆的知识管理技术包括知识捕获层技术、知识组织层技术、知识开发层技术、知识共享层技术和知识服务层技术五个层次。图3-1为数字图书馆知识管理的技术框架。

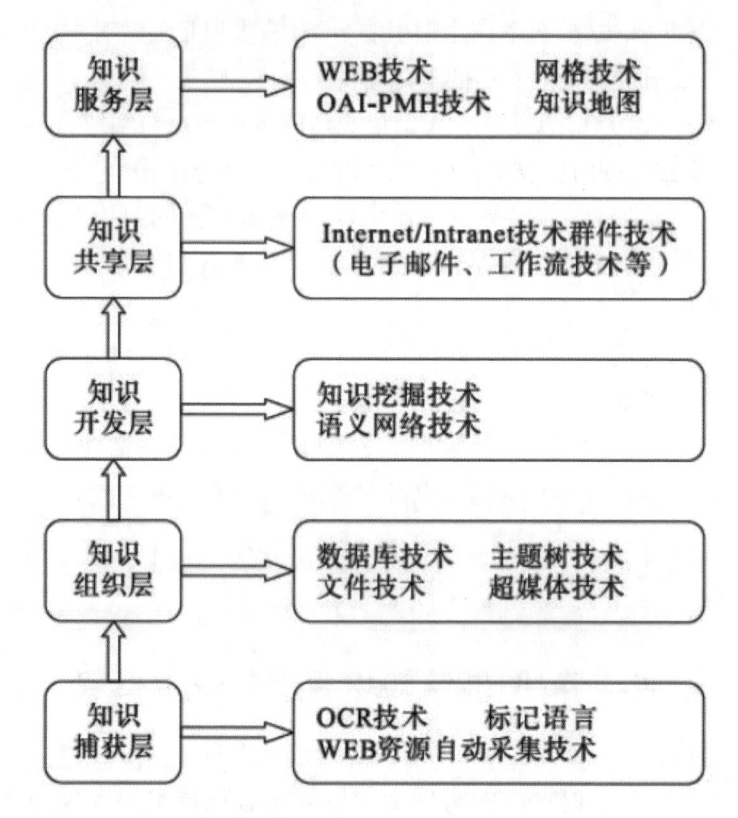

```
知识服务层  →  WEB技术      网格技术
              OAI-PMH技术   知识地图
      ↑
知识共享层  →  Internet/Intranet技术群件技术
              （电子邮件、工作流技术等）
      ↑
知识开发层  →  知识挖掘技术
              语义网络技术
      ↑
知识组织层  →  数据库技术    主题树技术
              文件技术      超媒体技术
      ↑
知识捕获层  →  OCR技术      标记语言
              WEB资源自动采集技术
```

图3-1 数字图书馆知识管理的技术框架

一、知识捕获层技术

知识捕获是数字图书馆建设的内容基础,具体内容包括馆藏文献资源的数字化、网络数字资源的采集、馆员和读者隐性知识的捕获以及数字知识资源的描述等。知识捕获层技术的主要功能是完成知识资源的采集和编码转换。

(一)数字资源的采集设备和方法

数字图书馆知识资源的来源多样,既包括显性知识和隐性知识,也包括原始数字文献和纸质文献、胶卷、胶片以及光盘磁带里的音频、视频、资料等非数字文献。因此,对这些文献资源的数字化和规范化就成了数字图书馆资源建设的基本内容。对于原始非数字文献,需通过数字化,将其转换成数字形态。对于原始数字文献,也要根据数字图书馆资源建设的标准和要求,转换其内容编码、数据格式,并进行规范化的标识工作。

数字资源的采集设备主要包括扫描仪、数码相机、传真机、数码摄像机、声卡、视频卡等。

数字档案的采集过程如下:①数字对象的创建。通过扫描仪或照相机获取纸质文献和胶卷胶片的数字图像,通过数码摄像机、声卡和视频卡获取音频视频资源。②对数字对象二次加工。按照系统要求对图像进行分割、去污、纠偏等细节处理,通过OCR进行文本提取,通过音频视频卡及配套软件对音频、视频资料进行编辑。③对二次加工后的数字对象进行标识、编目和分类。对数字对象进行元数据描述,按照系统知识组织体系进行分类,并编制目录。

(二)光学字符识别(OCR)技术

OCR是英文Optical Character Recognition的缩写,意思为光学字符识别。该技术出现于20世纪50年代中期。OCR技术是通过扫描仪或数码相机等光学输入设备获取将纸张、胶卷胶片上的文字图片资料转化为图像信息,再利用文字识别技术将图像信息转化为可编辑的文本文件的过程。即对文本资料进行扫描,然后对图像文件进行分析处理,获取文字及版面信息的过程。OCR是计算机输入技术的一种,它的出现彻底改变了计算机纸介质资料传统的输入方式,实现了文字自动输入。只要用扫描仪将文本图像输入计算机,就可转化为可修改的文本文件,这比手工输入速度快了几十倍。因此,它是一种快捷、省力、高效的文字输入方法。[1]

OCR系统的核心工作是把影像作一个转换,使储存在计算机内的图像文件转化为可编辑的文本文件。具体说来,OCR系统的工作流程主要包括以下步骤:

1.影像输入

影像输入是指通过影像扫描仪、传真机或其他摄影器材等光学仪器,将需要经OCR处理的影像输入到计算机中的过程。

2.影像前处理

影像前处理是将输入到计算机中的二值化、灰阶或彩色的影像,去除噪声,进行影像矫正和影像正规化,并进行图文分析以及文字行与字分离的文件前处理的过程。

3.文字特征抽取

选择何种特征进行识别,直接影响到文字识别的效率。因此,文字特征

---

[1] 于虹. 数字图书馆的创新研究与发展变革[M]. 沈阳:辽宁大学出版社,2014.

的抽取可以说是OCR技术的核心，OCR早期的研究也主要是文字特征抽取方面的研究。目前，汉字的识别主要依赖于影像的统计特征和结构特征。基于影像统计特征的文字识别，主要通过统计文字区域内的黑白点数，计算其比值来实现，该方法适宜识别有噪声的文字。基于结构特征的文字识别主要通过将文字影像细线化，以汉字的笔画端点、交叉点之数量及位置或笔画段为特征，进行识别，如市面上手写输入法就是基于结构特征的识别方法。在实际应用中，统计特征和结构特征通常被有机结合起来使用。

4. 比对识别

根据抽取出的影像文字特征，与系统的特征数据库进行比对识别。常用的比对方法有松弛比对法、欧式空间比对法、动态程序比对法等。

5. 字词后处理

比对识别的结果有多种可能，字词后处理就是根据识别文字的前、后文字，从候选字群的多个可能文字中，选择出最合乎逻辑的字，提高文字识别的准确性。

6. 人工校正

人工校正是OCR的最后关卡，也是OCR的重要辅助。人工校正的工作内容主要包括：对照文字影像检查校正OCR识别出来的文字，确定待识别文字的候选字，标示出文字识别后仍可能有问题的字词等。

7. 结果输出

根据使用者的不同需求，输出影像识别后的不同文献格式，如有人只需要影像中的文字部分，有人只需要影像中的图像和表格，有人则需要和原文一模一样的文件，等等。

衡量一个OCR系统性能好坏的主要指标有拒识率、误识率、识别速度、用户界面的友好性、产品的稳定性、易用性及可行性等。

（三）标记语言

标记语言是为提高数字文献组织、检索、存储、显示和使用效率，对文献内容和结构进行标记，实现对各类文献的标准化描述。数字信息系统一般采用标记语言对数字对象文件进行描述。SGML、HTML和XML是数字图书馆建设中常见的三种标记语言。

1.SGML标记语言

SGML（Standard Generalized Markup Language，标准通用标记语言）是

1986年ISO制定的国际标准(ISO 8879-1986)，专门用于描述电子文档资料的结构和内容，实现电子文档的交换和共享，是一种典型的通用标记语言。其他电子文档标记语言都起源于SGML。

SGML认为普通的电子文档是由结构、内容和样式三部分构成的，并且所有电子文档的内容和样式是可以分开的。因此，一个典型的SGML文档一般由SGML声明、文档类型定义(DTD)和SGML文档实例三部分组成。其中，SGML声明主要定义了SGML文档使用的语言集、参考语法规则和SGML可选特性等；DTD主要定义电子文档的各个元素及其相互关系；SGML文档实例主要负责文档内容的具体描述，由文档的元素及元素的值按DTD定义的结构组织而成。

SGML独立于平台和系统，其文件的内容和结构也可重复利.用，还可以描述任何类型的文档结构，具有极好的可扩展性，但是SGML的功能和选项太过于复杂，开发成本高，因此没能被广泛地推广。

2.HTML标记语言

HTML(Hyper Text Markup Language，超文本标记语言)是W3C协会专门为www网页的显示和浏览而设计的，基于SGML语法的简易标记语言，是目前www上网页开发的标准语言格式。HTML文档可以在不同的操作平台间传送。

HTML是通过标签(Tag)来描述网页的，一个正常的HTML文档包含HTML标签和纯文本两大部分。HTML标签由"<"和">"包含的关键词组成，如<html>。HTML标签一般都以开始标签和闭合标签的形式成对出现，如和，许多HTML标签还含有专门的属性群，通过设定这些属性值，可以让开始标签和闭合标签之间的文字有不同的显示属性。例如，<FONTSIZE = 5 COLOR="并FF0000">HTML字体标签属性</FONT>，会告诉浏览器将"HTML字体标签属性"按红色五号字体的格式显示。

在超文本文档中，可以嵌入文本、图像、表格、声音、视频等多种媒体，并可以通过链接实现对各种多媒体文件和其他网页内容的访问。然而，HTML将文档的内容与格式结合在了一起，并且HTML是一个发展中的标记语言，每次修订都会给网站的维护增加许多额外的工作量。

3.XML标记语言

由于SGML在Web数据描述和价格方面的缺点，W3C等机构开发了

XML(Extensible Markup Language,可扩展标记语言),它与 HTML 一样,都是 SGML 的简化版本。目前,XML 已逐渐成为全球网络数字化环境中各种信息、信息集合和信息工具进行定义、组织、处理和交换活动的核心。

XML 的目的是传输和存储数据,注重数据的内容,而 HTML 的目的是显示数据,注重数据的外观。因此,XML 比 HTML 更具有开放性和可扩展性。XML 将文档的内容与格式分开描述,使 XML 对文档的描述更加结构化。XML 具有自我描述性,可以由设计者自行定义 XML 标签,因此,XML 极其简单,对 XML 文档的开发和应用非常容易。由于 XML 继承了所有 Web 的功能,所以非常适合在网上传输和处理。

XML 作为一个日益完善的开放性信息组织处理技术框架的基础,已经在全球范围内受到重视,并产生大量应用实践。基于这个事实,XML 技术体系也逐渐形成和完善。XML 技术体系就是指基于 XML 的一系列信息组织和处理技术,包括 XML Schema、XML Namespace、XML Incude、XPath、XLink、XSL、DOM 等。

可以说,XML 集成了 SGML 和 HTML 的优点,一经推出就受到了世界软件业的关注和支持,微软和 Netscape 都宣布将在新的 Internet 浏览器中支持 XML,这使得 XML 得以迅速在网络上推广。

(四)Web 资源自动采集技术

网络信息资源的收集整理是数字图书馆资源建设的重要内容。网络信息资源的最大特点就是数量众多,且增长迅速。面对如此众多的网络资源,利用人工编目的方式肯定是不可能的。同时,现有的图书编目软件只能对图书信息进行著录,在软件设计之初,并没有设计网络资源著录的功能,况且图书的著录与网络信息资源的著录是不同的。

Web 资源自动采集技术就是以程序或软件的形式对网络上大量的网页信息进行浏览、查找、获取、识别、归档和网址有效性测试的过程。Web 资源的自动采集包括 Web 资源的自动获取、自动识别和自动归档。Web 资源的自动获取是指获取网络资源底层的 HTML 文档信息。自动识别是指从 HTML 文档信息中识别出所有的链接标记,并从每个链接标记中识别出 URL 及 URL 对应的标题等子信息。Web 资源自动归档是指将 URL 及标题等子信息存入数据库中。

网络资源是 Internet 存在的大量的网页,而网页是以 JSP、ASP、ASPX、PL

或HTML等格式存储于Internet Information Server等网络资源服务器上的。当用户在浏览网页信息时,不同格式的文件在浏览器中都会以HTML文档的形式呈现给用户。也就是说,只要获取了网页的HTML信息,就等于获取了网页的内容,可以进一步对网页进行识别和归档。因此,Web资源的自动获取、识别和归档技术的核心是对网络资源底层的HTML信息的自动获取、识别和归档处理。

二、知识组织层技术

知识组织就是对数字图书馆采集的文献知识按照一定标准和规范进行序化和整合,形成有规律可循、有逻辑可依、能快速查找和定位的数字文献,文献使用者才能快捷准确地查找并获取。知识组织层技术的主要功能就是完成对知识的序化、整合和存储。

(一)存储技术解决方案

存储是数字信息系统的重要部分,稳定、安全、高效的存储方案是数字图书馆建设的基本保障。目前,主要的存储解决方案有DAS(Direct Attached Storage,直接附加存储)、NAS(Network Attached Storage,网络附加存储)、SAN(Storage Area Network,存储区域网)三种。

DAS采用独立的外接式存储设备通过IDE、SCSI等标准接口技术与服务器相连。DAS采取的是以服务器为中心的存储结构,所有的磁盘驱动器、磁盘阵列等存储设备直接寄生在对应的服务器上,因此也被称为"服务器直连存储"。作为一种传统的存储技术,DAS具有结构简单、成本低廉等优点。然而,DAS只适合短距离的数据传输,扩展性差,并且当服务器出现故障时,会直接导致存储设备无法访问。随着信息时代信息数量的急剧增长,DAS已经无法满足大容量数据存储的要求。

NAS是将带有独立文件系统的存储设备通过高速的LAN网络,与服务器相连接的一种存储结构。服务器通过NFS(Network File System)或CIFS(Common Internet File System)实现对存储设备文件级的数据访问。因此,NAS的存储设备不依赖于某个特定的服务器,可以直接上网。NAS结构的核心就是在网络中加入特定的设备,这个设备专门负责文件的输入输出操作。由于NAS存储设备直接连接到网络上,存储设备的扩容和管理变得非常容易,并且可以实现数据的远距离传输,但NAS的数据传输有一定的网络延时,其传输速度也受到网络带宽的限制,并且 NAS 提供的是文件级的数据访问,主要用于存储服务,因而缺乏对数据库服务的有效支持。

SAN 是将各种存储设备和多台服务器通过专用光纤网络连接在一起,独立于局域网系统之外,形成几乎拥有无限存储的高速存储网络。SAN 是随着光纤通道技术的出现而产生的,是一种高速共享存储系统,它通过光纤、光纤通道交换机、集线器等网络设备将多个磁盘阵列连接起来,以集群的方式进行工作。SAN 采用高速的光纤通道作为传输媒体,实现了存储子系统的网络化,消除了服务器 I/O 处理的瓶颈,适应了海量数据存储、传输和实时处理的需要。SAN 一般提供主机与存储之间的冗余连接,提高了系统的可靠性。SAN 体系结构包括服务器连接器件、存储网络连接器件、存储设备和管理软件。

早期的数字信息系统,对数据存储的需求并不大,主要采取以服务器为中心的 DAS 模式。随着网络技术的发展,网络正成为主要的信息处理模式,需要存储的数据大量增加,存储需求越来越大,数据的重要性逐步增加,使得各种应用逐步转化为以数据为中心,于是就诞生了基于网络的存储:NAS 与 SAN。NAS 是网络外挂式,以网络为中心,采用现有的 TCP/IP 协议;而 SAN 是通道外挂式,以数据为中心,采用专门的 FC+SCSI 数据存储访问协议。NAS 侧重于通用性和数据共享,SAN 的优势在于不占用网络带宽。SAN 技术是当今网络存储领域的关键技术,自问世之日起就备受关注,成为存储方案的主流技术。现在数字图书馆的存储解决方案通常都采用 SAN 技术。

(二)数据库技术

数据库技术产生于 20 世纪 60 年代中期,其主要目的是有效地管理和存取大量的数据资源。数据库技术和计算机网络技术的发展相互渗透、相互促进,已成为当今计算机领域发展迅速、应用广泛的两大领域。数据库技术发展至今,其技术体系已经拥有比较坚实的理论基础、成熟的商业产品和广泛的应用领域。数字图书馆信息组织的数据库技术,主要有关系数据库技术、面向对象数据库技术、非结构化数据库技术、多媒体数据库技术和数据仓库技术等。

1. 关系数据库技术

关系数据库是以数学中的关系模型、关系代数和关系演算为基础发展起来的。在数字图书馆的信息组织过程中,关系数据库技术主要用于管理各种统计数据、数值和事实数据等结构化的数据信息。

在数据存储方面,关系数据库以二维表的方式对一条条的数据记录进行管理,每一条记录允许有多个不同的字段,而且,每一条记录的每个字段的值是唯一的。在二维表数据库中,每条记录的字段不允许有子字段,且二维表数据库中每个字段的属性值的长度和.类型都是事先定义好的。

在数据检索方面,关系数据库通过为每个可检索的数据项建立索引文件(Indexfile)进行 SQL 查询。对多个二维表数据项的组合检索需要对表进行链接操作,因此,当数据记录较多、数据量太大时,检索的速度比较慢。目前的 UniVersal Database Server 和对象关系数据库已实现了全文检索在关系数据库中的无缝集成。

在多媒体信息处理方面,早期的关系数据库主要擅长对文本信息的处理,还不能对多媒体信息进行处理。随着现代信息技术的发展,多媒体信息大量涌入人们的工作和生活之中,关系数据库的生产商们不得不开始研究多媒体信息的处理问题,于是一些经过改良的关系数据库实现了对超长文本、图像和声音等多媒体信息的处理,如 Informix 数据库允许用户自定义较为复杂的数据类型。此外,还可以对这些数据类型的操作和运算进行定义,以实现对象的封装。

2. 面向对象数据库技术

面向对象数据库是面向对象方法在数据库领域中的实现和应用,它以客观世界中的实体为基本对象,用类(Class)和继承(Inheritance)来表达各个实体之间具有的共性和相互关系。当前,面向对象数据库技术仍处于不断发展和创新的阶段,在概念、原理和实现上都还没有形成被广泛接受的共识。

目前已有一些成功的面向对象的数据库管理系统,但是其工具、环境和对面向对象方法的支持程度还有待进一步的完善。URION、IRIS、ONTOS、Object Store、O2 等是当前较有影响的 OODBMS。许多主流的关系型数据库系统(如 Oracle、Informix)也在新版本中加入了面向对象的特性,也就是对象关系型数据库。纯面向对象数据库管理系统自然对于面向对象方法具有较好的支.持,对象关系型数据库管理系统一般也应支持 SQL 环境中的基本类型扩充、复杂对象处理、对象类属的继承和产生式规则的应用。

3. 非结构化数据库技术

非结构化数据库是相对于管理结构化数据的关系数据库而言的,关系数据库主要用于管理数字和符号之类的结构化数据,非结构化数据库主要用于管理大量的非结构化数据,如文本、图像、网页、音频、视频等。一般认为,结构化数据是非结构化数据的特例。

非结构化数据库能存储和管理各种结构化和非结构化的数据,实现了从数据管理向内容管理的转变。非结构化数据库克服了关系数据库中结构定义不易改变和数据定长的缺陷,在同一记录中允许定义重复字段,还允许给字段定义子字段。并且支持各种长度的字段,实现了对非结构化变长数据的存储管理,极大地提高了处理连续信息(包括全文信息)和非结构信息(重复数据和变长数据)的能力。

非结构化数据库通过采取灵活高效的倒排文档(Inverted file)技术实现记录检索的快速定位,从而有效地支持了各种字段和子字段之间的组配查询,提高了检索的速度和效率。

4. 多媒体数据库技术

数字化图书馆存储的数字信息包括文本、图像、声音、视频等多种媒体,而传统的数据库通过引入抽象数据类型虽然可以实现对多媒体数据的简单处理,但仍无法支持对多媒体数据的深层次检索和操作。这就需要在数字图书馆中将多媒体技术与数据库技术相结合,由此,多媒体数据库技术应运而生。

多媒体数据库从多媒体信息本身的特性出发,着重解决多媒体数据的交叉调用、融合和表现集成等问题,重视用户在检索多媒体数据时的交互性。目前,多媒体数据库已经广泛应用于办公自动.化、教育、医疗、刑事侦查和图情等领域。数字图书馆的多媒体数据库管理系统(Mutimedia Database Management System, MDMS)一般包括用户界面层(User Interface Layer, UIL)、多媒体数据库管理层(Mutimedia Database Management Layer, MDML)和多媒体数据库层(Multimedia Database Layer, MDL)三个层次。用户通过UIL向系统提交查询请求,MDML将UIL送来的查询请求翻译成能在MDL中执行的数据库语言,再将从MDL中查询获得的结果组装成一个统一的数据对象,并传送给UIL。

5.数据仓库技术

数据仓库技术是新时代数据库技术的最新发展,它是一个集合不同地理位置、不同数据格式、不同数据类型和不同媒体数据的各种数据库中的数据,以方便用户对数据分析,支持用户决策的过程。数据仓库不是要取代原有的数据库,而是要将各个数据库中的数据进行集成,形成一个巨型的目标数据库——数据仓库。

数据仓库技术最突出的特点就是对不同时间的大量数据进行了深度的加工和集成处理,并且面向主题,能有效支持用户决策。数字图书馆中存储了大量的数据,包括一次信息、二次信息和三次信息,涵盖了所有的学科。基于知识管理的数字图书馆要求利用数字图书馆中的知识信息,支持用户的信息分析和决策,帮助用户解决实际问题;同时,数字图书馆的检索和使用也需要对各种异构数据库进行整合,而数据库技术在数字图书馆的应用正好适应了这一需求。

三、知识开发层技术

数字图书馆的知识开发,是在知识组织基础上,通过数据分析、知识挖掘,对知识进行重组或再造,实现知识创造和创新的过程。知识开发层的关键技术是知识挖掘技术。

(一)知识挖掘技术

知识挖掘也称知识发现(Knowledge Discovery in Databases,KDD),即所谓的"数据挖掘",就是按照某种既定目标,对大量数据进行分析和探索,从中识别出有效的、新颖的、潜在的、有用的知识,以最终可理解的模式显示的一系列处理过程。

知识挖掘的过程一般包括以下几个步骤:①确定应用领域,包括此领域的基本知识和目标。②建立目标数据集,选择一个数据集或在多数据集的子集上聚焦。③数据预处理,根据需求,利用数据净化和整合技术,在大数据中集中选择与任务相关数据,在不降低其准确度的状况下减少处理数据量。④数据转换,找到数据的特征进行编码,减少有效变量的数目。⑤数据挖掘,根据数据和所要发现知识的种类来确定相应的挖掘算法。⑥数据评价,将挖掘的知识和数据以各种可视化方式显示,并将其以图形、文本等方式存储在库中,以便对它们进一步挖掘,直至满意为止。数字图书馆常用的知识挖掘的技术和方法有以下七种。

1. 聚类分析

聚类分析主要是按一定的规则和事物的特征对其进行聚类或分类,使每一类具有较高的相似度。它是数据挖掘中一个很活跃的研究领域,用来帮助分析数据的分布、了解各数据类的特征、确定所感兴趣的数据类,以便做进一步的分析。

2. 神经网络方法

神经网络方法即利用大量的简单计算单元(即神经元)连成网络,使系统具有分布存储、联想记忆、大规模并行处理、自组织、自学习、自适应等功能。所连接的系统是通过极为完善的连接构成的自适应非线性动态系统。神经网络具有直观性、并行性和抗噪声性等优点。

3. 决策树方法

决策树方法即根据不同的特征,以树型结构表示分类或决策集合,产生规则和发展规律。决策树起源于概念学习系统(Concept Learning System,CLS),该分类算法是数据挖掘研究中的一个以样本数据集为基础的归纳学习方法,它着眼于从一组无次序、无规则的样本数据集中推理出决策树表示形式的分类规则,提取描述样本数据集的数据模型。

4. 粗集技术

粗集技术作为不确定性计算的一个重要分支,它的特点是不需要预先给定某些特征或属性的数量描述,而是直接从给定问题出发,根据数据不可分辨关系和不可分辨类别,对数据进行分析推理,确定问题的近似域,从而找出该问题中的内在规律。

5. 遗传算法

遗传算法(Genetic Algorithms,GA)是基于进化论优胜劣汰、适者生存的物种遗传思想的搜索算法。遗传算法模拟生物进化过程将个体的集合—群体作为处理对象,利用遗传操作—交换和突变,使群体不断"进化",直到成为满足要求的最优解。即首先对求解的问题进行编码,产生初始群体,再计算个体的适应度,然后进行染色体的复制、交换、突变等操作,优胜劣汰、适者生存,直到最佳方案出现为止。

6. 关联规则挖掘

关联规则是数据挖掘研究的主要模式之一,侧重于确定数据中不同领

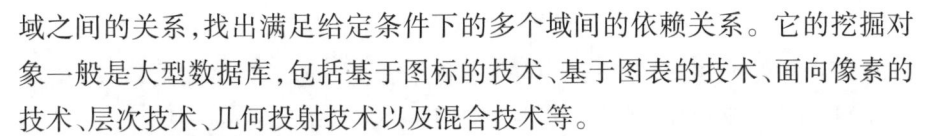

域之间的关系,找出满足给定条件下的多个域间的依赖关系。它的挖掘对象一般是大型数据库,包括基于图标的技术、基于图表的技术、面向像素的技术、层次技术、几何投射技术以及混合技术等。

7.Web挖掘技术

Web中包含了Web页面的内容信息、丰富的超链接信息以及Web页面的访问和使用信息,为数据挖掘提供了丰富的资源。Web挖掘就是利用数据挖掘技术从Web文档和Web活动中抽取人们感兴趣的、潜在的、有用的规律和模式。

(二)语义网络

语义网络(Semantic Web),最早是由互联网之父Tim Berners Lee在1998年提出来的。语义网络来源于一种古老而简单的思想,即人类的记忆是由概念及概念之间的联系组成的。目前,语义网络已广泛地应用于人工智能的许多领域中,是一种表达能力强而灵活的知识表示方法。

语义网络是通过概念或对象及其语义关系来表示知识的一种网络图,它是知识的一种图解表示,由节点和弧线组成。节点用于表示实体、概念和情况等,弧线用于表示节点间的关系。

语义网络表示由下列四个相关部分组成:①词法部分。决定该表示方法词汇表中允许有哪些符号,它涉及各个节点和弧线。②结构部分。叙述符号排列的约束条件,指定各弧线连接的节点对。③过程部分。说明访问过程,这些过程能用来建立和修正概念的描述以及回答相关问题。④语义部分。确定与描述相关意义的方法,即确定有关节点和对应弧线的排列及其相互关系。

语义网络是对知识的有向图表示方法。一个语义网络是由一些以三元组(节点1、弧和节点2)的图形表示连接而成的有向图。其节点表示概念、事物、事件、情况等;弧是有方向和有标注的,方向体现主次关系,节点1为主,节点2为辅。弧上的标注表示节点1的属性或节点1和节点2之间的关系。

1.二元语义网络的表示

二元语义网络可以用来表示一些涉及变元的简单事实,其实质还是一个三元组:(R,x,y)。例如,表示"所有的燕子(Swallow)都是鸟(Bird)"这一事实,可建立两个节点:Swallow和Bird。两节点以ISA(表示"是一个")链相连。

对于事实"知更鸟是鸟,所有的鸟都有翅膀",为了表达知更鸟、鸟及翅膀这3个个体,要建立3个节点,并分别用Robin、Bird及Wings表示。

因为知更鸟是鸟的一部分,因此在Robin和Bird之间用弧连接,并加标记AKO(A Kind Of),以表示这种关系;又因为翅膀属于鸟的一个组成部分,所以在Bird和Wings之间也用弧连接,并加标记HAS-PART,这样形成的上述事实的语义网络如图3-2所示。

图3-2 "知更鸟是鸟,所有的鸟都有翅膀"的语义网络

如果增添新的事实,只需在语义网络中增加新的节点和弧线就可以了。如果在图3-2所示的语义网络中,要增添事实:"Clyde是一只知更鸟,并且有一个叫做Nest-1的巢",则图3-2变成了如图3-3所示的图形。Clyde是知更鸟的一个实例,因而Clyde与Robin之间用表示"是一个"含义的弧ISA连接。而Clyde的巢Nest-1属于所有巢的一个实例,因而增加一个Nest节点,并用ISA弧连接Nest-1和Nest节点。

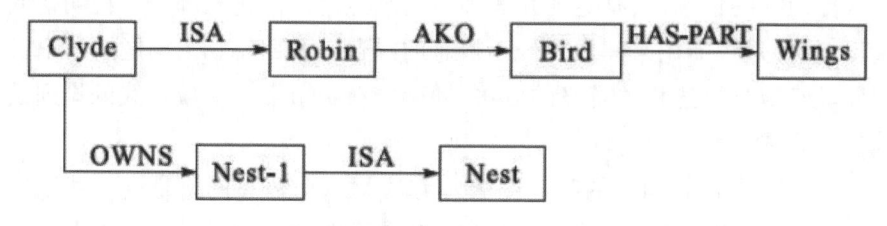

图3-3 鸟与知更鸟的关系语义网络表示

从上面不难看出语义网的语义表示方法。例如,Bird和Wings之间的关系是固定的,但表示的方法可以不止一种。若表示为Bird←Wings,仍然可以表达它们之间的关系,这时它的标记应为PART-OF。不管哪一种表示,它们表达的语义都是一样的。

2.多元语义网络的表示

语义网络是一种网络结构。从本质上讲,节点之间的连接是二元关系。如果要表示的事实是多元关系,必须将多元关系转化为二元关系,然后用语义网络表示出来。必要时,要在语义网络中增加一些中间节点。具体来说,多元关系 $R(x_1, x_2, \cdots, x_n)$ 总可以转成 $R(x_1, x_{12}) \wedge R(x_{21}, x_{22}) \wedge \cdots \wedge R(x_{n1}, x_{n2})$。

例如,TRIANGLE(a,b,c)表示一个三角形由三条边 a、b、c 构成,可表述成 $CAT(a,b) \wedge CAT(b,c) \wedge CAT(c,a)$,其中 CAT 表示将两条边串接起来。又例如,要表达:"John gave Mary a book"这一事实,用谓词可表示为 GIVE(JOHN,MARY,BOOK),这是一个多元关系。

四、知识共享层技术

知识共享,是知识服务的前提和基础,也是数字图书馆建设的目标。知识共享主要是通过计算机网络技术、群件技术、工作流技术等实现知识在不同的个体之间的传递和交流。

(一)Internet、Intranet 和 Extranet 技术

Internet、Intranet 和 Extranet 技术提供了数字图书馆知识管理的基本环境,它由平台服务、网络服务和分布式对象模块组成,其主要功能在于提供知识管理系统的传输支持。以 Internet 为标志的信息高速公路是微电子技术、数字技术、电子光学技术发展到一定阶段的产物,是在光纤通信技术、交互式网络技术、智能计算机技术和多媒体技术基础上建立起来的,它大大提高了信息传播的速度和知识共享的程度。

Internet 也称为国际互联网,是由许多不同的计算机网络用 TCP/IP 协议连接而成的一个巨型网络。在 Internet 上的计算机之间可以互相通信、共享信息。Internet 原本是美国的一个军用网络,后来被发展成为一个民用网络,由于它的平等性和兼容性而迅速发展成为拥有众多用户和大量信息的世界第一大信息库。

Intranet 是组织内部采用 Internet 技术所建立的内部网络,也称为内联网或局域网。Intranet 把企业内部各部门和单位连接在一起,实现资源共享和信息传递。Internet 与 Intranet 之间利用防火墙与外界隔开。利用 Intranet,能够实现数字图书馆组织内部的资源共享和交流。

Extranet 也称为外联网,是组织与外部合作伙伴之间利用 Internet 技术所组建的一种网络。Extranet 通常与 Internet 一样位于防火墙之后,它既不像 Internet 那样为公众提供公共的通信服务,也不像 Intranet 那样只为组织内部

服务,而是对一些有选择的合作者开放或向公众提供有选择的服务。Extranet 的访问是半私有的,信息在信任的范围内共享。在 Extranet 中,往往采用虚拟专用网(Virtual Private Network,VPN)技术,在通信双方之间建立一条安全通道。

(二)群件技术

群件技术(Groupware)的概念来源于计算机支持的协同工作(Computer Supported Cooperative Work,CSCW)。计算机支持的协同工作指的是处于不同地域的群体成员可以通过计算机和 Internet 网络,共同协作完成工作任务。关于 CSCW 的研究主要包括群体工作方式的研究、群体工作相关技术的研究以及群体工作应用体系的开发等内容。群体成员通过协同工作的环境和平台,消除或减少了成员在时间、空间上相互分隔而产生的信息交流的障碍,节省了成员的时间和精力,降低了群体工作的成本,提高了群体工作的效率。CSCW 是群件技术诞生和发展的基础。

群件技术是支持群体协同工作的技术,它使不同地域、不同时间和不同文化背景的群体成员通过文件共享系统,可以使用群体共同的信息,并能够协调一致地为完成共同的工作任务而工作。

群件技术包括通信、协作和合作三个领域。通信主要是指群组通信用的电子邮件与电子会议等技术,协作是指工作流自动化的技术,合作是指群组文件共享的技术。广义地说,电子邮件、电子布告栏、讨论组、视频会议、群组文档管理、工作流管理等都属于群件技术。

群件是帮助群组协同工作的软件,其目的在于促进群体成员间的交流合作及资源共享,充分提高群体的工作效率。由于实现了对非结构化信息的管理和共享,所以群件成为知识管理的基础技术之一。目前著名的群件产品有 Lotus 的 Domino/Notes、Novell 的 Group Wise 和 Microsoft 的 Exchange 等。

五、知识服务层技术

(一)Web 技术

Web 是计算机历史的巨大成功之一。Web 及其相关技术是数字图书馆快速发展的关键。Web 是分布于 Internet 上各个计算机中的信息相互连接而成的集合。这些计算机被称为 Web 服务器。从技术上来看,Web 基于四种简单的技术：超文本标记语言（HTML）、超文本传输协议（HTTP）、MIME数据类型和统一资源定位器（URL）。

随着Internet的不断普及，静态的信息提供方式越来越无法满足用户的需要。人们需要通过Web这一廉价、开放的平台让更多.的用户可以访问存储在数据库中的动态数据。一旦完成这样的应用，用户可以更快、更经济地获取自己感兴趣的信息，服务提供者也可以借此获得更多的用户反馈信息。在这种需求的推动下，动态Web技术就应运而生了。

动态Web技术是指利用脚本代码、程序等实现能够与用户交互的动态HTML页面，是对静态Web平台的扩展。这种扩展可以分为Web服务器端扩展和浏览器端扩展两类。目前，动态Web技术已经成为Web发展的主流，当前常见的商业化动态Web构建平台分别为Microsoft的NET平台和SUN的J2EE平台。

主流Web服务器包括IBM的WebSphere，Microsoft的IIS，BEA的Weblogic、Apache、Tomcat等。

（二）元数据收割技术

OAI-PMH（Open Archives Initiative Protocol for Metadata Harvesting）是为解决异构数据库之间跨库检索产生的一种元数据传输和收割标准框架协议。OAI-PMH把DubhnCore（DC，元数据）作为互操作的标准元数据，使用TCP/IP协议作为收割者和仓储之间的传输框架。在OAI-PMH的互操作框架中包含数据提供者（Data Provider，DP）和服务提供者（Service Providers，SP）两种角色。

第一，数据提供者（DP）：主要负责元数据的发布，并将元数据存储在本地的一个或多个仓储（Repository）中，以方便服务提供者（SP）对这些元数据进行收割。

第二，服务提供者（SP）：主要负责元数据的收割，SP通过OAI协议向DP发出请求（Requests），并从DP的数据仓储中收割元数据用以支持对用户提供增值服务。一个SP可以收割多个DP的元数据。

OAI-PMH是基于HTTP协议的，如图3-4所示，SP通过OAI-PMH向DP发出收割元数据的HTTP请求，DP则根据HTTP请求的收割参数，提取相应的数据记录，并生成XML格式的文档，返回给SP。

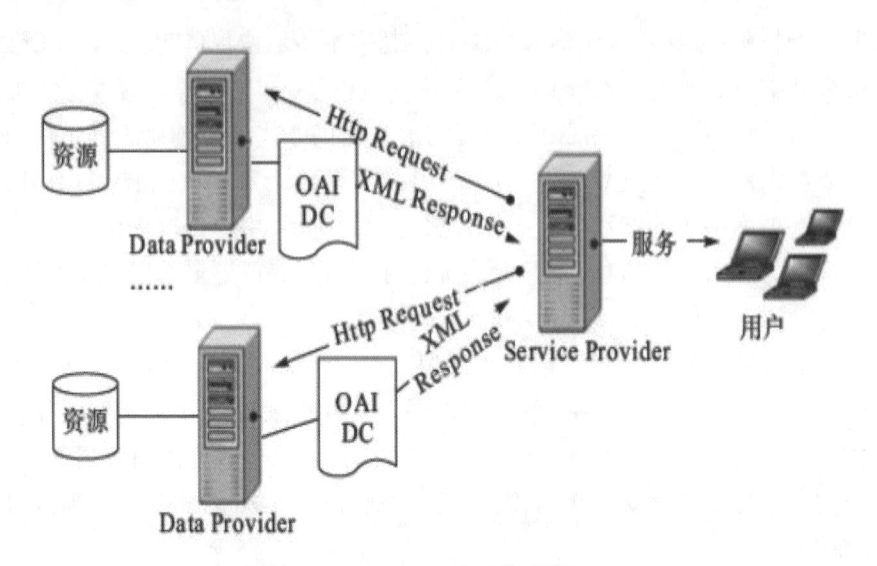

图 3-4　OAI-PMH 工作原理

在 OAI 协议中,通过 HTTP 协议定义了六种命令动词(Verb),规定了 DP 和 SP 之间的最基本的操作语法,其内容如下。

第一,Identify:返回仓储系统配置的基本信息,包括 URL、协议版本、最早日期标识、删除记录的管理方式、采集的时间粒度和管理员 E-mail 地址等。

第二,List metadata formats:返回仓储中元数据的格式信息。

第三,Listsets:返回仓储中记录的数据集合结构,以便 SP 进行收割内容的选择。

第四,List Identifiers:得到数据仓储中由元数据唯一标识符组成的记录集,包含 From(开始)、Until(结束)、Set(集)、Resumption Token 等参数。

第五,List Records:从数据库中取得多条元数据记录,包括记录的唯一标识符、元数据格式等。

第六,Get Record:根据指定的记录条目号和元数据格式,从仓储中得到指定的资源元数据。

(三)知识地图

知识地图的实质就是一种知识导航系统,是指知识位置的向导,而不是知识的集合,该向导指向具体的人、文献或数据库,告诉用户谁拥有他们所需要的知识,以及哪些文件和数据库记录有他们所需要的知识,以方便用户快速准确地找到自己所需要知识的知识源。知识地图不仅可以帮助用户找到所需要的知识，还能以知识树或知识网的方式，揭示知识之间的联系。

知识地图的基本功能是揭示组织内的知识来源及知识的相互关系，并以可视化的形式表示出来。对于公司或企业来说，知识地图有助于新员工的培训，公司的员工通过知识地图，可以很清楚地明白自己的工作在企业中的地位，能较快地进入工作角色；同时，还有利于组织隐性知识的开发和知识的共享。

一个完整的知识地图，应包括知识节点、节点之间的相互关系及其可视化表示。知识地图的设计需要用到多种理论方法和技术，主要包括信息组织、词表索引、信息构建、知识管理、知识抽取、数据结构、数据仓储、数据挖掘、计算机多媒体、人机交互、社会网络分析、人工智能和语义网络等。

（四）网格技术

美国计算网格项目的领导人Ian Foster在其1999年出版的"The Grid: Blueprint for a New Computing Infrastructure"一书中对网格的描述："网格就是构筑在互联网上的一组新兴技术。它将高速互联网、高性能计算机、大型数据库、传感器、远程设备等融为一体，为科技人员和普通百姓提供更多的资源、功能和交互方式。"网格可划分为三个层次：数据/计算网格（Data/computation grid）、信息网格（Information grid）及知识网格（Knowledge grid）。其中，数据/计算网格主要解决数据访问的问题，关注数据和计算的共享及协作，其目标是将大量的计算机与其他设备、资源连接为一个虚拟计算机，形成一种方便的访问途径，其数据由无附加信息的比特和字节组成；信息网格主要是将"异构的信息访问"变成"同构的信息访问"，需要建立针对信息内容的统一表示、储存、访问、共享及保存，其数据具有某些信息成分；知识网格处理知识的获取、使用、抽取、发布和维护，其目标是获取数据、解决问题及做出抉择的知识信息。通过信息网格提供的格式化信息（譬如元数据），知识网格已经可以很方便并相对准确地获取广域网中各类信息。在此基础上，知识网格借助于这种海量的同构信息，实现知识的自动积累，进行"知识挖掘"。知识网格是前两种网格的集成与拓展，除了提供计算服务和信息服务外，它还使用数据挖掘、智能代理、分布式知识库等技术将数据和信息转换成知识，为全网格用户提供知识服务。

网格技术试图实现互联网上所有资源的全面联通，包括硬软件资源、计算资源、存储资源、通信资源、信息资源、知识资源、专家资源等，最终实现网络虚拟环境上的资源共享和协同工作，因此能支持数字图书馆的知识服务体系的构建。信息服务是元数据管理，对外提供的基本服务，可实现新资源实体的注册和发布，并支持资源相关性的发布。在数据网格计算中，灵活的、可扩展的信息服务体系结构能够保证资源信息提供者的广泛分布性和信息服务的分布特性，避免由于单个信息服务实体的失败而导致其他资源信息服务不能正常提供。网格中的所有元数据构成元数据目录，这种目录结构系统具有层次和分布式的特性（如LDAP），并且不会破坏现有系统的元数据描述方法，能与它们很好地交互、融合。中国科学院提出了"服务网格（Service grid）"的概念，其织女星网格不仅支持科学计算，还支持其他服务如通信、数据、信息、计算、交易等。企业界类似研究包括内容分发（Content delivery）、服务分发（Service delivery）、电子服务（E-service）、实时企业计算（RTEC）、Peer-to-peer computing（P2P）、Web services等。这些研究在技术上的共同点就是将互联网上的资源整合成一台超级服务器，有效地提供内容服务、计算服务、存储服务、交易服务等。这些技术为数字图书馆服务体系的集成奠定了基础。

第二节 基于知识管理的数字图书馆的技术标准

数字图书馆的建设是一项庞大的系统工程，它涉及数字信息资源的生产、加工、存储、检索、传递、保护、利用、归档和删除等过程。在技术方面涉及网络、数据库、多媒体、模式识别、图文匹配、图像压缩、异种操作平台互联和用户接口设计等许多高新技术。作为数字图书馆建设和发展的基础，标准、规范成为影响我国数字图书馆快速发展的关键因素，是保证所建立的资源和服务具有良好的开放性、互操作性和开放集成的基础。

一、建立数字图书馆建设的技术标准的意义

数字图书馆是一项超大规模的系统工程，它需要全国乃至全世界范围内的图情机构、信息中心和文化设施等众多部门和单位的共同参与。数字图书馆不仅收录的知识数量巨大，类型繁多，包括了文字、表格、图像、音频

等多种媒体,而且各单位使用的软硬件规格不一、品牌庞杂。如何将各种力量协调组织起来,实现知识资源的共建共享,关键就在于建设统一的技术标准。

在知识经济时代背景下,数字图书馆的建设更应基于知识管理,为知识的获取、组织、开发、共享和交流提供系统平台。在分布式数字对象和系统大量存在的网络环境下,要完成这样的目标,更需要提升数字图书馆的开放性、交互性和知识化组织能力,其关键仍然在于加强和重视数字图书馆建设工作中各个环节的标准化和规范化。

有了统一的技术标准,各数字图书馆的知识资源才能按统一的格式组织起来,才能实现省市、国家间的资源共享;才能用统一的检索标准建立起分布式的存储和检索系统,方便用户的使用;才能克服我国行政管理体制上的条块分割、多头领导以及随之而来的各自为政的困难局面。可以说,没有标准化,数字图书馆是无法建立的,就算建成单个的数字图书馆,也只是一座信息孤岛而已。因此,统一的技术标准是建设数字图书馆的重要保证。

具体说来,技术标准化对基于知识管理的数字图书馆建设有着十分重要的意义。

(一)促进信息资源的整合,实现异构数据库的兼容

数字图书馆的建设,都按大家普遍认可的一个标准进行建设,可以促进信息资源的整合,实现异构数据库的兼容,保障各个数字图书馆的资源和服务共享,避免数字图书馆的建设成为信息孤岛。

(二)降低数字图书馆建设成本,促进数字图书馆事业的不断发展

标准化的数字图书馆可以大大降低资源数字化的生产研发成本,有利于加强质量控制,提高生产效率;同时,也有利于推广,降低学习、使用成本,方便用户使用。

(三)可以提升数字图书馆的服务能力

统一的技术标准,可以极大地提高数字图书馆的检索和利用能力,保障数字图书馆的知识资源和服务能被世界任何角落的用户所使用,提升数字图书馆的服务能力。

(四)有利于知识资源的长期保存

所有的数字图书馆都按统一的标准建设,就算技术体系、服务机制和

运行环境发生变化,都能保障数字图书馆的知识资源的长期保存和使用。①

二、数字图书馆建设技术标准的原则

数字图书馆的建设离不开各种先进的信息技术的支持,基于知识管理的数字图书馆,其技术标准的建设应遵循以下原则。

(一)国际化原则

数字图书馆建设的目的是实现全球知识资源的共享,这就要求全世界的数字图书馆建设都应按国际统一标准进行。因此,基于知识管理的数字图书馆的技术标准应尽量采用成熟的国际标准,或者以国际标准为核心进行规范化扩展。

(二)全面性原则

数字图书馆的理论研究和建设实践丰富多彩,数字图书馆技术标准的建设应该着眼于这个体系的整体框架,遵循相关行业技术标准,关注知识的捕获、组织、开发、共享和服务的各个环节,全面吸收和借鉴我国数字图书馆建设的各个方面的成果,避免片面性,力求实现最广泛的适应性。

(三)创新性原则

创新性原则是数字图书馆标准化工程的一个重要原则,创新是知识管理的灵魂,是数字图书馆发展的重要动力之一。数字图书馆的标准不能千篇一律地去重复已有的东西,而应该有所突破,有所发展。

(四)前瞻性原则

标准一定要有前瞻性,才能对数字图书馆的实践具有指导意义。而前瞻性来源于对代表数字图书馆技术发展方向的最新技术的把握。

(五)实践性原则

任何标准的产生都是实践发展的结果,数字图书馆标准化工程同样如此,只有丰富多彩的数字图书馆实践才能够极大地促进数字图书馆的标准化建设。闭门造车,无视数字图书馆建设伟大实践的发展,是不可能产生出符合产业发展的标准的。

董慧. 本体与数字图书馆[M]. 武汉:武汉大学出版社,2008.

三、基于知识管理的数字图书馆的技术标准的内容

数字图书馆技术标准的建设是一个庞大的系统工程,结合国内外数字图书馆建设的实践,我们认为基于知识管理的数字图书馆技术标准的建设包括以下几个层次的内容。

(一)数字资源的采集加工标准

数字资源的采集加工是数字图书馆建设的第一步,因此相关标准规范的实施是保障整个系统可用性和持续性的根本。数字资源的采集加工标准主要包括以下两个方面的内容。

1.内容编码

内容编码是数字图书馆标准规范的基础,直接采用了计算机相关技术支撑领域的成熟相关规范,一般来说,包括文字内容编码、特殊信息内容编码、数字文献结构编码和音频内容编码。

(1)文字内容编码

文字内容编码主要遵循国际标准ISO/IEC10646(Information Technology-Universal Multiple Octet Coded Character Set),中文全称为信息技术通用多八位编码字符集,也称大字符集。这一标准为世界各种主要语言的字符及附加符号编订了统一的内码。ISO/IEC 10646与统一码(Unicode)在内容上是同步一致,相互兼容的。文字内容编码标准保证了在不同版本的计算机系统之间准确地存储、处理、传递和显示各种语言的文本信息。在应用层,我国的数字图书馆建设应该支持汉字内容编码的国家标准,包括GB2312—1980、GB13000—1993和GB18030—2000标准。其中GB18030是在GB2312基础上进行扩充,在技术上是GBK的超集,是国家强制性标准。GB13000—1993是ISO1064621的等同标准,GB18030—2000与它在字汇上兼容,通过代码映射表可以进行自由转换。同时,文字编码也应该兼容Big5和CCCII标准。

(2)特殊信息内容编码

特殊信息内容编码主要包括化学符号、数学符号、公式、矢量信息和地理参数坐标的编码标准。特殊信息内容编码暂时没有国际标准和国家标准,一般选择优势业务领域标准。目前大多数采用的特殊信息内容编码标准都是基于XML的,如化学符号可采用CML(Chemical Markup Language),数学符号和公式可采用MathML(Mathematical Markup Language),矢量信息可

采用 SVG(Scalable Vector Graphics),地理参数坐标可采用 GML(Geography Markup Language)等。

(3)数字文献结构编码

数字文献结构编码是指定义文献结构的标准规范。根据标准规范建设必须具有开放性,满足可交换、复用、继承或扩展的要求,具有被计算机识别和理解的可能。因此,在一般情况下,采用 XML DTD/XML Schema 来定义文献结构。

(4)音频内容编码

音频内容编码在数据格式上直接体现标准规范。

2.对象格式

数字文献的类型多样,包括文本、图像、音频、视频和复合数字对象。每一种数字对象都拥有多种现实使用的数据格式。

(1)文本数字对象

文本数字对象通常采用 HTML、XHTMIL 或 XML 格式。在没有处理标记语言的技术环境下,可以考虑采用纯文本格式,如 ACSII 格式。对于专门数据格式,如 DOC 和 RTF 格式,应转换成 HTML/XML 格式,以保证数据迁移的可靠性。

(2)图像数字对象

图像数字对象。对于存储任务,需要保留原始图像在数字环境下的真实内容和形态。因此一般采用无压缩或无损压缩的 TIFF 格式,同时对分辨率也提出了具体指标,一般要求 600dpi 以上。对于提供服务的图像格式,可以采用 JPEG 和 SPIFF 格式。对于满足预览任务的图像,可以采用 GIF 和 PNG 格式,从而在满足任务要求的同时降低传输成本。

(3)音频和视频数字对象

音频和视频数字对象,在服务格式方面都应该优先采用开放标准,或者采用通用标准。具体而言,音频数字对象可以采用的标准包括 MP3、WAV、Apple Quicktime、MS Real Audio 等。视频数字对象可以采用的标准包括 MPEG、Apple Quicktime、MSReal Video 等。在存储格式方面,音频和视频数字对象都可以考虑分别采用数字录音和录像格式。

(4)复合数字对象

复合数字对象是由各类数字子对象组合而成,这些子对象包括文本、图像、音频、视频、二进制程序等。对于复合数字对象,应该优先采用优势业务领域的通用标准,并且保证这种标准的开放性。

(二)数字对象描述元数据规范

数字对象描述元数据规范是对数字对象的属性、内容等进行描述和标识的元数据标准,包括基本数字对象描述元数据规范和专门数字对象描述元数据规范。

1.基本数字对象元数据规范

基本数字对象元数据规范是针对网络资源和一般数字文献等基本数字对象的共同特征和共同描述需要而建立的,也称为基本元数据,包括格式定义、语义定义、开放标记规范、内容编码体系、扩展规则。基本元数据是按照开放分布环境下数字资源的互操作需要,对基本描述元数据的扩展原则、程序和方法进行规定,以达到资源基本属性的相对一致,实现资源的共享和发现。

基本元数据可以支持数字对象的检索、确认和调度,同时它可以作为核心的元数据集,各个领域可以根据特殊需要或按照各个应用系统的特点依照标准方法进行扩展,形成各个领域的专门元数据格式或具体应用系统的元数据应用格式。由于基本核心集在语义和语法表示上一致,在跨系统互操作中可以通过共同的核心元素支持各类数字对象的检索、确认和调度。基本数字对象描述元数据包含15个核心集元素,每个元素下可能又有元素修饰词。

2.专门数字对象元数据规范

基本元数据可以实现对各种数字资源的共同属性的描述,方便各种数字对象资源的互操作,对于大多数数字对象具有共同适应性,但对于许多特有的特色资源数据库建设,经常会遇到一些特殊的数字对象,如数字图像、音频视频资料、科学数据、学位论文、数字图书和期刊、古籍、地方志和拓片等,需要根据它们各自特有的特征制订专门的元数据元素,以适用特种资源的需要。

各种专门数字对象的描述元数据由核心元素、资源类型核心元素和个别元素三部分组成。

核心元素在各类资源对象中通用,核心元素复用DC的15个基本元素。拟在该层上与其他系统进行交换,支持通用的检索工具。

资源类型核心元素在同一类型数字资源中通用,通常根据资源对象特点、参照其他元数据标准制定。在制定不同类型和不同资源的元数据元素或扩展修饰词时,必须保持与已经采用的核心元素在语义上没有交叉,如果是从其他元数据标准中引用,必须说明并严格遵守其语义定义。

个别元素是以某种特定的资源对象为基础制定,仅适用于这类数字对象,不能用于交换和互操作。应用时只要求该类对象遵守其定义。

资源类型核心元素和个别元素在向下扩展时采用修饰词的扩展方式。修饰词采用和元素一样的定义方法。修饰词是对未修饰元素的语义进行限定和修饰的元素,它们本身具有未修饰元素的含义,同时具有对具体资源描述的专指性特点。

(三)数字资源集合描述元数据规范

资源集合(Collection)是指按照一定逻辑关系或物理关系组织在一起的对象集合。数字图书馆的数字资源集合既包括原生数字对象的集合,也包括物理资源数字化转换生成的数字对象的集合,以及这些集合的集合。数字资源集合广泛存在,例如,数字化文献,数字图书馆的虚拟馆藏,Internet目录和学科导航,搜索引擎,网页索引,文本、图像、声音文件的集合,数据库集合,软件组件或所有它们的混合体(包括数据库、CD-ROMs和网络资源)的集合等,都属于数字资源集合。

描述数字资源集合的元数据规范是数字图书馆元数据规范中最重要的基础规范之一。描述数字资源集合的元数据不同于描述数字对象的元数据。对数字对象的元数据描述通常都是静态的,一般不考虑系统的功能和具体实现,仅仅根据用户的信息需求对数字对象进行揭示。而对数字资源集合的元数据描述则是首先考虑系统的作用和功能,并对数字资源集合作为一个整体进行描述。

一般认为,对数字资源集合的元数据描述的主要内容包括:资源集合的一般属性,资源集合的收藏地或存储管理系统的属性,资源集合的收藏者、拥有者、管理者,资源集合与子资源集合及其他外部资源集合的关联等。

现在已有多种元数据可用于对数字资源集合的描述,如RLINConspectus、ISAD(G)、ISO 2146、GILS、EAD、Z Collection、RSLP、Dublin Core 和 WebML等。然而,对数字资源集合的描述目前仍没有一个统一的标准,专门用于描述数字资源集合的通用元数据标准还处在研究和发展阶段。

RSLP资源集合描述(RSLP Collection Description，RSLP CD)是英国研究支持图书馆计划(Research Support Libraries Programme)项目之一，RSLP CD 不仅对资源集合的属性进行了比较周全的描述，还对资源集合之间的关联进行了描述。RSLP CD的目标是通过机读方式，可扩展地描述该计划中的所有资源集合。RSLP CD使用RDF资源描述框架，开发出对其资源和目录元数据描述方案，包括资源集合模型和资源集合描述。它通过结构化的元数据属性集合，不仅实现了对RSLP项目的所有资源集合描述，还可用于博物馆、档案馆和图书馆等众多主题的物理资源和电子资源的描述。

RSLP的资源集合类型框架将资源集合分别按环境、内容等分成多个类别：

按种类分为馆藏Collection、目录Catalogue(Analytic-Finding-Aid)、指南Finding-Aid(Hierarchic-Finding-Aid)、索引Index(Indexing-Finding-Aid)。

按应用分为图书馆Library、博物馆Museum、档案馆Archive、互联网Internet。

按内容分为文本Text、图像Image、声音Sound、数据集Dataset、软件Software、交互式资源Interactive Resource、事件Event、实物Physical Object。

这些类别可以组合表示子类，父类与子类之间用符号""连接，例如：

Collection. Library. Dispersed

Catalogue. Museum

Collection. Archive

Index. Internet

Catalogue. Internet. Subject

Collection. Image

RSLP CD通过建模分析，将实体对象分为Objects、Agents、Indirect Agents、Relationships、Collection-Description。RSLP CD Schema采用RDF/XML对RSLP资源集合元Collection、Location、Agent属性的描述，以及对它们之间关系的描述，形成了一个相对完整的资源集合元数据，分别从DC Qaulifiers、DC、vCard元数据集中复用了相关元素。

(四)知识组织描述标准

对数字文献知识组织体系的描述是实现数字图书馆知识管理的重要环节。知识组织体系是对内容概念和相互关系进行描述和组织的机制，具体的表现形式包括术语列表、主题标目、分类列表、语义网络和本体等。比较常用的知识组织描述标准如下。

1.RDF

RDF(Resource Description Framework)是由W3C组织在2004年2月提出的关于知识编码的标准,是Web数据交换的标准模型。RDF主要用于描述万维网(World Wide Web)上的资源,如网页的标题、网页的修改日期、网页的作者、网页的内容及版权信息等。RDF可被用于描述任何在Web上被命名、具有统一资源描述符(URI或URL)的资源,即使用户不能直接从Web上获取,也可以用于在不同应用程序间交换信息。

RDF采用资源、属性、属性值的三元组模型来描述Web上的资源。在RDF模型中,资源、属性类型、属性值构成三元体(Triple)。RDF扩展了使用URLs命名的网络关系架构,使得结构化、半结构化的可以被整合、发现和交换。

对资源的描述是和领域、应用相关的,比如对一本书的描述和对一个Web站点的描述是不一样的,即对不同资源的描述需要采取不同的词汇表。因此,RDF规范并没有定义描述资源所用的词汇表,而是定义了一些规则,这些规则是各领域和应用定义用于描述资源的词汇表时必须遵循的。当然,RDF也提供了描述资源时具有基础性的词汇表。①RDF使用XML语法和RDF Schema(RDFS)来将元数据描述成为数据模型,从而描述Web资源的特性以及资源之间的相互关系。

2.Ontology

Ontology意为本体或实体,原本是哲学领域的一个重要分支,主要研究客观事物存在的本质。20世纪90年代以来,在人工智能领域,与任务独立的知识库(本体)的价值被发现,并受到广泛关注。目前对Ontology比较一致的定义是:特定应用领域公认的关于该领域的对象及对象关系的概念化表述,是共享概念模型明确的形式化表述,即概念集。具体说来,Ontology的定义包含概念模型、明确、形式化和共享四个基本内涵。

(1)概念模型(Conceptualization)

本体是对客观世界中的一些现象(Phenomenon)通过标识其相关概念而抽象出的概念模型。Ontology概念模型包括概念的定义、概念类的层级体系、概念类的属性及属性取值限制、概念类的语义关系及推理规则。

(2)明确(Explicit)

在本体论模型中,对于概念的内涵和外延、概念间的逻辑关系以及相关领域的一些公理性知识等都有一个明确的、规范化的描述和定义。

(3)形式化(Formal)

本体论概念模型采用精确的知识表示语言描述本体概念及其相互关系,因此,Ontology模型是可以被计算机理解和处理的。在描述概念及其关系时常用的知识表示语言一般都是基于描述逻辑的,如W3C公司推荐的Web Ontology Language(OWL)、欧洲IST项目On-To-Knowledge中开发的Ontology Interchange Language(OIL)、美国国防高级设计研究组(DARPA)开发的基于XML的DARPA Agent Markup Language(DAML)和OIL+DAML等。

(4)共享(Share)

共享是本体概念复用、交换和映射的基础。本体论概念模型反映的是相关领域共同认可的知识,是公认的概念集。本体所针对的是团体的共识而非个体的。

(Ontology)思想的实质是对整个世界或某个领域中的实体映射为本体中的概念,把实体之间的关系映射为本体中的关系,并把客观世界中普遍存在的真理性知识映射为本体中的公理,由此抽象而得的概念世界就是本体。在数字图书馆中存在着大量异构的、类型多样的数字资源,将这些数字资源以及其中的知识、知识的属性、知识之间的关系和公理等,映射为一个语义概念模型,实现语义层面的知识组织。

(五)数字资源长期保存标准

数字资源长期保存是指对目前社会所拥有和使用的数字资源的有效保存,其目的是保证数字资源的可长期维护和可长期获取。因此,数字资源长期保存包括两方面的含义,即长期储存(Storage)和长期可获取(Access)。数字资源的长期保存是随着数字化时代的发展,大量数字资源不断地产生和积累的情况下发展起来的,人们对数字资源长期保存的正式研究始于20世纪90年代。随着数字资源长期保存研究的不断拓展和深入,越来越多的国家和机构都参与到数字资源长期保存项目的研究之中,目前已经形成了一些比较成熟的国际标准。

1.ISO14721:2003

1999年5月,美国国家航空航天局空间数据系统咨询委员会(Consultative Committee for Space Data Systems, CCSDS)制定并发布了开放档案信息系统(Open Archival Information System, OAIS)参考模型。后来,OAIS参考模型被国际标准化组织(ISO)定为国际标准ISO14721:2003,被全球范围内图情领域、政府部门、科学数据等领域所使用。OAIS规范了数字资源长期保存的概念术语,描述了一个数字信息系统存在的环境、功能组织和信息管理基础结构,提供了系统数字资源保存规划和设计的基本概念框架。

OAIS定义了3种信息包和6个功能模块。其中,信息包是包含内容信息和保存描述信息的概念容器,包括提交信息包(Submission Information Package, SIP)、存档信息包(Archival Information Package, AIP)和分发信息包(Dissemination Information Package, DIP)。

如图3-5所示,摄取模块接收数据生产者提供的SIP,转换成符合长期保存格式要求的AIP,并提交给数据管理模块和存储模块。存储模块负责具体的存储与读取,根据访问模块的请求,将AIP发送给访问模块。数据管理模块专门负责数字信息单元元数据的存储。保存规划模块负责监控OAIS环境,保证在技术过时等环境下OAIS系统的正常运行。访问模块提供用户检索和获取信息的界面,并将从存储模块得到的AIP转换为适合用户利用的DIP,还包括对用户的身份认证和权限管理等。系统管理模块主要是根据长期保存处理的政策、程序、规范、工作流等来监控各个模块乃至整个系统的运行。

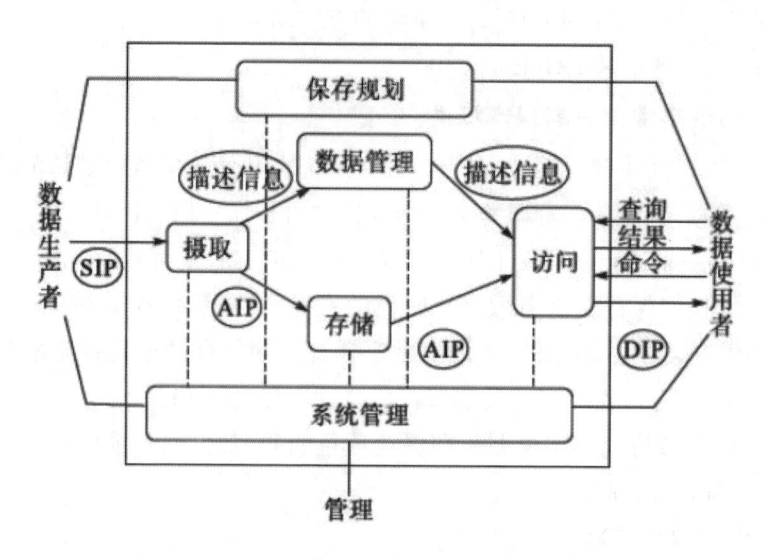

图3-5 OAIS参考模型框架

2.ISO/TR 18492:2005

ISO/TR 18492:2005《电子文件信息的长期保存》由ISO/TC171文献管理应用技术委员会制定,并于2005年10月发布。它为各种类型的数字资源长期保存机构保存和利用电子文件信息,提供了实际的方法论指导,使在技术过时和超过存储介质使用寿命的情况下,电子文件信息仍然可以正常存取。

ISO/TR 18492标准的核心内容包括电子文件长期保存的目标、长期存储技术方案和保存策略三个部分。其中,电子文件信息长期保存管理的目标是确保电子文件信息在未来长期具有可读性、可理解性、可识别性、可检索性和真实性。长期存储技术方案,对存储介质更新、电子文件信息的拷贝、迁移和元数据保存4种技术策略进行了描述。长期保存策略,规定了长期保存技术策略实施过程中的管理问题,包括长期保存政策规划的制定、质量控制、安全检测和环境监控等。

3.PANDORAD

澳大利亚网络文献资源保存与获取项目(Preserving and Accessing Networked Documentary Resources of Australia, PANDORA),是澳大利亚在数字资源长期保存方面著名的项目。PANDORA项目致力于澳大利亚电子出版物的政策和程序体系的研究,制定了存档内容的采集和长期存取的政策、程序与选择指导方针,这些存档内容包括数字化学术作品,也包含网络数字资源。

PANDORA开发了数字存档系统PANDORA Digital Archiving System和各种用于数字档案试验的元数据和测试、培训、评估体系,对使用迁移和仿真方法进行数字信息保存的各种元.数据进行了全面的研究,建立了永久命名档案中所有对象的框架,成为一个世界级的文档库。不仅是澳大利亚,而且也是国际数字信息长期保存实践的经典之作,影响广泛而深远。

PANDORA元素包括四个方面,即内容元数据、技术环境元数据、数据利用(描述、存取和查询机制)元数据、数据保存事务元素,总共有25个元素,各元素又可能包含若干子元素。

第四章 基于知识管理的数字图书馆建设策略

第一节 基于知识管理的数字图书馆概述

基于知识管理的数字图书馆是指在数字图书馆的建设、服务、管理过程中,以知识管理理念为指导,运用现代信息技术,建立的一个既符合网络传输的技术特性,又符合人们接受社会文化习惯的数字信息与知识服务系统。[①]

一、基于知识管理的数字图书馆的要素

很多的单位都在建设数字图书馆,但就目前的情况来看,他们要么是建立了一些特色数据库,实现了部分馆藏资源的数字化,要么是引进了一些商业数字资源库来提供服务,这些与真正意义上的数字图书馆有很大的差距。随着知识经济时代的来临,知识管理也被应用到很多数字图书馆项目之中,出现了很多基于知识管理的数字图书馆,以及与数字图书馆知识管理相关的研究和论述。

Fuchs等认为,数字图书馆和电子学习系统支撑着数字时代的知识供给链,数字图书馆知识管理保障了电子化学习,它不仅提供用户注册、预约登记、目录管理等服务,而且拥有全面的内容管理、合作机制、检索支持、数据分析等功能。

邱均平等认为,数字图书馆知识管理从本质上讲就是通过对数字图书馆所拥有的包括信息、知识等各种要素在内的所有智力资本进行组织、开发和运营,以此来实现知识创新、知识扩散和知识增值的过程。

何立阳、盛小平认为,数字图书馆知识管理是指与数字图书馆知识创造、组织、应用与服务有关的包括基础设施建设、人力资本、知识产权保护等在内的全面的、系统的管理。

---

①杨秀臻. 图书馆知识管理与服务研究[M]. 天津:天津科学技术出版社,2018.

石向实、刘晨认为,数字图书馆知识管理具有两方面的含义,第一,从数字图书馆的社会职能出发,用知识管理的思想指导服务,强化数字图书馆知识服务功能,这是基于服务的知识管理,其将知识管理视为对知识有效管理的过程,即对数字图书馆内丰富的数字化信息资源进行提炼、组织、开发、服务、传播,以满足用户对知识的需求;第二,从数字图书馆的社会属性出发,用知识管理的思想指导数字图书馆的管理工作,通过注重对馆员知识能力的培养和提高,来提升馆员利用知识和服务读者的能力,从而提高数字图书馆的服务能力、竞争能力和创造能力,最大化地实现数字图书馆的功能。

对于究竟什么是基于知识管理的数字图书馆,以及其功能和特征如何等,却没有一个统一的界定。但是,对基于知识管理的数字图书馆我们有一个基本共识,那就是它没有像传统图书馆那样的建筑实体,它是建立在人、资源、技术、环境、管理和服务等要素之上的实体,这些要素支持着数据、信息和知识的产生、存储、管理、传播和应用的全过程,见图4-1。

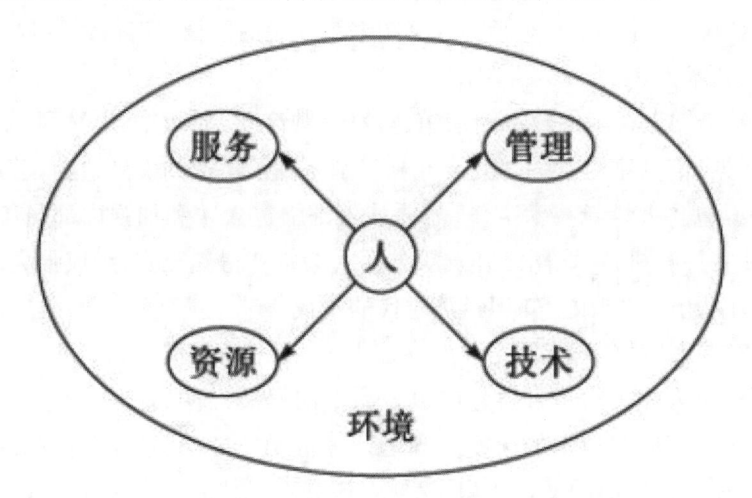

图4-1 基于知识管理的数字图书馆要素

(一)人

人是基于知识管理的数字图书馆中最核心的要素,这里的人包括两种:馆员和用户。

1.馆员

数字图书馆的建设、管理和运行都离不开数字图书馆全体馆员的共同参与。这就需要将图书馆内不同知识能力和背景的人才聚合在一起,进行合理的安排与管理,提升全体馆员的知识能力,进而提升整个数字图书馆的服务能力。一般说来,基于知识管理的数字图书馆建设需要以下几类人才。

(1)管理人才

基于知识管理的数字图书馆是管理学、图书情报学和计算机科学等在新时代发展下给图书馆事业提出的新要求。这种新形态给图书馆的管理者提出了新的考验,需要他们具有改革创新的新思路、新设计。因此,需要善于管理、勤于思考、勇于创新、敢于开拓的具有先进的管理营销理念,对新形态图书馆有充分认识,对新技术有好的洞察力和较好的人际组织协调能力的人。

(2)专业人才

数字图书馆的建设是在原图书馆建设的基础上逐步发展起来的,这需要对馆藏资源有深度挖掘知识服务的能力。要求馆员不仅要有深厚的图书情报专业知识,同时应具有知识时代管理服务的能力,而且需要对新技术有深刻的认识和掌握,以及对影响数字图书馆发展的新技术有敏锐嗅觉。

(3)技术人才

在基于知识管理的数字图书馆建设中,数字化、元数据、语义网、知识挖掘、大数据、信息建构、Web2.0、云计算等都得到了迅速的发展,也日益成熟。建设过程包含大量新技术工作,需要从外部引进人才和加强内部员工的培养,以使在计算机技术、网络开发等方面人力资产得到充实,形成强大的、开放的人才队伍,才能跟上知识经济时代的步伐。

面对图书馆数字化、网络化的高速发展,图书馆馆员面临严峻的职业挑战。图书馆人才需求也日益趋向复合型方向发展,意味着人才专业素质应具有知识的广度和技术的深度。既是计算机操作员,又是计算机和网络管理员;既要掌握广博的文化知识,又要掌握计算机技能。顺应基于知识管理的数字图书馆事业的需要,人才的培养与引进,要结合实际,结合基于知识管理的数字图书馆的发展趋势,制订合理的规划,一切以推动图书馆的知识管理建设为目标。

2.用户

用户是数字图书馆的服务对象。数字图书馆的现实目标是通过一系列服务机制与模式有效支持用户利用知识解决现实问题和创新知识。因此,基于知识管理的数字图书馆更要以用户为中心来开展工作,以满足用户多元化的信息需求。

在当今社会,社会的每一个成员都将信息需求内化为一种自觉行为并向多元化转化,主要体现在对信息内容类型和方式的多元化。新兴学科不断涌现,边缘交叉学科日益增多,学科综合化日益明显,知识之间的交叉相容频繁,这种学科间综合专深的趋势使用户的知识结构也不断变化。同时,当今用户的信息需求不仅表现在学术上,也表现在社会生活的各个方面,用户在汲取专业领域知识的同时,也不断关注应用和娱乐信息。此外,其他各类信息源的井喷涌出,也彰显了利用数字图书馆获取资源的准确权威性、便捷性和涵盖的广泛性。

由于数字图书馆不是所有的馆藏资源都公开,因此从获得授权的角度看可分为两类用户:一是授权用户,通过系统登录平台得到认证,登录网络平台使用数字馆藏资源;二是未授权用户,只能使用公开的,免费提供的特定区域的数字信息资源。数字图书馆的用户信息需求呈现出以下特点。

(1) 用户需求的多元化

社会经济、科技、文化的不断发展极大地刺激了社会成员对信息的需求,使各行业的社会成员产生了多样的信息需求。与传统图书馆相比,数字图书馆的用户呈现出地域分布广、数量大、需求层次高、自主性强、随意性大、交互性要求高等特点。随着人们信息意识的日益增强,社会每一名成员都可能成为信息和知识的需求者。信息需求者的职业背景,受教育的程度,用户自身的知识特征和知识储备,决定了他们对信息形式内容的需求层次,信息需求呈现出多元化的特点。

(2) 用户需求的专业化和智能化

专业背景不同的用户对文献资源的需求明显带有不同的学科专业性。他们希望馆员不仅能指导查阅原文,还能教授检索专业信息的检索路径及技巧;希望能够智能化地利用与科研相关的一切信息资源和服务,并把这种利用融入科研过程中,实现一站式的检索存取,随时利用。科研用户不再满足于图书馆提供的某专题文献资料载体的一般性服务,而要求通过对知识信息的分析、归纳、综合梳理,提供能解决某问题的方案的知识服务。

(3) 用户需求的系统性和及时性

目前,各学科交叉融合、学科的综合化、渗透性越来越强,用户对信息的需求往往是综合性的。科研用户的工作性质决定了他们从继承、累积和探索的角度系统地掌握完整的课题信息。一般来说,他们需要最多的是理论性强的文献和原始资料,学科发展动态和课题研究的前沿信息。信息源主要是报告、专利、标准、期刊、会议文献、年鉴等。

(4)用户需求的知识化和个性化

在新的时代环境下,用户不仅只满足于一般的显性知识,更倾向于根据他们自身喜好特点以及相关研究的个性化知识,这就要求图书馆要及时将网络上海量的、分散的、无序的、繁杂的资源进行整理加工,然后传递给用户;同时,用户也比以前更加注重知识的新颖性,这就要求数字图书馆需要随时跟踪相关领域的最新动态信息,将分布在网络上与其研究有关的各种专门信息加以梳理集中组织,通过知识信息分析综合整序等二次开发手段,将得到的信息及时地推送给用户。数字图书馆的用户需求有着鲜明的个体的习惯、个性。用户按照自己的个性特征和专业需求来制订,获取满足自身需求的个性化知识。

(5)用户需求的高效性和便捷性

图书馆在提供服务时应充分考虑到高效便捷,尽量节省用户的时间精力。齐普夫最小努力原则认为,人们的各种社会活动均想以最小的代价获得最大的收益。用户在使用数字图书馆时,也希望付出最少的精力就可使自己的需求获得最大的满足。在数字图书馆系统的使用过程中,用户会关注到如图书馆服务平台的友好性、可接近和用户综合体验等,如果系统设计过于复杂,用户可能会放弃努力,转向其他方式获取信息。

在知识经济时代,每个馆员都应成为"网络蜘蛛"和"知识向导",从庞大的信息流中筛选信息,在其中汲取用户所需求的知识,为用户打开知识大门。基于知识管理的数字图书馆的建设与发展必须以用户需求为出发点。只有准确有效地分析和研究用户需求,建立以用户需求为导向,整合数字资源,提供知识服务,创造良好的环境和条件,才能为用户提供强大的信息支持。

(二)资源

丰富的数字资源是数字图书馆强大的物质基础,资源建设是数字图书馆的首要任务。基于知识管理的数字图书馆要整合海量的数字资源,整合共享,打破资源传递和利用的时空限制,提高资源的知识含量,以实现资源的最大化和服务效率的最大化,提供高品质的服务,主要有以下四个方面的工作。

1. 馆藏特色传统文献的数字化

在对馆藏文献资源进行鉴定和整理的基础上,根据馆藏的价值、特色、利用率高低,有重点、有选择地对特色文献或者特藏部(Special Collections)的文献进行数字化,如古籍文献、学位论文、教学课件、内部资料等。通过纸质文献扫描、影印、照片扫描、缩微胶片转换、录音数字转换、录像数字转换等手段,有计划地把传统载体文献数字化,建成专题特色数据库。将自己图书馆的珍藏(包括善本、古籍和珍藏)或特种馆藏(包括图片、声音、音乐、影视等各种载体)的资料进行数字化,提供网上共享服务。

2. 原生电子文件的管理开发

电子版的学位论文、各出版发行机构的电子出版物、政府等机关的电子文件等原生电子文件是数字图书馆的重点建设对象,按照规范的格式、质量要求、专业范围将属于接收进馆范围的原生电子文件接收到数字图书馆,给予妥善的管理和保护,保证资源长期保存和可利用,并对这些原生电子文件进行深层次开发,形成有较高知识含量的资源。由正式出版机构、出版商或数据库商发行的正式电子出版物,在数字学术信息资源中所占比例最大,包括各类数据库、电子期刊和电子图书。其特点是:学术信息含量高;具备检索系统,便于检索利用;出版成本高,因此并不是面向社会公众免费开放的,必须购买使用权才可以使用。

3. 网络资源收集保存

这部分也可以说是半正式出版物,完全面向公众开放使用,包括各种学术团体、行业协会、政府机构、商业部门、教育机构等在网上正式发布的网页及其信息,也属于一次文献类型。使用这部分信息主要依靠搜索引擎/分类指南、网络学术资源学科导航等二次文献资源,用于提供使用图书馆印刷型馆藏的联机公共目录(OPAC)也属于这部分范畴。其他资源,如FTP资源、新闻组、BBS、电子邮件等属于非正式出版物。将具有长期保存价值的资源,符合保存要求,遵守法律法规的资源收集保存,有限开放。

4. 区域资源文献传递和互联共享

联盟图书馆采购通过联盟的号召力和成员馆的凝聚力,以组织的形式跟资源提供商谈判,降低数据库资源的采购价格,增强电子资源购买力,共同拥有电子数据库的使用权,以扩大可用的电子资源种类;构建联合虚拟参考咨询平台,实现知识库、学科中心共建共享;构建统一检索平台,为用户提供基于异构系统的资源跨库检索服务,用户可按学科、数据库名称、文种同时检索多个系统中的多种资源;建立基于标准协议的文献传递和馆际互借系统平台,整合各馆MARC数据,用网络平台进行文献传递和馆际互借;按照本馆特色分任务保存文献资源,以节省硬件设备资源。联盟图书馆通过整合各馆的资源,实现区域互联,形成有序的信息共享平台,通过Internet提供在线服务,实现真正的互联共享,提高资源利用率。

数字图书馆不仅仅是一个简单的信息资源库,而是一个集合人、资源、技术、环境等要素的有机体。因此,基于知识管理的数字图书馆还要关注如何进行知识挖掘,并转化为新的知识产品,充分发挥资源的价值。

(三)技术

技术手段是建设数字图书馆的工具,是构建基于知识管理的数字图书馆系统,实现知识服务平台的智能化、馆藏文献存储的数字化、馆际资源共享的最大化的必要手段。建构过程是一项技术密集的工作,各种功能能否实现依赖于各种技术运用得是否充分恰当。数字图书馆的构建过程要通过利用以下新技术手段来实现。

1.信息采集技术

数字图书馆要完成一些文本信息采集和图像信息采集,特别是传统载体的文本和图像信息的数字化,仅仅依靠传统人工录入和校对是远远不够的,需要可靠的扫描技术和识别技术。这类技术包括扫描、录入、纸质档案扫描、照片扫描、缩微胶片转换、录音数字转换、录像数字转换、文件压缩、OCR识别技术、视音频采集技术、压缩编码技术等。

2.信息处理和发布技术

数字资源需要经过一定的处理,并采用信息发布技术,才能提供利用。这些技术包括元数据技术、文本信息标引技术、数字图像处理技术、数据挖掘技术、信息自动抽取技术、信息过滤技术、光学字符识别技术、信息可视化技术、流媒体技术、信息推送技术、信息定制技术、个人数字助理(PDA)技术等。

3.信息检索技术

基于知识管理的数字图书馆采用信息检索技术的目的是尽快实现海量数据的智能化检索,如针对分布式异构化和多样化资源,采用基于内容的信息检索技术能够揭示和表达多媒体信息的实质内容和语义关系,揭示和描述信息中有代表性的特征,从而达到更深的检索层次。这类技术包括基于中文信息处理的全文检索技术、图像理解技术、图形化查询技术、三维模型检索和跨库检索技术等。

4.信息存储和安全技术

这类技术包括信息存储技术、大数据技术、NAS和SAN技术、信息隐藏技术、信息保密技术、密钥管理技术、消息认证技术、数字签名技术、物理安全、操作系统安全、网络安全协议、应用层安全技术、网络攻击技术、网络防御技术、计算机病毒、数字备份、防火墙技术、黑客防范技术、屏蔽技术、数字防范技术、数据挖掘迁移技术等。

5.网络传输技术

这类技术包括计算机协议、调制解调技术、数据通信介质、以太网、令牌环网、局域网、开关技术、网络互连、光纤分布数据接口、SONET组件、窄带ISDN、帧延迟技术、Internet结构、ATM网络、网络操作系统技术、对等网络、触感技术、物联网、智慧云、公有云、私有云、综合集成技术等。

技术的应用在基于知识管理的数字图书馆建设、管理和服务过程中会贯穿始终,但是我们也不要陷入唯技术论的怪圈。其他几种元素也是缺一不可。

(四)管理和服务

随着信息技术的发展,用户不受时空限制的信息需求,传统图书馆以提供馆藏传统文献资源和复制件为主的服务已难以满足。数字图书馆在工作内容上发生的变化对其管理也提出了新的挑战。基于知识管理的数字图书馆在管理的内容和方式上要有新的突破,确立自己的管理机制和服务体系。

第一,引进先进的现代管理理念,如柔性管理、人性化管理、扁平化管理、人本管理、项目管理、科学管理、可持续发展、信息共享空间(IC)、IC^2、Web2.0等思想,建立相应的管理机制,对数字图书馆的人才、资源、技术和文化等进行管理。利用这些先进思想激发人的潜能和塑造高素质的队伍,来促进人的全面发展、群体的协调发展、机构的可持续发展、社会的和谐发展。

第二,树立以用户为中心的服务理念,构建人性化的服务体系。数字图书馆的服务要做到以下几点:在服务内容上,提供在广度和深度上更加符合不同层次用户需求的个性化服务;在服务手段上,通过友好的检索平台和用户界面,向用户提供多途径的基于数字信息资源的智能检索工具,对各种类型的文献资源实行统一检索;在服务方式上,采取网络化存取和传递,建立文献信息的服务机制和馆际合作关系,来为远程用户提供广泛、迅速和便利的服务。

(五)环境

一个安全的、稳定的、可靠的、高速的运行环境是基于知识管理的数字图书馆的基础。在这样的环境中,人们对数字信息的存取已经超越了时空。但是稳定、安全的环境,我们还必须人为地加上一些限制。在数字图书馆中也应根据各种应用本身的需要来划分不同的层次,网络用户的使用层次也根据各馆的政策和规定检索不同层次的信息。基于知识管理的数字图书馆是让任何读者可以在任何时候、任何地方获得任何自己所需要的知识资源。具体说来,基于知识管理的数字图书馆的运行环境包括宏观和微观两个层面。

1.宏观层面的运行环境

宏观层面的运行环境包括信息环境和政策环境。数字图书馆的运行环境不是封闭的图书馆实体信息环境,而是包含在互联网和管理系统等之中的跨机构、跨地域的开放信息环境。数字图书馆的运行环境不是杂乱无序的信息仓库,而是有序的信息空间,便于数据采集与加工、存储、处理与发布、检索与利用。同时,要保证数字图书馆的顺利运行,还需要良好的国家政策大环境。健全的协议标准规范和法律法规可以为数字图书馆的建设统一思想,统一标准,营造良好的可持续建设和和谐健康发展环境。

2.微观层面的运行环境

微观层面的运行环境包括建立组织机构、硬件基础设施和软件系统框架。首先,成立数字图书馆建设团队,建章立制,人财物配,备齐全。其次,硬件的采集、设计、规划安排,主要是各种计算机服务器、网络设备、存储阵列、机房建设、数据安全备份设备、数字扫描影印设备。支撑环境的硬件设备采购往往依托某一项目进行。根据项目运作管理机制,从项目的申报到实施往往需要1~2年的时间,有时会更长。由于信息技术日新月异,设备的规划和调研要有一定的前瞻性,要考虑设备的先进性、开放性、安全性、可延续性和可扩展性等因素,使规划适应可持续发展的需要。关注图书馆的发展,关注信息技术的变革,跟踪最新技术的资讯是消除管理水平与信息化水平发展不适应的最好解决方案。再次,智能化、自动化、人性化和可扩展的各种应用系统是实现数字图书馆各项功能的保证。

宏观和微观环境共同构成了基于知识管理的数字图书馆的运行环境,这些环境因素直接影响着数字图书馆的可持续发展。

二、基于知识管理的数字图书馆的功能

知识管理是数据管理和信息管理的拓展、完善和延伸,与信息管理相比,知识管理更注重知识的价值和人的作用,因此,基于知识管理的数字图书馆有别于传统的基于信息管理的数字图书馆,其主要功能有以下几个方面。

(一)传统图书馆的管理功能

基于知识管理的数字图书馆作为图书馆功能在数字时代的延伸,必定具有传统图书馆的基本功能,包括对文献资源的收集、整理、保管、编目、利用、统计等管理过程的控制。

(二)数据、信息管理功能

基于知识管理的数字图书馆必须具备基本的信息管理功能,即以数字化图书馆和自动化网络为基础,实现信息的接收与采集、文献数字化、整理与加工、存储与保管、发布与传递、检索与利用、安全与保护,以及系统管理与维护。

(三)知识管理功能

基于知识管理的数字图书馆是在知识经济的环境下基于信息管理的数字图书馆的延伸与发展,其最大特色在于实现数字图书馆的知识管理功能。基于知识管理的数字图书馆,首先要按照一定的知识表示方法,建立集中存放图书情报专业领域的知识和与图书馆有关的内外部环境的相关知识的知识库,主要包括若干专题数据库、编研成果库、用户资料库、专家库、工作经验库、管理方法库、培训库、相关新闻库等,更重要的是在原有的数字图书馆信息管理系统基础上,建立一个以知识生产和处理技术为基础,提供知识搜索、知识地图等知识管理工具,围绕知识库进行管理的知识管理系统,实现图书馆知识资源的有效积累、整理、传递和利用。

(四)知识服务功能

与基于信息管理的数字图书馆不同,基于知识管理理念的数字图书馆

应该实现由图书和数据库资源的提供向直接满足用户需求的知识智慧的提供转变。因此,开展知识服务是基于知识管理的图书馆功能的又一大特色。基于知识管理的数字图书馆提供的不仅仅是文献实体本身,更重要的是为用户提供一种经过整合加工处理,凝结了馆员隐性知识的有一定知识含量的知识服务。除了以知识传播和教育为目标的培训活动,更重要的是为有需求的用户提供个性化的知识服务,促进知识传播和交流,加快图书馆知识的外化进程,从而推动知识共享和创新。

(五)人本管理功能

人本管理也是基于知识管理的数字图书馆建设的重要功能。按照知识管理的两个维度(人和技术)理论。基于知识管理的数字图书馆建设包含两方面的内容:一是"技术"维度的管理知识的策略,即数字图书馆的知识管理和知识管理系统的开发与利用;二是"人"的维度管理知识的策略,实行以人为本的人力资源管理,充分发挥人才资源的潜力。在基于知识管理的数字图书馆中实施人本管理,要求组织结构柔性化和扁平化,建立以"知识主管"为主导的组织体制,建立合理的人才引进和培训机制、激励和评价机制,创建学习型组织,实施以用户为中心的服务等。注意提升人的地位,发掘人的潜能,发现人的价值,发展人的素质,发挥人的力量,充分发挥组织成员的主动性、积极性、创造性,使个人目标与群体及组织目标有机统一起来,从而实现个人目标、团队目标与组织目标,在此基础上促进数字图书馆的与时俱进与健康和谐发展。

(六)能本管理功能

能本管理是基于知识管理的数字图书馆建设人本管理功能的提升,通过有效的方法,最大限度地发挥人的能力来调配组织的各种资源,实现个人、团队、组织机构层面的能力价值最大化,把"能力"这种最重要的资源作为组织发展的推进力量,实现数字图书馆竞争能力提升的目标。

能本管理是人本管理理念的外在具体表现。只有进行相应的组织机制建设,才能使以知识、智力、技能和实践创新为核心内容的"能本管理"目标得以实现。能本管理的组织建设主要体现在建立适宜的组织管理机制,营造互信、创新的组织文化,强调信息技术的支撑作用,注重领导者的支持与参与这四个方面。

三、基于知识管理的数字图书馆的特征

从基于知识管理的数字图书馆的主要功能可看出,基于知识管理的数字图书馆既具有包含基于信息管理的数字图书馆的一些特征,也包含有与其不同的特征,见图4-2。

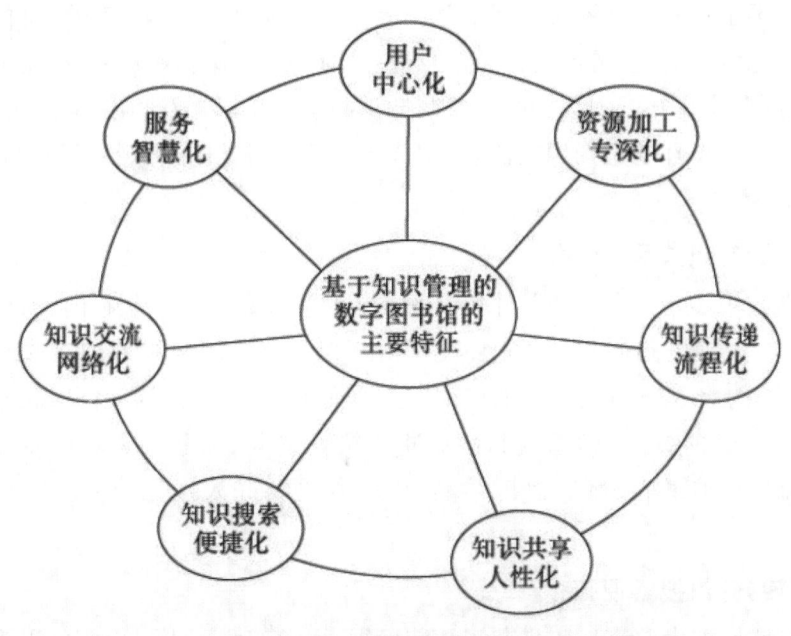

图4-2 基于知识管理的数字图书馆的主要特征

(一)资源加工专深化

基于知识管理的数字图书馆对知识的加工深度,远大于基于信息管理的数字图书馆对信息的处理深度。在基于信息管理的数字图书馆中,集成管理信息系统和非书资料管理系统的信息加工过程更多的是计算、合并、汇总、归类、连接等表层粗加工。在基于知识管理的数字图书馆中,知识管理系统的加工过程较多着眼于对知识的解析、分类、合成、整理、映射等深层处理。为了使知识易于检索利用,便于知识传递、共享和创新,需要馆员通过利用自己独特的知识、见解和能力,利用知识库、知识映射表、知识图谱等工具,进行创造性的智力劳动,对图书进行深层次加工,使信息产品的附加值,形成具有独特价值的知识智慧产品,解决用户凭借自己的知识和能力所不能解决的问题,发挥馆员在知识流动链条上的独特价值,使知识增值。

(二)知识传递流程化

基于知识管理的数字图书馆对知识的处理加工后,在知识链条上传递的是知识流,而非基于信息管理的数字图书馆传递的信息载体的信息流。

它不是在原有系统流程环节基础上的简单传递,它有着知识管理的影响。对系统中产生、传递的每条信息进行知识采集、编辑、发布和共享的管理和控制,实现知识采集、知识管理、知识共享和知识开发利用的相互影响和作用。整个环节是知识的流转,服务于数字图书馆的知识共享和知识创新目标。

(三)知识共享人性化

在知识经济时代,用户对知识的需求呈现出综合化、专业化、高深化的特点,大多更趋向于个性化、人性化。为了便于用户更好地接收到知识,我们的服务就不能以片面、简单甚至呆板的方式提供给用户,我们需要通过先进的技术,筛选、捕捉、解析、整合、创新,将相关领域的专业知识分解、归纳集成,然后提炼结晶,以一种更友好人性化地方式共享给用户。

(四)知识搜索便捷化

互联网搜索引擎近年来获得快速发展,覆盖互联网人口面积的迅速扩张,使得我们一提起搜索引擎就想到了百度、谷歌这样的互联网搜索引擎,有什么疑难问题都可以在互联网上找到答案。目前的大多数信息搜索引擎技术只是对搜索结果的简单罗列,搜索效率低下,并没有提供有效的服务模式,已经严重阻碍了人类知识的获取和共享。基于知识管理的数字图书馆能为用户提供更加快捷、更加细化的知识搜索。知识搜索引擎可以对原有信息系统收集形成的数据库和知识管理系统收集形成的知识库,进行面向元数据的信息搜索,并按照一定的知识提取算法,将元数据从知识库中提取出来加以分析,发现隐含的、能够改变对事物认识的知识。知识搜索引擎不仅能够对用户需要的知识进行快速理解和高效搜索,而且能够方便快捷地提供最终有用的结果,将从本质上大大提升目前数字图书馆搜索引擎的服务理念、方法和价值。

(五)知识交流网络化

在知识社会中,知识、材料、能源是经济社会发展的三大支柱,科技创新的基础是知识的创新,而知识流动是知识创新的必要条件,知识网络是知识流动的导体。因此,知识网络对于知识创新有着至关重要的作用。知识是在知识的循环和流转中不断升值的,要做到充分地交流和共享,需要充分利用网络所提供的条件,建立各种一对一、一对多和多对多的知识交流平台,如提供即时通信(IM),建立知识虚拟社区和在线学习空间 E-Learning、电子科研 E-Science 等,方便用户随时随地利用网络的各个智能终端,与馆员、相关用户、知识专家之间进行交流。在基于知识管理的数字图书馆中,知识交流的网络化使跨时空的知识交流成为现实,有利于充分发挥数字图书馆的优势,促进知识流转和创新。

(六)服务智慧化

基于知识管理的数字图书馆,除了像传统的基于信息管理的数字图书馆一样,能够利用所拥有的文献资源,直接向用户提供所需的信息服务外,还能挖掘蕴藏于大量信息中的显性知识提供更加智慧化的信息服务,其内容包括:一是跟踪、记忆和分析功能,能够对用户的基本资料、信息检索和使用记录进行收集、分析,默认用户行为习惯;二是提供知识搜索引擎、知识图谱等知识管理工具,采用智能 Agent 检索、多层次获取与多策略检索等,可以帮助用户迅速地找到所需信息、知识或能提供信息、知识的专家或机构,发挥知识导航功能;三是提供智能的信息服务工具,可根据用户的定制服务,考虑用户的知识背景和使用特点,针对用户感兴趣的知识,通过 RSS 技术知识推送等向用户提供更加智能化的知识单元,并可根据不同需要而产生不同的结果形态? 同时,信息需求者获得了知识,沉淀、创新出新的知识保存在系统中,又可以向他人提供服务。我们的用户在获得知识需求的同时,也成了学习知识、保存知识、利用知识、创新知识、分享知识等知识流链条上的重要一环。

(七)用户中心化

建设数字图书馆的目的是为用户提供更加便捷、跨时空的高效的信息服务。基于知识管理的数字图书馆的一个重要建设理念是以人为本。因此,基于知识管理的数字图书馆的服务模式是以用户为中心的,不仅在用户系统界面上更加友好易用,而且在服务上更加人性化和个性化。它可以从用户的需求目标和使用环境出发根据个人、群体或组织机构的特殊需求,将用户最需要的知识,在合适的时间,以最佳的方式传递给用户,并且用户在合适的时间和地方将创新的知识传递给其他新的用户。只提供不变知识是不行的,只有被利用的知识才有价值,能不能将自己的知识使用好,是对一个人能力的重要考验,只有将知识最大化地转化为价值,新的价值有沉淀为知识,才能促进知识的更好传递和不断创新。

第二节 基于知识管理的数字图书馆建设的具体策略

一、建设理念

基于知识管理的数字图书馆应当树立的理念是知识管理理念。这就需要将知识管理的理论、方法和技术应用到数字图书馆的建设和运行过程之中。虽然从数字图书馆的基础,即资源建设开始,一直到最后的知识服务,都离不开各种类型的技术支持,可以说,没有现代信息技术的支撑,数字图书馆的建设就无法完成。但是我们不能陷入数字图书馆"唯技术主义"的怪圈,将基于知识管理的数字图书馆看作是一个技术体系,而忽视人、知识资源和社会环境的重要作用。[①]

知识管理的基本思想是高度重视知识的重要作用,通过一定的方法、技术,对知识的获取、开发、共享、创新等环节进行管理,提高组织的核心竞争力。因此,基于知识管理的数字图书馆建设应注意以下三点。

第一,始终坚持以人为本,重视人的作用。这就要求在人力资源管理过程中,采用知识管理的方法,激发全体馆员的积极性、主动性和创造性。

第二,坚持以读者需求为导向,一切工作围绕读者需求而展开,以解决读者遇到的实际问题为目的。

第三,重视学习型氛围的创建,提高全体馆员的知识水平和数字图书馆的整体服务能力。

总之,只有在知识管理理念下,数字图书馆才能真正运用技术手段,发挥数字图书馆的资源和专业优势,进行知识管理,为用户提供主动的个

---

①郎文君. 新时代背景下数字图书馆建设策略研究[J]. 卷宗,2019,(23):168.

性化知识服务。

二、建设原则

(一)标准化原则

数字图书馆中知识信息的采集、加工、传播和利用是以网络为依托的，因此，规范性与标准化必须贯穿于数字图书馆建设的各个方面与全过程。在数字资源系统建设、技术平台的设计建造，以及网络信息服务系统构造等数字化建设中，应始终坚持选择统一、通用的标准、协议与规范，以及可兼容的应用软件和硬件。如采用标准规范的数据格式，标准的网络通信协议，选用符合国际标准和工业标准的网络设备等，以便实现各个数字图书馆系统之间的真正互联和互访。

(二)共享性原则

知识的利用与消费不会使知识减少，反而会使知识增值。每个数字图书馆都不可能搜罗陈列出世界上所有的信息资源，共享其他数字图书馆的信息资源就很有必要。通过多个图书馆间的协同发展，形成一个互为补充、互为利用、互为推动的文献信息资源保障体系，并提供网上文献信息服务，文献信息网络才能充分发挥作用。美国所有图书馆的书刊资源已实现了网络共享，这主要是通过OCLC和RLIN两大联机联合目录系统实现的。知识的特性促使在知识管理的实践活动中，需要更多地强调知识共享原则。知识管理活动的一个重要任务就是要建立知识的共享网络，建设数据库、知识库，从而在技术方面给予知识共享提供支撑平台。

(三)效益性原则

数字图书馆知识管理建设的效益性包括社会效益和经济效益两个主要方面。社会效益是指数字图书馆运行所产生的有益于社会进步的效果，具体表现在数字图书馆信息资源的完整性、及时性，数字图书馆给读者或用户所带来的方便与满意程度，数字图书馆对社会发展、学校教育和自我教育质量的极大提高起着促进作用；经济效益主要是指数字图书馆对科技进步、对宏观决策所起的作用，以及对相关产业的发展所起的作用。

(四)特色性原则

数字图书馆应从网络整体出发进行人财物资源的合理配置,把数字图书馆建设纳入整个地区、国家和全球信息网络中去,加强各馆有特色的数字化文献信息资源的开发,建立起各具特色的数字图书馆。只有能反映并提供馆藏特色资源的数字图书馆才能拥有众多的用户和坚实自己的核心竞争力、求得本身的长远发展。如美国国会图书馆所启动的"美利坚记忆计划"就是对在美国历史、文化的发展中起过重要作用、具有深刻历史意义或纪念意义的、可以用数字产品形式表现出来的各种文字材料(如名人手迹、手稿、早期书刊)、图片、照片、绘画、地图、早期电影、录音录像、服装等进行数字化,并按主题收藏在国家数字图书馆中。

(五)安全性原则

目前计算机病毒、计算机黑客、软件炸弹与信息威慑、信息垃圾相当严重,给数字图书馆的安全性提出了挑战,因此在数字图书馆建设中必须认真考虑和妥善处理信息的安全性问题。这就要求我们采取一些必要的安全保障措施,建立完善的网络安全机制,保障数字图书馆工程良性运行。其内容包括信息的真实性、完整性、机密性、可用性和可控性,系统的安全性和稳定性,网络的安全性,数字图书馆群的安全管理等。常采用的保护措施有防火墙技术、VPN(虚拟专用网)技术、加密技术、网络病毒防治技术、访问控制技术、容灾备份、跟踪检测技术等。系统的高可用性是一个设计合理、科学规范的数字图书馆知识管理系统的基本要素。

(六)扩展性原则

基于知识管理的数字图书馆系统建设是一个长期的过程,随着知识组织新技术的不断出现,必须考虑系统的接口的可扩展性,应该为发展保留空间。特别是系统架构、开发标准、数据规范方面应该充分重视系统进一步拓展更新的可能。

(七)开放性原则

在数字化校园、数字化城市、数字化地球的大背景下,知识管理系统必然要开放自己的接口,同时利用技术手段加强整合其他可用信息系统的能力。开放性和交互性也是我国信息化建设和公共文化体系建设的要求。

三、建设模式

数字图书馆的建设是一个长期而复杂的工程,采取何种模式建设,是衡量一个国家和地区社会信息化发展水平的重要标志。基于知识管理的数字图书馆更注重人们在使用数字图书馆时可以获得能解决实际问题的知识,这就要求将"人本理念"和"知识服务"方式引入到建设模式中去,以用户为中心,以馆员为根本,采取公私联合的建设模式。

(一)充分发挥政府的主导作用

图书馆属于国家文化事业的重要组成部分,国家对建设资金的划拨和战略上的总体规划将会决定数字图书馆发展的深度和广度。我国各类图书馆众多,地区间科学教育文化水平的发展极不平衡,因此更需要政府在数字图书馆的建设中占主导地位。

第一,在资金投入上,要以国家拨款为主要来源。国家的支持首要的就是资金保证。如果仅依靠图书馆自筹资金,无论是从信息资源的覆盖面还是建设的可持续性等都难以满足用户日益增长的知识需求。因此,由国家拨款为主应成为我国数字图书馆建设资金的主要方式。

第二,项目的规划执行要由国家政府统一调控,分工合作。经国家确立,建立具有法律意义、拥有行政职能和权威性的数字图书馆管理机构,宏观协调我国数字图书馆工程。以国家为中心,地区及高校、其他专业机构为分支,逐步分层次地建设。由国家管理机构确立建设的规模,明确信息资源的内容,制定通用的标准和规范;各成员馆明确自己的职责,展现自身特色。

第三,通过国家管理机构协调组织,达到资源的共享共建,避免重复建设和资源浪费。目前,我国CADLIS(中国高等教育数字化图书馆)已初步建成以国家为主导的开放式的高校数字图书馆体系。

(二)采取服务主导型的建设模式

从数字图书馆的建成到运行,应将数字图书馆建设初期以资源建设为主导的建设模式,逐步转变为以服务为主导的建设模式,把更多的技术、资金、物力投入到构建完善的服务体系系统中,力求不断提升服务水平和服务能力。

(三)开展联合建设

在技术支持方面,对本馆现有的人才、技术、资源进行整合,建立以技术部门为核心,以法律、文化、信息、管理等多个部门、多方面人士为参与群体的攻关团队,结合数字资源提供商平台,将工程与科研项目紧密结合,使参与群体所做出的技术攻关成果服务于项目建设需要;在资金投入方面,完善政府的资金支持与社会自筹资金加入的合作建设模式,在追求效益的同时兼顾内涵价值提升,以减轻国家财政负担。

四、建设阶段

(一)起步阶段

此阶段建设的数字图书馆是数字图书馆与传统图书馆、虚拟图书馆与实体图书馆、网上图书馆与物理图书馆的结合。集传统图书馆与数字图书馆之优点,两种形态共存互补,构建出一种当代图书馆生存与发展的基本形态。它不是去追求图书馆资源的全面数字化,总的原则是一切为读者。初步建立起包括目录索引数据库,全文数据库,特色数据库,照片、音视频等流媒体库等一系列数据库,有一定数量的数据资源库。建设数字图书馆的发布利用平台,能在一定范围内向用户提供数字资源的服务。

(二)系统建设阶段

把异构数据库建成一定规模、形成界面友好的一站式发布平台和检索平台,能在更大范围内提供服务,并提供馆藏资源的全文无障碍利用,更加便于读者的使用。

(三)发展巩固阶段

建立数字图书馆知识服务平台,发布数字图书馆的各种数字资源和知识产品,面向互联网上的不同用户访问权限的用户提供知识服务。

(四)最终阶段

在资源建设上,在对已有的数据库、知识库进行处理加工和深度挖掘的同时,主动收集具有研究保存价值的相关网络信息。在管理和服务上,实现数字图书馆的知识管理,具有资源数据的互操作能力。与其他数字图书馆开展馆际互借、文献传递等集成服务,与地方区域的图书馆形成联盟,与同类性质的图书馆形成联盟,参与如 NSTL、CALIS、CSDL、SCALIS 等国家或地方的数字图书馆系统,提供人工和智能相结合的知识参考服务和一定知识含量的知识产品,建成基于知识管理的数字图书馆系统平台。

第三节 基于知识管理的数字图书馆的建设内容

数字图书馆是一个动态的系统,而基于知识管理的数字图书馆要求在数字图书馆的建设、管理、服务的各个环节都要以"用户需求"为导向,一切以满足用户的知识需求,解决用户的实际问题为目的。具体说来,基于知识管理的数字图书馆建设的主要内容包括如图4-3所示的七个方面。

图4-3 基于知识管理的数字图书馆的建设内容

(一)以数据库、知识库和知识流为对象的业务管理

数字图书馆是一个庞大系统,其资源建设是将各种数字信息资源进行数字化处理和保存,建立分布式的、大规模的数据库及知识库。数据库是数字图书馆数字资源建设、管理的基础,主要包括文献型数据库与非文献型数据库。文献型数据库包括书目数据库、二次文献数据库、全文数据库、音视频数据库等;非文献型数据库包括事实数据库、数值数据库、管理型数据库。而知识库是在数据库基础上开发衍生出来的,结构化、易操作、易利用、全面有组织的知识集群,是针对某些领域问题求解的需要,采用若干知识表示方式在计算机存储器中存储、组织、管理和使用的互相联系的知识片集合。与数据库相比,知识库的核心任务是以用户为中心,以知识的应用为关键,促进知识的共享。[①]

建立数字图书馆知识库,可以积累、保存信息和知识资产,加快图书馆内部信息和知识的流通,实现组织知识共享。这是知识管理理念下数字图书馆业务管理的基础性工作。知识流(Knowledge flow)是一个动态的概念,是指知识从产生、获取、组织、开发、共享、运用到创新的整个知识流程,如图4-4所示。

为了实现知识在流动过程中的价值增值,不仅要建立知识库,还应该在基于信息管理的业务系统基础上,建立基于知识管理的数字图书馆业务管理系统,其核心层是知识管理系统(KMS)和内容管理系统(CMS),如图4-5所示。

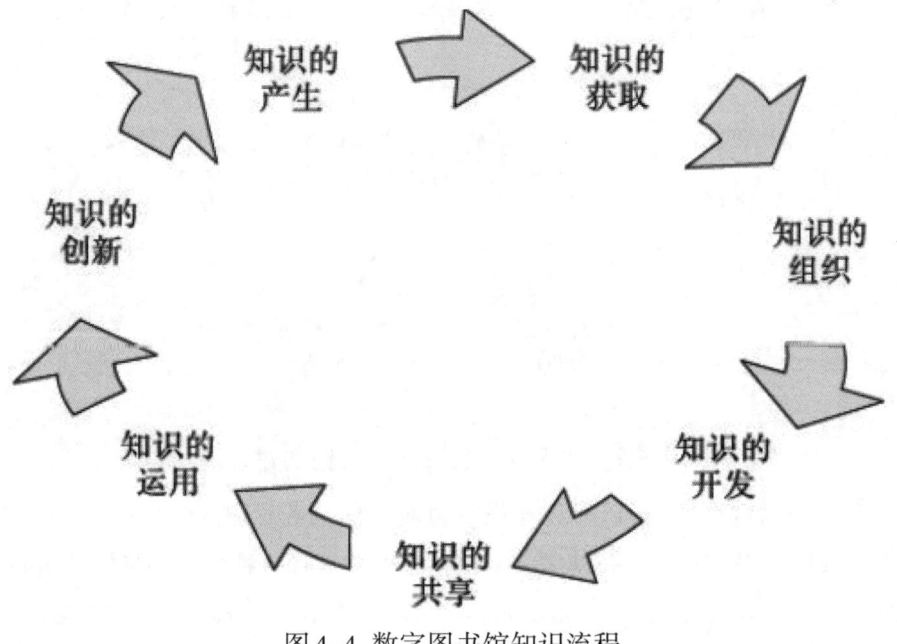

图4-4 数字图书馆知识流程

---

①吴云科.数字图书馆的建设发展探究[J].卷宗,2019,(25):127.

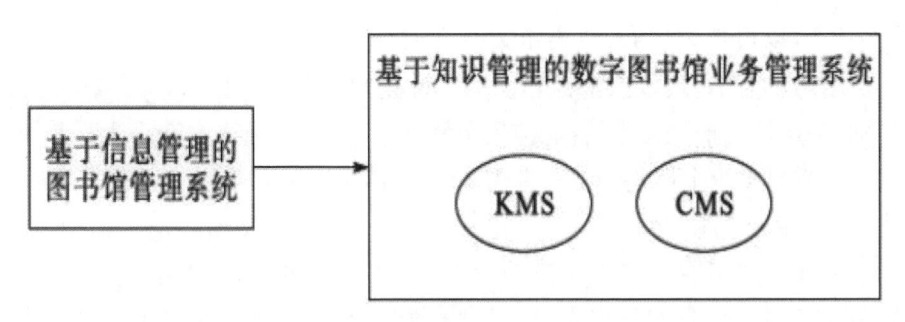

图4-5 基于知识管理的数字图书馆业务管理系统

(二)以知识的生产和处理技术为支撑的知识资源管理

数字图书馆知识资源的管理,主要是以知识的生产和处理等知识管理技术为支撑,采取建立数字图书馆知识库的方式对知识资源本身进行管理,主要包括关于用户资料的知识库、馆员工作经验库、数字图书馆使用方法库以及按各种需求在文献数据库基础上建立的专题知识库等,如图4-6所示。

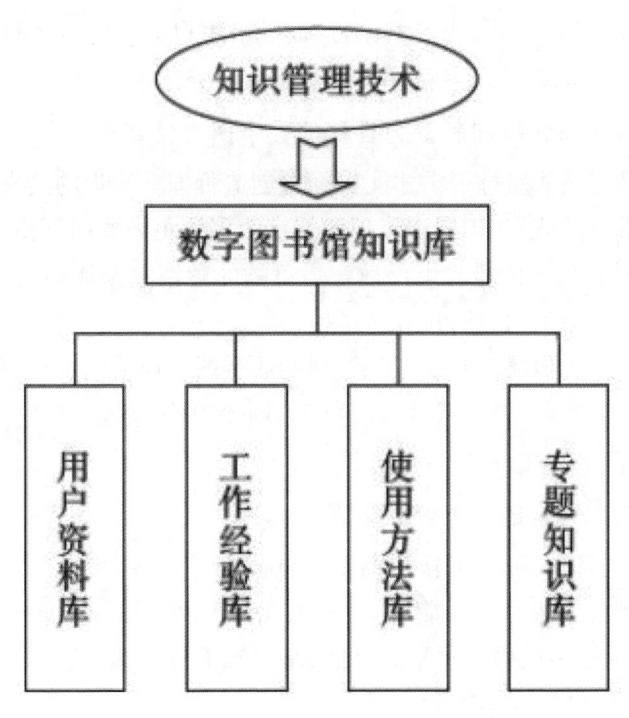

图4-6 数字图书馆的知识库管理

(三) 以用户为中心、以需求为导向的个性化知识服务

以用户为中心、以需求为导向的个性化知识服务要以海量文献资源为基础,采用信息推送技术、智能搜索引擎技术、信息挖掘技术等关键技术,构建一个满足组织个性化知识服务需求的数字图书馆系统,整合其他知识库,建立知识传播新模式。

个性化知识服务首先应该是为用户提供完整的、高效的信息,以此来满足用户对于信息的各种需求;其次是个性化服务,即要根据用户的个性化特征来提供有针对性的信息服务。因为利用信息和解决问题的方式、过程、程度和满意度与用户个人的心理、知识、经验和行为方式密切相关,所以知识服务从本质上看应该是个性化的,有效的知识服务一定是针对具体用户个人的,它是由用户所处的问题、环境、行为、心理、知识等特征决定的。

概括地讲,个性化知识服务包括个性化知识分类定制服务、个性化知识推送服务和个性化知识水平扩充与垂直加工深化服务。把知识库和馆员的默会知识经过知识抽取和知识过滤,提供给用户,尽可能地深化读者服务,提供高层次的服务,满足特殊用户的深层次服务。

(四) 以知识传播和教育为目标的数字图书馆营销

知识只有在使用过程中才能更好地创造价值。知识的共享和交流是知识管理的重要环节,基于知识管理的数字图书馆更需要向外拓展,这就需要开展一系列以知识传播和用户教育为目的的营销宣传活动,让社会来了解数字图书馆的新动向、新目标、新举措,让用户和社会民众更好地参与进来,促进知识交流和传播。基于知识管理的数字图书馆营销主要包括数字图书馆知识产品与服务的宣传和推介,数字图书馆的检索和使用的技能、技巧的培训,专题知识的宣讲等内容。

(五) 以人为本的人力资源管理

数字图书馆的一切工作都离不开全体馆员的共同参与,要想不断提高数字图书馆的服务水平和能力,就必须充分调动全体馆员的积极性和主动性,提升每个馆员的服务水平。因此,基于知识管理的数字图书馆对员工的管理,必须坚持"以人为本"。

数字图书馆"以人为本"的管理理念是在科学管理的基础上,以开发馆员的潜能、提高馆员综合素质为主的人本管理。就图书馆而言,馆员是图书

馆的主体,许多服务工作都需要通过馆员来实现。为此,数字图书馆管理要把馆员放在人本管理的首位,尊重人的知识,挖掘人的潜力,发展人的价值,完善人的智慧。

(六)建立学习型的组织文化环境

知识管理的目的是将组织内外部的知识从不同的来源中萃取主要的资料加以储存、记忆,使其可以被组织中的成员所使用,提高组织的竞争优势。要提升业务水平,加强核心竞争力,这就需要建立促进知识共享和知识交流的学习机制,让个人的学习成为工作的核心,个人知识管理成为活跃因素,促进各部门馆员之间的知识交流和共享,鼓励知识转移和创新,通过各种激励方式,营造一个行之有效的学习氛围,建立一个馆员共享空间和学习平台,将个人学习、部门工作和组织目标紧密结合起来,并转化为组织最终成果,营造良好的组织文化,培育本馆共同的价值观念,塑造具有感召力的文化精神内涵,提高工作效率,增强竞争力。

(七)以数字图书馆联盟为基础的知识共享保障体系

要建成真正意义的基于知识管理的数字图书馆,仅限于建设以一个图书馆实体为基础的图书馆业务流程系统和图书馆门户是远远不够的。基于知识管理的数字图书馆,在一个国家范围内来说,应当是一个以数字图书馆广泛联盟为基础的知识共享保障体系,即以公共图书馆、军事医学等专业图书馆、科研院所图书馆和高校图书馆分别建设的数字图书馆为基础,由各级各类各区域数字图书馆共同构成数字图书馆联盟,保障各系统内部和各区域之间知识传递、共享和创新。当然,联盟还可以与有合作的科情所、文化馆、博物馆、展览馆、美术馆、科技馆、档案馆等开展一系列团队人员、知识资源等的共享和交流,如图4-7所示。

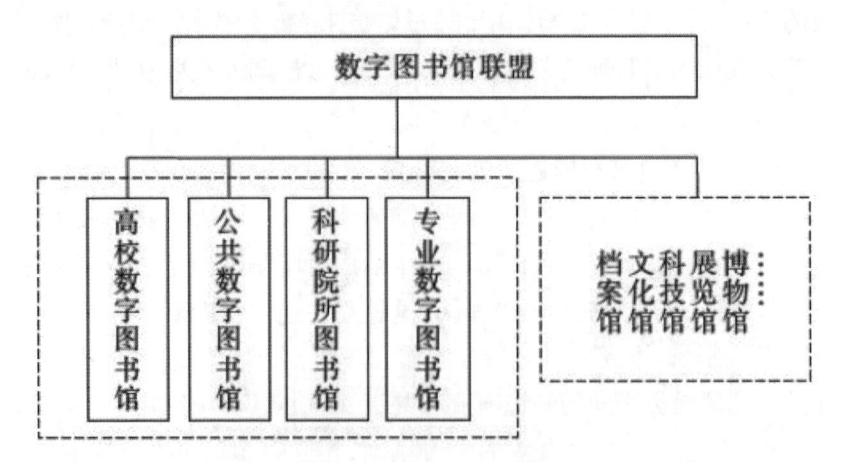

图4-7 数字图书馆各类联盟

同时,在条件允许的情况下,加强国际交流与合作,建立密切的合作伙伴关系,扩大数字图书馆的影响力和知识服务的范围。

第五章 数字图书馆信息资源的建设与处理

第一节 数字化信息资源的来源

数字化信息资源是数字图书馆履行社会职能的主要物质基础,它对数字图书馆的重要性相当于图书对于传统图书馆的重要性,如果没有一个持续不断的数字化信息来源和一个完善的信息资源组织策略,对构建数字图书馆的信息大厦来说是极为不利的。[1]

数字化信息资源是转化成数字格式的信息,其来源渠道、组织与实现方法均有别于传统图书馆信息资源,即数字图书馆应对来源各异的资源进行有机集成。从总体上讲,数字图书馆信息资源来源于三个方面:馆藏资源数字化、网络资源下载和电子资源库采购。馆藏资源数字化是指首先通过键盘输入、扫描等手段将原有的馆藏资源数字化,并经过加工后形成的资源,它可以按一定的组织形式存储,在硬件条件的配合下,联入互联网中,提供给远程用户检索、查询和利用;网络资源下载则指通过互联网获取的、能满足人们信息需求的有效信息,主要取材于互联网;电子资源库采购指通过购买等手段将现成的商业数据库纳入图书馆自身馆藏之中,是一种快速有效地扩充图书馆馆藏的重要手段。这三种资源也有交叉,如网上的电子期刊、电子图书可以说是网络信息资源,但是它们又是实物信息资源数字化后得到的,所以又可以说是馆藏数字化信息资源。电子资源库的资源来自对纸本资源的数字化,只不过集中成一个资源库成了产品。下面将分别对不同的数字化信息资源的来源进行阐述:

一、馆藏资源数字化

(一)键盘输入

利用计算机键盘输入数据是一种较为原始的手段,这种方式形成的文

---
[1]贾婷婷.数字图书馆资源推广研究[J].中文信息,2019,(01):45.

件空间小,但是效率低、错误率高、成本也高。现在这种方法只局限于小范围的输入工作。

(二)扫描

扫描是数字图书馆建设的最主要手段,在馆藏数字化方面起到了不可低估的作用。扫描识别录入技术是一种根据光电转换、模式识别和人工智能原理,将印刷或手写的文字或符号通过高速扫描设备录入并转换成可供计算机读取的内码,从而达到自动录入资源的目的。

1.扫描设备

扫描仪起步于20世纪70年代中期,最初的扫描仪仅能捕捉图像二值化(黑白图),体积相当大,扫描速度也很慢,且无法输入彩色图像。到20世纪80年代中期,诞生了世界上第一台彩色扫描仪。现在,扫描技术已有了迅猛的发展,目前最常用的扫描设备是平板式扫描仪。各种扫描仪具有自动辨别像素的灰暗程度(灰度)和颜色的功能,使计算机能输出与原件一样的图像。

扫描仪已广泛运用于图像处理、文字识别、图形识别,是文字、数据录入和信息识别领域不可缺少的设备。

2.扫描资料的选择

图书馆需要对拟扫描的资料进行选择,选择时需要考虑以下几种情况。

第一,公众网络检索需要。

第二,高成本与有限资金之间的矛盾。数字化所有馆藏文献需要大量的资金投入,且数字化后的文献还需要成本的投入,如质量控制、元数据生产、制作索引等。

第三,保存的困难。由于计算机软硬件在不断变化,使数字文献的长期保存和迁移较困难。

第四,知识产权问题。必须在文献数字化之前解决其知识产权问题。

第五,社会的考虑。某些文化的或过于敏感的资料不宜放在网上。

第六,文档规范化。文献数字化中三分之二的成本用于元数据的创建和质量控制的工作,因此,不符合文档建设规范的文献,在加工之前不宜数字化。

第七,图书馆信誉。图书馆需要检查数字化资源的准确性和信息的权威性,可以从撰写人的权威性、背景等方面严格地剔除不够准确的信息。

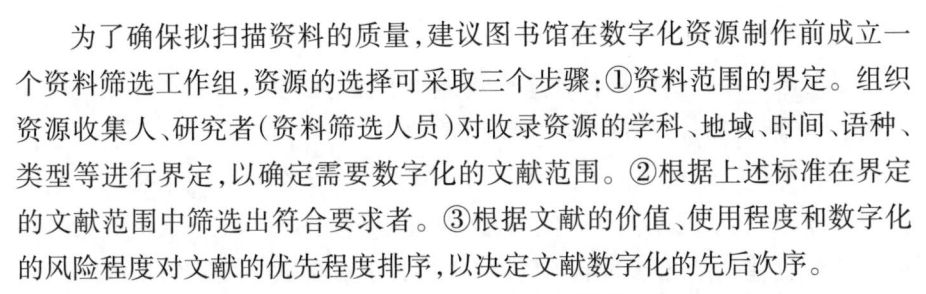

为了确保拟扫描资料的质量,建议图书馆在数字化资源制作前成立一个资料筛选工作组,资源的选择可采取三个步骤:①资料范围的界定。组织资源收集人、研究者(资料筛选人员)对收录资源的学科、地域、时间、语种、类型等进行界定,以确定需要数字化的文献范围。②根据上述标准在界定的文献范围中筛选出符合要求者。③根据文献的价值、使用程度和数字化的风险程度对文献的优先程度排序,以决定文献数字化的先后次序。

3. 自动识别(Optional Character Recognition,简称OCR)

扫描之后的计算机自动识别技术是整个数字图书馆建设中至关重要的技术之一,自动识别技术的先进与否决定了数字图书馆信息资源建设的速度与质量。

文字的计算机自动识别技术是数字化领域的一项非常重大的革命,它是利用计算机软件把扫描的文献转换成字符文本的技术。它的工作原理是通过扫描仪(或数码相机)等光学输入设备获取纸张上的文字图片信息,利用各种模式识别算法分析文字形态特征,判断出文字的标准编码,并按通用格式存储为计算机的文本文件。因此,OCR实际上是让计算机认字,实现文字自动输入。正是由于它录入速度快、准确性高(识别率可达98.5%以上),操作简便,能大幅度提高工作效率,适应信息时代快节奏的要求,因而具有广泛的发展前景。

(三)全息加工技术

全息加工技术是指在纸介质信息数字化时,将扫描识别的文字信息和人工标注的版式信息(如字体、字号)相结合,连同图像和其他版面信息用页面描述语言生成版面文件,版面文件还包括用户自定义汉字,再将导航、自动导读等增值信息与之结合起来,构成可供数字阅读的原版信息。简而言之,将纸质文本低成本、高效率地转换成保留全部信息的数字化文档。书生之家数字图书馆就是使用这种全息数字化技术来加工原始资源,解决了图书信息完整性、导航信息、海量存储、图书浏览、防下载盗版、防止信息拷贝盗版等问题,其做法有一定的借鉴价值。

二、网络电子资源下载

网络电子资源下载是数字图书馆迅速扩大其馆藏的一条非常经济的途径。

(一)电子资源收集策略

图书馆工作人员可从各种途径收集和下载对图书馆有重要作用的电子图书、电子期刊和各类特色网站等电子资源。

网上各类电子资源内容丰富,格式多样,而且大多可免费下载。但它们分布零散,不能系统地供读者使用,这就需要数字图书馆工作人员利用各种途径找到这些杂乱无章的电子资源,并将其下载到数字图书馆本地存储媒介上,然后按照图书馆的分类体系将各种电子资源归入不同类别,以方便读者取用。

在电子资源收集过程中,不妨动员读者推荐或提供电子资源。这正是数字图书馆比传统图书馆有所突破的地方:传统图书馆无法集中读者的力量为馆藏建设添砖加瓦,而数字图书馆就可以充分利用电子信息资源无限复制、无限传播的特点,将一位读者手中的书变成大家手中人手一本的书,从而以极大的速度扩大馆藏。对于提供电子资源的读者,要给予适当的鼓励,譬如一些物质奖励,如赠送读书卡等,使读者切身体验到奉献一本书,就得万本书的好处,充分调动起读者的积极性和主动性,从而使得可供下载的电子资源越来越多,也可为图书馆节省大量的成本。必须强调的是,一切提供下载的文件不可用于商业目的,而且要在版权允许的范围内。若原文有版权,应照原文格式提供下载,不能人为去掉版权信息。

(二)网络电子资源的整理

由于技术上的原因,下载后得到的资料格式不统一,要对这些不同格式的内容进行组织涉及多方面的技术,如脉冲信号、数据宽度、像素、颜色、对比度、压缩编码算法等。不同的文件格式需要用不同的软件来显示,这给人们的查找带来了一定的难度。不同的文件格式并非都可以相互兼容,有的格式之间转换后会发生变化。例如,当纯文本文件被调到 Word 中时,Word 不能对其进行自动排版,无论纯文本文件原来的格式多么整齐,调入 Word 后,文本的左右两边不能同时对齐,如果原文本每行的字数较多,调入 Word 后,可能会被拦腰截断。再如,将 HTML 格式文件转换成 Word 后,有时还会损失一些图像信息。

因此,需要利用图书情报学关于信息组织的方法与技术对网络电子资源按类归并、统一格式、添加检索功能,才能更好地提供给读者使用。

三、电子资源库的采购

电子资源库的采购主要指购买各种商业数据库(包括综合性数据库与专业性数据库),这是数字图书馆信息资源建设中非常快捷的途径。面对如此众多的数据库,数字图书馆工作人员只有多方了解、认真选择,才能充分利用有限的资金购买到能够最大程度满足读者需要的资源库。数据库购买时要注意以下四个方面的问题。

(一)深入了解各种类型的数据库

对电子资源库市场,图书馆采购员必须有一个既宏观,又微观的认识。宏观上要了解资源库的类型、不同资源库之间的关系以及资源库是否适合图书馆自身的长期发展走向;微观上要具体了解某一类型的某一种资源库的历史发展情况、技术支持公司状况、资源库的服务对象、未来发展方向以及服务费用等。要比较不同资源库的发展优势并做好详细备案,要调查各资源库用户的使用情况、了解各资源库制作公司的信誉及售后服务的真实状况等。通过这一系列方式,才能对资源库有整体而详尽的了解,才能准确进行资源库的采购。

(二)正确认识数字图书馆自身的情况

建立在了解数字图书馆资源定位上的资源库选购才可能是成功的,定位主要应考虑以下因素。

1.数字图书馆自身的性质和发展趋势的定位

资源库的采购要结合图书馆的馆情,明确自己的性质和发展导向,即自身的定位是综合性图书馆,还是专业性图书馆,是面向大众、学术社区,还是面向政府。例如,高校图书馆与公共图书馆选择信息资源库的导向就不同:前者主要以学术数据库、专题资料库、研究资源库为主,以面向大众的电子书库如书生之家等为辅;后者则主要以地方文献数据库、特色数据库、财经及科普方面的数据库为主。

2.读者群的定位

读者的评价是一个数字图书馆是否成功的重要指标。数字图书馆要满足读者的需求,就必须订购符合本馆读者群文化层次、兴趣爱好的资源库,还必须从历史角度来研究读者群的变化情况,这样才能真正订购到合适的资源库。如公共图书馆的读者对象往往定位为本地区的社会公众,所以科普性的资源库要多些,而且一般以制作地方特色数据库为主。

(三)合理利用资金

资金问题是决定能否购买、购买多少以及购买什么档次的资源库的重要因素,合理利用所提供的资金,为读者提供力所能及的服务是我们的宗旨。

(四)数据库服务商的选择

电子资源库服务商的质量不一,好的服务商将着眼点放在如何满足图书馆的需求上,而有些服务商只是简单地汇集来自不同数据库生产商的产品,没有做更进一步的精加工,也没有开发将这些数据库进行集成的技术,另外一些服务商的主要目的是销售其软件系统,不太重视资源库本身的质量。因此,服务商的选择对于电子资源库建设的质量非常重要。

选择服务商并不容易,特别是当面对一个大而复杂的项目时,建议的选择步骤为:确定项目的目标和内容;初步确定潜在的多个服务商;公布项目的目标,寻找对项目感兴趣且基本符合项目要求的服务商;制定一套项目操作方法和质量控制手段;列出一系列的服务商名单;撰写一份RFP(建议需求书或招标书),并将之发送给选好的服务商;当服务商准备他们的方案时,和服务商多交流,包括访问他们的网站和面对面交流;评价不同服务商的方案并选出最佳方案;签订协议;与服务商协同工作。

当然,在实际操作中,要综合考虑上述各个实际因素,动员馆员、专家以及读者对资源库的购买提出自己的意见,集思广益。即使已购买了数据库,也要不断听取读者的反馈意见并加以修正,在图书馆与读者之间形成良性互动的机制,这才是数字图书馆健康发展的真正源泉与动力所在。

第二节 数字信息资源的描述和处理

一、数字信息资源描述和处理语言

数字信息资源的描述和处理是数字图书馆的一项核心内容。为此,许多专家和学者在网络信息资源的描述与组织方面做出了很大努力,搜索引擎和主题指南的出现、多种元数据格式、标记语言框架的提出都是这种付出和努力的具体体现。[①]

随着对这些标记语言研究与应用的发展,与它们相关的标准也取得了重大进展,与SGML(标准通用标记语言)相关的最典型的是HyTime(超媒体文档结构语言)和DSSSL(文献样式语义和规格说明语言)。

(一)超媒体文档结构语言(HyTime)

HyTime(Hypermedia/Time based Document Structuring Language)标准是关于超媒体文献标记方面的超媒体语言,它定义了超媒体和多媒体系统,尤其是超链接(Hyperlinks)、对象的定位(Locations of Objects)和文摘表示空间(Abstract Presentation Space)等方面编码的体系结构,并提供了在SGML文献中表示链接的标准方法,而最有用的概念之一就是体系结构格式的标准化。HyTime系统使用SGML作为它们管理数据的基本编码语法,但又不局限于SGML编码数据的管理。它是SGML的应用和扩展,在超媒体文献的数据资源管理方面必将有广阔的应用前景。

(二)文献式样语义和规格说明语言(DSSSL)

DSSSL(Document Style Semantic and Specification Language)的基本目标是为处理与SGML文献标记相关联的信息提供一种标准化的框架和方法,其主要用途是实现SGML文献向其他格式文献(包括SGML文献等)的转换,从而促进文献信息资源的交流与共享,这将极大地拓宽和加速SGML的应用。

二、数字信息资源描述和处理的标准与规范

标准与规范是数字图书馆建设与服务优化的技术保障与管理基础,技术标准着重从技术方面规定与规范数字图书馆实现的技术机制与功能指标要求,管理规范则从改革、组织、人力与资源方面对数字图书馆的实施进行规划。在数字资源建设的早期,图书馆面临的问题是如何把传统载体形式的各种信息资源逐步数字化,为这些资源建立稳定可靠的计算机运作平台,实现方便准确的信息检索。在数字化资源极大丰富、计算机信息技术日益成熟的今天,人们又面临着另外一个重要问题,即如何把由不同人员、在不同时间、用不同技术开发的不同内容和不同形式的数字信息资源整合起来,

---

[①] 李晶. 数字图书馆信息化建设与发展[J]. 河南图书馆学刊,2021,41,(02):130-131+134.

向读者提供最大便利。

  这个问题在我们使用数字资源的各个层面都会遇到,纵观现在开发出来的数字资源,它们中的大部分在独立使用时效果很好,但在整合使用时却不太理想,读者往往要经过许多步骤,才能找到自己所需资料。解决这一问题的主要途径是建立集成化检索系统。而如果数字信息资源在描述与处理中能够遵守一定的标准与协议,将会大大方便集成化信息检索与服务系统的建立。由此可见,为了实现信息资源一体化,我们必须制定与遵守相关的标准和协议,用统一的标准方法屏蔽不同文件系统的不同文件命名原则等。国家科学数字图书馆项目管理中心于2002年4月提出了非常详细的"数字图书馆建设的标准规范体系"。从总体上看,数字信息资源建设涉及的标准规范范围广泛,可分为内容创建、描述、组织、管理、服务、长期保存和项目建设等。

(一)数字内容创建的标准规范

数字内容的创建规范主要包括内容编码、数据格式与内容标识。

1.内容编码

  内容编码是数据内容的计算机编码形式和标记形式,是制约数字信息可使用性和可持续性的最基本条件。数字图书馆通常要求数字资源在编码层次上应遵循基本的编码标准,从而为符合标准的数字资源进行数据交换提供良好的基础。

  (1)基本编码标准

  全球网络一体化趋势使图书馆必然要求拥有一个各馆能共同识别与处理的文字符号系统,该系统应能进行多文种的统一处理和多文种字符的混合交互使用,且编码应统一,以确保图书馆的文献信息与其他领域信息顺利接轨。这个能共同识别与处理的文字符号系统就是ISO/IECI0464《信息技术——通用多八位编码字符集(UCS)》。这一国际标准是在国际化标准组织(ISO)引导下,由国际计算机界、语言文字界的专家经过十年共同攻关的成果,它充分反映出图书馆界在进行信息处理过程中对文字符号的复杂需求。ISO/EC10646的适用范围是:用于世界上各种语言的书面形式以及附加符号的表示、传输、交换、处理、存储、输入及呈现(presenta-tion)。CIK表意文字统一编码区由我国参与完成。我国于1995年11月制定了一个字符集:汉字扩展内码规范(GBK),该规范将ISO/IEC10646的20902个CIK汉字全部收入。ISO/IEC 10646的商品化以及自身的进一步完善发展促进了基本编码标准的推广。

（2）特殊信息编码

特殊信息编码是涉及数学符号和公式、化学符号、矢量信息、地理坐标等的编码，例如化学标记语言（Chemical Markup Language，简称CML）和适用于化学文献的置标语言标准；地理标识语言（Geography Markup Language，简称GML）能够表示地理空间对象的空间数据和非空间属性数据，是XML在地理空间信息领域的应用。利用GML可以存储和发布各种特征的地理信息，并控制地理信息在浏览器中的显示。类似的还有数学置标语言（MML）、可扩展矢量图形文件格式（SVG）等。

2．数据格式

在创建数据时，要为数据选择一个合理的数据格式，不同的描述对象要求有不同的数据格式描述标准。

（1）文本格式

文本数据的保存格式一般采用两种：文本文件或图像文件。文本文件的描述体系最好是采用HTML、XML、TXT等易于移植、易于传递的开放式描述格式，其中XML格式的定义必须是经过验证的XMLDTD或XMLSchema。当然也有大量专门格式存在，如DOC、RTF等Word格式。此外，某些特殊领域有着自己的描述格式，如数学和工程计算领域的TEX/LATEX格式。不过现在各数字图书馆往往采用自己定义的数据格式，如中国期刊网数据库使用的是独有的CAJ文件格式，它必须用专用的CAJ浏览器进行浏览。而超星数字图书馆采用了PDG格式，这也是一种类似图像格式的特殊格式，真实再现性强，但是不可以截取文本，且要用超星浏览器才能打开。纵观其他数字图书馆，几乎都存在这种情况。其根本原因在于各类电子资源开发商都有各自的版权，为了收回制作单位的开发成本及保护版权而不得不采取这样的措施。在HTML作为基本网络语言流行于网络时，资源制作单位无法加入版权信息及控制资源盗用，因此只能采取本地化手段，由此导致浏览器种类不断增加，不方便用户使用。但当XML出现后，这种现状在很大程度上得到改善。如前所述，数字资源是用元数据加以描述的，用HTML只能显示固定资料，而XML则能利用不同Tag做不同处理，从而充分发挥元数据的优势。例如，都柏林核心元数据（DC）的15个元素分别从资源内容、知识产权、外部属性三个方面对信息资源进行了描述,同时以XML作为描述语法,为知识产权问题的解决做出了重大贡献。

但是在目前,重复制作情况较严重,同一个电子资源可能存在多种数字版本,其内容一致,而形式不同,导致人力、物力资源的很大浪费。因此,未来的发展趋势是资源制作部门在解决版权问题的前提下,应将重点转移到资源内容制作水平和质量的提高上来。

(2)图像格式

图像数据可以采用JPEG、TIFF、GIF或PDF格式保存。多数描述体系都要求用TIFF格式,它是一种非失真的压缩格式(最高压缩比为2~3),能保持原有图像的颜色及层次,但占用空间很大。而用于网上浏览的图像数据则可采用JPEG格式,这是一种失真式的图像压缩格式,将图像压缩在很小的存储空间中,压缩比率通常在10∶1~40∶1之间。在图像压缩的过程中,重复数据或不重要的资料会丢失,因此可能导致失真情况的出现。但因为占用空间小,故很适合互联网,以减少图像的传输时间。对于预览的图像数据而言,可采用GIF格式。该格式在压缩过程中,像素资料不会丢失,丢失的是图像色彩,因而它被普遍用来显示简单图形及字体,且正好符合了预览格式的要求。线图图像(Line Drawings)则可采用PCX格式,此文件格式比较简单,因此特别适合索引和线图图像。

(3)视频格式

视频分为视频和视频流(即流媒体),也就是网上下载后观看和在线观看。这些格式有:AVI、MPEG-1、MPEG-2、MPEG-4、DIVX、MOV、Real Video和ASF格式。AVI是Audio Video Interleave的缩写,其兼容性好,调用方便,图像质量高,但容量较大。MPEG是运动图像专家组(Moving Picture Experts Group),现在这个家族已经有了许多成员,如MPEG-1、MPEG-2、MPEG-4、MPEG-7和MPEG-21等。

MPEG-1早已被用于VCD资源的制作,MPEG-2则应用在DVD的制作(压缩)和HDTV(高清晰电视广播)方面,MPEG-4则属于流媒体格式,可供网上观看。DIVX视频编码技术则具有同DVD差不多的视频质量,适于保存。MOV是Apple(苹果)公司创立的一种视频格式,它无论是在本地播放,还是作为视频流格式在网上传播,都不失为一种优良的视频编码格式。Real Video(RA、RAM、RM)格式是视频流技术的始创者,它的特点是能够在同样的播放比特率下提供更小的文件,因此适合在窄带上传输。微软将高级流媒体(Advanced Stream Format,简称ASF)定义为同步媒体的统一容器文件格式,其最大优点就是体积小,因此适合网络传输。

(4)音频格式

音频格式比较复杂,有十多种适合数字图书馆使用的有:WMA,提高了高压缩率,可以流畅地在仅仅20KBitrate的流量下提供可听的音质利于在线收听;MP3(MPEG layer),它是流行最广的音频格式,所有的播放器均支持,加上Lame,配合VBR(动态比特率)和ABR(平均比特率)编码出来的音乐音质、音色纯厚、空间宽广、低音清晰、细节表现良好,音质几乎可以与CD音频相媲美,且文件体积非常小;MP3PRO是基于传统MP3编码技术的一种改良,MP3PRO在较高比特率下(250kbps左右)超过了MP3,音质更优秀,适合保存高、真音质文件,而且体积不大,但其无法编码48khz采样率的乐曲,所以选用时务必慎重,而且此格式无法保存纯语音(因为纯语音往往仅有16kbps);WAV则是未经压缩的格式,用于保存高音质文件最为理想。

(5)矢量图形格式

矢量图形文件是在计算机上借助数学方法生成、处理和显示的图形,是计算机图形存储的两种方式之一。它可反映物体的局部特性,是真实物体的模型化。现在一般使用可升级矢量图形(scalable vector graphics,简称SVG),这是一种使用XML来描述二维图像的语言。它建立于纯文字格式的XML之上,直接继承了XML的特性,可简化异质系统间的信息交流,方便数据库的存取,而且还能直接利用浏览器已有的技术,如CSS、DOM等。更重要的是,它由W3C制定,具有标准上的权威性。矢量可标记语言(Vector Markup Language,简称VML)则是一个基于XML交换、编辑和传送的格式,由Microsoft公司为矢量图形在网上的发展而推出。这两个格式具有各自的优势,SVG是W3C制定的网络标准,不受单一的公司控制,具有稳定性、标准性,而VML则受益于Microsoft公司的大力推广,技术上有不少可取之处。

3. 内容标识

内容标识方面的标准与规范主要涉及数字对象唯一标识符,这些数字对象可能是单个文件,如数字图像(扫描或原生的),也可能是集合体的,如由多个文本、图像、音频、视频等数据对象组成的多媒体数据集合等。一般情况下,描述体系没有规定具体的标识符结构,只是对数字对象标识的原则予以规定。也就是说,数字对象命名所采用的命名体系规则应是公开和明确界定的,命名体系应遵从IEFT/URL体系,尽量采取标准或通用的标识符命名体系。作为数字资源集合,则需要考虑多个唯一标识符系统的互操作。

(二)关于数字对象描述(元数据)的标准规范

元数据作为描述数字对象的数据,是所有数字对象信息资源建设项目的重要基础和数字图书馆建设的关键,它决定了不同格式、不同性质的信息资源能否实现世界范围的共享。

由于数字图书馆中的资源类型多种多样,单一元数据标准不能满足描述各种数字资源的需要,从而出现适用于不同资源或适用于不同组织的元数据标准。最为典型的是美国,其各个领域都存在各自的元数据格式,例如TEI、GILS、FGDC/CS-DGM、EAD、VRA、IEEELOM等。在实际应用中,还需要除描述性元数据以外的元数据类型,它们是结构性元数据国和管理型元数据。这样就需要规定描述数字对象的原则和基本方法,或者在具体范围内实际应用的元数据。

(三)数字资源组织描述的标准规范

前面主要讲的是单个数字对象的元数据描述。但数据对象可能按照一定的主题、资源类型、用户范围、生成过程、使用管理范围等因素被组织在一起,形成实际使用的资源集合,因而,对这些资源集合进行描述是很有必要的。数字资源的组织描述有一定层次。

第一层可对资源集合本身进行描述,形成一个关于资源集合的元数据记录。

第二层对资源集合的组织机制进行描述,组织机制形式多样,或是简单的类别组合,或是复杂的知识组织系统,如分类法、主题词表、站点地图等,这个层次的描述也是元数据,有利于资源集合的检索和集成。

第三层可对资源集合的管理机制进行描述,例如对资源选择标准、资源使用政策、知识产权管理政策、隐私保护政策、资源长期保存政策等及其实施机制的描述,这些描述对用户发现、选择和利用相应的资源集合是很有利的。

第四层可以对资源组织建设的过程、原则、方法及相应的标准规范进行描述,形成资源建设规范,指导资源建设。

目前规范化工作较为成熟的是资源集合本身的描述,建立规范的资源集合描述元数据是大型资源建设体系的一个基本要求。例如，美国国家科学数字图书馆(NSDL)规定，任何一个参加NSDL的资源项目应采用DC来描述自己的集合，并将该DC记录提交NSDL的元数据库供公共检索。关于资源集合的组织机制和管理机制的规范描述是一个新的领域，正在借鉴W3C、电子商务和其他领域的经验，开始考虑和实验相应的标准。关于资源组织过程的指导性规范已经得到越来越多数字图书馆建设项目的重视，而且逐步扩大到资源建设的整个生命周期，包括资源选择、描述、组织、服务、知识产权保护、资源长期保护等技术、政策、流程和管理问题。

(四)数字资源系统服务的标准规范

任何数字资源的价值都体现为它对用户的服务。随着网络化的发展，信息服务已经不再局限本地服务，但它的技术因素和管理机制成为制约其实际开展和被有效利用的关键因素之一。人们开始利用标准规范来约束数字资源系统的服务机制，以保障系统服务在网络空间的可使用性和系统之间的互操作性。数据信息系统服务的规范有很多，大致分为五个层次。

1.接入条件规范

用户接入条件的规范属于计算机信息网络服务的范围，例如资源要求都应支持HTTP协议和HTML语言在通用浏览器存储等。

2.数据传输条件规范

数据传输条件规范主要涉及所传输的数据内容是否能用标准语言和格式封装，封装后的数据文件是否通过标准网络协议传输，所传输的数据文件是否能被通用浏览器解读。文本数据内容一般采取HTML、XHTML、XML方式封装，对于其他的格式数据，可以采用TIFF、JPEG、MPEG、WAV等，封装后的文件采用HTTP或FTP等标准协议传递。实际上，图书馆界也在开发基于XML和HTTP协议的元数据交换机制，例如美国国会图书馆的元数据编码和传输标准(Metadata Encoding & Trasmission Standard，简称METS)模型是对一所数字图书馆里的描述性、管理性和结构性元数据进行编码的标准，采用XML标准，并被包含在国会图书馆的网络发展和MARC标准中。

3.数据检索条件规范

检索对于数字图书馆的服务效果至关重要，现在一般使用搜索引擎作为检索工具，也就是基于HTTP/HTML的检索机制，但是这种检索机制在支持异构系统的丰富检索功能和分布系统的集成检索方面受到较大制约，因此,分布式检索机制和异构系统检索机制是检索的主流。为了解决分布式检索的问题,图书馆大多采用了Z39.50标准,Z39.50是关于信息检索的ANSINISO标准,是基于ISO的OSI参考模型的应用层协议。

4.数据应用条件的标准规范

数据应用条件的标准规范解决的是用户检索结果的使用问题。标准数据格式在一定程度上可以解决这个问题,但许多数据内容(如GIS数据、计算数据、统计数据、虚拟现实数据等),由于其内在的结构问题,需要一定的软件支持,如一些浏览器插件等,即表现在用户打开检索结果时需要下载特定的插件,给使用带来了很大的不便。研究人员正在研究支持通用用户系统的通用浏览器,其原理包括建立共享插件登记系统和在元数据中描述所需系统软件及其链接信息,用户可以靠升级个人浏览器,按链接信息下载相关插件来支持不同数据内容的读取,但现在还没有一个成熟的解决方案。W3C等机构正探索用XML开放标记语言来描述这些复杂的数据内容,例如可扩展矢量图形文件格式(SVG)、同步多媒体集成语言(SMIL)、语音合成标记语言(SSML)和虚拟现实标记语言(VRML)等,通过这些技术,用户可以实现对复杂数据内容的处理,实现检索条件的多样化和检索结果的多层次性。

5.分布式数字对象机制的标准规范

分布式管理意味着全球数字图书馆遵循统一的访问协议之后,数字图书馆可以实现"联邦检索",全球数字图书馆将像现在连接各网站一样,把全球的数字化资源链接成为一个巨大的图书馆。分布式管理之所以是数字图书馆的基本要素,在于它强调标准协议的重要性,只有全球共同遵循TCP/IP协议,才有互联网的今天,数字图书馆技术还没有这样一个公认的标准协议,因此技术标准的选择和参与制定对每一个数字图书馆先驱者来说都是至关重要的。标准规范的制定正走向网络服务方式,利用XML对数字信息系统进行规范描述,利用登记系统实现这些描述信息的公共登记和开放搜寻,通过开放协议支持基于规范描述的信息系统调用、配置和利用。正在建立的这方面的标准规范包括网络服务定义语言(WSDL),网络服务流语言(WSFL),统一描述、发现和集成协议(UDDI)等。"开放数字图书馆"的概念已经深入人心,许多图书馆都可以通过网络服务机制屏蔽分布式图书馆之间的区别,方便地实现不同图书馆之间信息的互通,保障资源的共享。

(五)关于数字资源长期保护的标准规范

国际上已经有了一些成型的数字资源长期保存规范,例如开放档案信息系统参考模型(OAIS),它是由美国国家宇航局(NASA)的空间数据系统咨询委员会(Consultative Comittee for Space Data Systems,简称CCSDS)推出的一个项目,OAIS参考模型是致力于长期保护和维护数字信息可存取档案系统的一个基本概念框架,受到了对长期数字信息保护有兴趣的不同机构团体的欢迎。图书馆界许多项目,如CEDARS、PANDORA和NEDLIB项目,已经在数字保护方面采纳了OAIS模型。OAIS参考模型目前是国际标准化组织(ISO)的一个标准草案,并期望在将来成为发展完善的标准。按照目前的发展趋势,OAIS在迎接数字信息的保护挑战中扮演重要的角色是完全可能的。

综上所述,经过多方努力,国内外已经形成了许多关于数字图书馆建设与服务的标准与规范,但已出现的标准尚需完善,某些领域还急盼标准出台。

第三节 元数据与资源描述框架

一、元数据

(一)元数据的定义

元数据指英文的Metadata,即Data about data,迄今为止,元数据像图书馆其他元概念一样,没有一个权威的定义,在这里仅列举几种。

ISO15489中对元数据的定义:元数据是描述文件的背景、内容、结构及其整个管理过程的数据。

国际档案理事会《电子文件管理指南(1997)》中指出:"元数据是关于文件的背景信息和结构的数据。"[1]

澳大利亚《联邦机构电子文件管理元数据标准(1999)》对元数据的定义为:"元数据是关于电子文件背景信息的著录信息。"

英国国家档案馆《电子文件管理指南(1999)》中所给出的定义:"元数据

---

[1] 陈翔.数字图书馆信息资源存贮和管理研究[J].卷宗,2021,(02):202.

是单份电子文件和文件组合的背景及其相互关系的结构化著录数据。"

从以上各种表述可以看出,各种定义对元数据的外延界定有宽有窄,人们通常认为,元数据是"关于数据的数据"或"关于数据的结构化数据",也就是说,元数据是描述数据的数据。目前,图书馆界主要从两个角度来定义元数据:一个角度是强调其结构化,即元数据是提供关于信息资源或数据的一种结构化数据,是对信息资源的结构化描述;另一个角度是突出其功能,即在于描述信息资源或数据本身的特征和属性,从而有利于数据之间的交流和共享。

元数据是一个三层结构体,它包括语义、句法和内容标准。语义定义了元素的含义,如果两个元数据集当中对应的两个元素含义相同,就可以形成映射,所以明确的语义定义是实现不同元数据互换的基础;句法是指句子的结构方式以及支配句子结构的规则,其实就是元数据的语法表示格式;内容标准包括数据元素的格式标准和值标准,就是元数据格式的标准化问题,如日期标准化、分类采取什么样的标准等问题。通过这三层结构的设计模式,保证了不同元数据格式之间的交流和理解,使得构建在此基础上的信息资源数据实现了资源的有效整合,进而才能实现资源的共享,有利于检索及提高信息检索的查准率和查全率。

1. 按功能分

(1)描述性元数据

用于揭示和描述一个对象,例如 MARC 和都柏林核心数据集就属于这类元数据。它有助于帮助用户在搜索信息的过程中发现信息并确定其存放位置,然后再确定是不是自身所需信息。

(2)结构性元数据

将资源的各个部分连接起来成为一个整体信息,用于程序里可产生一个资源的显示界面。如它可以将统计信息以图形的方式显示出来,还可以支持在资源内部各个部分间浏览的信息,例如翻动书页,跳到某一页或者某一章,在图像和文本间切换等。

(3)管理性元数据

描述数字对象的管理信息,如制作日期、资料格式、版权信息等。

2. 按资源类型分

第一,通用描述元数据:可以一般化地描述所有数据资料,如 MARC、

DC、GILS等。

第二,文字档案元数据:用于描述文字档案资料,如TEI。

第三,数据资料元数据:这类元数据擅长描述数据资料。

第四,音乐元数据:标准音乐描述语言(SMDL)。

第五,图像与物件元数据:如艺术品描述类目(CDWA)、博物馆信息计算机交换标准框架(CIMI)、视觉资料核心类目(VRA Core Categories)、博物馆教育站点通行证数据字典(MESL Data Dictionary)。

第六,地理资料元数据:数字化地理元数据。

第七,档案保存元数据:EAD档案编码描述格式、获取电子收藏的Z39.50文档。

3. 按结构化和复杂程度分

第一,未结构化元数据:未使用标准建立的索引,如搜索引擎根据网页HTML的标题中的标签建立的索引。

第二,相当结构化,但不复杂的元数据:可提供足够的资源描述信息。

第三,相当结构化且复杂的元数据:提供详细的资源描述信息,如MARC、EAD、CIMI等。

二、都柏林核心元数据

都柏林核心元数据,全称为都柏林核心元数据集(Dublin Core Metadata Set),简称DC,是当前世界上使用最广泛的元数据方案。目前,DC已被翻译成20多种语言,研究及采纳DC的各种项目已遍及美洲、欧洲、大洋洲、亚洲等地,DC的官方网站上有都柏林元数据的发展历程、最新进展、都柏林核心元数据创始计划(Dublin Core Metadata Initiative,简称DCMI)的介绍以及关于DC的各种会议通知等。1998年9月,互联网工程特别任务小组(IETF)正式接受了DC这一网络信息资源的描述方式,将其作为一个正式标准予以发布,即RFC2413。2003年4月8日,DC被批准为国际标准ISO15836。

(一) DC发展概况

都柏林核心元数据产生于1995年3月,但在1994年第二届Warwick(英国)会议中,OCLC(联机计算机图书馆中心)就提出需要一套共同协定的语法来描述并协助获取网络资源,所以DC的制定也是图书馆界工作者大力呼吁的结果。1995年3月,在美国俄亥俄州的都柏林召开了第一届DC研讨会,由 OCLC 和 NCSA(美国超级计算应用中心)主持,共有来自 52 个不同领域的专家学者参与,包括图书馆员、学者、网络标准制定者、Z39.50 专家、SGML 专家等,共同讨论网络电子资源的标注应该包含哪些项目,此次会议的最终结果是产生了一个包含 13 个元素的 DC 元素集。此后,都柏林核心元数据的深入应用又促使了多次会议的召开,迄今为止,已达 12 届。在 1996 年 9 月的第三次研讨会上,DC 元数据将处理对象进一步扩充到图像资源,并且为了能对图像资源进行充分著录,新增了两个著录项,同时更改了部分著录项的名称,总共产生了 15 个著录项。1997 年 10 月在芬兰赫尔辛基举行的第五次系列研讨会上,又进一步明确了 DC 元数据格式的主要功能应侧重信息资源的著录或描述,而不是信息资源的评介。所以将 15 个元素依据其所描述内容的类别和范围分为三组:对资源内容的描述、对知识产权的描述和对外部属性的描述。至此,DC 的整个结构终于基本成型。

(二)DC 的 15 个核心元素

1996 年,在都柏林召开的 DC-3 会议上,最终制定了 DC 元数据的 15 个核心元素。这 15 个核心元素就如同书目记录中的标记信息,但又比 MARC 更简练、更易于理解和扩展。这些优点使 DC 很容易与其他元数据形式进行交换,这也是它能成为标准的原因之一。当然,这 15 个元素是可选择、可重复和可扩展的。在 DC-5 会议上所做的报告中,将这 15 个元素依据其所描述内容的类别和范围分为三组。

资源内容描述类元素:题名、主题、描述、来源、语言、关联、覆盖范围。

知识产权描述类元素:创作者、出版社、其他参与者、权限管理。

外部属性描述类元素:日期、类型、格式、标识。

(三)DC 的限定词

在实际应用中,DC 元数据集中 15 个基本元素的描述能力有限,因而必须加以限定和进行若干子元素的规范描述。为了保证具有较好的操作性,在进行限定子元素规范的时候不能改变元素本身的定义,不能重新对基本元素做出解释,而只能根据自己团体和行业的需要对 DC 元素进行限定和规范。

在第四次 DC 元数据研讨会即 DC-4 上,确定了 DC 限定词(堪培拉限定词),包括如下三种:模式体系(schema)、语种描述(language)和属性类型(type)。

随着对DC核心元数据集的不断探索,人们对限定词的理解也越来越清晰,并依限定的情况将限定词的类型分成两种:一种是元素精确定义型限定词。此类限定词用于使一个元素的意义变得更明确或更具体。加了限定词后,元素的意义并没有改变,只是更加具体了。值得注意的是,当一个用于解析元数据的解析器无法解析特定的元素限定词时,就可以忽略该限定词,并且正确解析出元数据的原意。另一种是编码模式限定词,这些限定词从制定标准的角度对DC非限定词的值进行限定,也就是说,这些值必须从限定词给出的标准中选择,这些标准包括控制词典、标准符号或解析规则等。

(四)DC的功能

元数据可真正起到网络著录的功能,使资源的管理维护者及使用者可通过元数据了解并辨别资源,进而利用和管理资源,为由形式管理转向内容管理奠定了基础。

1.描述功能

对信息对象的内容和位置进行描述是都柏林核心元数据最基本的功能,它为信息对象的存取和利用奠定了必要的基础。

2.识别功能

DC中有许多用于识别被检索的特定信息资源和区别相似信息资源的元素,如日期、类型、格式和识别符,日期提供能识别版本的信息,格式则提供资源的媒体形式或尺寸,对于资源解释很有意义。

3.资源定位

网络资源是没有实体存在的,标识元素就准确地指明了资源的位置,标识元素包括统一资源标识符、数字对象标识符和国际标准书号,由此可以确定资源在网络上的位置所在,促进了网络环境中数字对象的发现和检索,超越了时间和空间的限制。

4.资源检索

DC的设计目的就是为了方便网络上所有资源的检索,其15个元素的制定就是为了成为用户查找资源的检索点,为搜索引擎的网络机器人提供了识别资源的线索。DC扩展了META标签的描述能力,搜索引擎可以对资源进行更加深入的了解,一是提高了用户查找的准确率;二是扩展了检索点,搜索引擎可以提供更多的检索入口。以百度为例,它提供了新闻、网页、贴吧、MP3、图片、网站六个检索入口,用户可以根据检索词所属范围进行检索,而且每个检索入口下有更详细的分类,如"图片"入口又分"图片""新闻图片""彩信图片",这样逐级将用户的检索范围缩小,对于提高检索效率是极为有利的。

5.资源替代

由于DC对资源对象的详尽描述,特别是"描述"元素对资源所做的简明扼要的介绍对原文有一定的替代作用,可以满足一部分并不需要获取原资料,仅搜集相关情报用户的需要,用户可以根据这些情报对资源进行相关的选择。

6.资源评价

DC提供了资源对象的名称、内容、年代、格式、制作者等基本信息,用户不必浏览资源本身,就能够对资源对象有个基本的了解和认识,参考有关标准,即可对其价值进行必要的评估作为存取和利用的参考。

总之,都柏林核心元数据集以其精练的元素描述和不断扩展的能力得到业界的认可,并逐渐成为标准。展望未来DC的发展,DC要面对的是如何更加准确地描述资源,如何与搜索引擎结合,DC要得到发展,必须得到更多行业的认可,从而获得一个广阔的发展空间,同时也要不断吸收其他元数据的长处,不断改进。

(五)DC与MARC元数据之间的映射

目前,随着DC数据元素的描述细节日渐完善,一个DC元素可能对应几个MARC字段,如"合作者或其他创作者"元素可能包含人名、机构名或会议名,有些DC元素在现行的MARC格式中可能找不到对应字段,也就是说,在某些方面,DC已经超越了MARC,但这一切并不能改变这样一个事实:在DC中,许多有用的信息都能相应地在MARC中找到描述的方式。DC与不同的MARC在类目(字段)的定义和设置上不同,但它们在主要内容上比较一致,可以相互转换,有学者总结了不含限定词的DC与MARC21对照的基本情况。

三、资源描述框架(RDF)

数字图书馆中可以利用的元数据种类与格式很多,解决不同元数据互操作问题的一个有效方法就是建立一个标准的资源描述框架。资源描述框架(Resource Description Framework,简称RDF)是XML的一项最重要的应用,对于数字图书馆的开发具有重大意义。RDF使数字图书馆具有更佳的搜索引擎功能,在数字图书馆的网络导航中将发挥巨大作用;RDF可以描述内容与内容之间的关系,可针对数字图书馆进行描述,易于实现知识的共享与交换;RDF还可以使内容按儿童不宜与隐私保护等分级,可将逻辑形式独立概念的文档描述为互联网页面集,并可说明网页的知识产权。这些功能极大地方便了数字图书馆的管理、维护和使用,特别是对网上知识产权的保护起到了积极作用。

要把RDF的原理阐述清楚,首先必须着眼于元数据、DC、RDF以及XML之间不可分割的关系。数字图书馆信息资源组织的核心内容就是充分利用这些工具,组织各种数字资源,从而更好地服务大众。

(一)定义

RDF是一个使用XML语法来表示的简单元数据方案,用它来描述网络资源的特性及资源与资源之间的关系。RDF的主要目的是为元数据在网络上的各种应用提供一个基础结构,使应用程序之间能够在网络上交换元数据,以促进网络资源的自动化处理。

(二)组织结构

RDF的组织结构有多种说法,三元组结构是对其最科学的描述。还有一种说法是:资源(resource)、属性(properties)、属性值(properties values),实际上,这两种说法是一致的。

(三)特点

1.易于控制

RDF使用简单易懂的资源、属性、属性值三元组模式,易于控制。如果用来描述元数据格式的语法太复杂,必将大大降低元数据的使用率,从而最终无法得到元数据描述规范的认可。

2.扩展性、开放性

在使用RDF描述资源的时候,词汇集和资源描述是分开的,所以很容易扩展。RDF允许任何人定义自己的词汇集,可以无缝使用多种词汇集来描述资源,从而适应不同形式资源描述的需要,通用性很强。RDF开放性的一个最重要表现是它可根据用户自身所需,在遵循RDF模式规范内,就可以任意选择元数据集和自行定义扩展集。

3.易于数据共享

RDF使用XML语法,可以便捷地在网络上实现数据交换。另外,资源描述框架定义了描述词汇集的方法,可以在不同词汇集间通过确定元数据命名空间来实现含义理解层次上的数据交换,从而达到数据共享。

4.易于实现资源的多层次描述

在RDF中,资源的属性是资源,属性值可以是资源,关于资源的陈述也可以是资源,都可以用RDF来描述。这就如同计算机科学里所倡导的面向对象的程序设计方法有总类和子类,子类也可以有子类,而且各类有各自的属性,从而可以很容易地将多个描述综合,以达到认识、拓展知识的目的。

四、元数据、XML、RDF的关系

各类资源之间固有的差异性使各类元数据标准彼此间不能兼容,符合某种标准规范的元数据不能被其他规范接受,这就给元数据的发展带来了不利的影响。为此,W3C提出了XML,它提供了与供应商无关的、可由用户扩展的、可进行有效性检验的标记语言体系,即提出描述网络资源的语法规范。为了使各类标准的元数据能实现共存共用,W3C紧接着又发布了一种基于XML语法的元数据规范RDF,目的是为元数据在网络上的各种应用提供一个基础框架,使应用程序之间能够通过网络实现数据的交换和处理。如果把XML看成一种标准化的元数据语法规范,那么RDF就可以看成一种标准化的元数据语义描述规范。由此可见,XML定义了RDF的表示语法,其作为RDF的承载体,方便了RDF数据的交换;同时,RDF仅仅定义了用于描述资源的框架,并没有定义用哪些元数据来描述资源,而是允许任何人定义元数据用于描述资源。由于资源的属性不止一种,例如描述一本书时,往往需要描述作者、书名、出版日期等信息,一般定义为一个元数据集。在这之中要用到的大部分资源在RDF中被称作词汇集(vocabulary),它也是一种资源,可以用资源定位符来进行唯一标识。因此,在用RDF描述资源的时候,就可以使用各种不同的词汇集,只需用统一资源标识符指明即可。不同词汇集的使用范围不同,有的词汇集仅被定义它的人使用,有的词汇集比较科学和通俗易懂从而为许多人所接受。而以类似图书馆卡片目录的方式来定义资源的词汇集——都柏林核心词汇集,则因为其很强的科学性而逐渐被大多数资源描述工具所使用,因此RDF一般使用都柏林核心词汇集来描述资源。

第六章 数字图书馆特色资源建设

第一节 特色资源的概念

对于数字图书馆而言,数字资源始终是其生存和发展的根基,努力建设好数字图书馆特色资源已经成为各图书馆的共识。为了更好地推进数字图书馆特色资源建设,首要的便是了解数字图书馆特色资源的基本内容,掌握数字图书馆特色资源的基础知识。因此,本章将在介绍数字特色资源概念的同时,主要阐述数字特色资源的长期保持与利用、数字特色资源的建设原则、方法与内容等。①

一、图书馆特色资源

(一)图书馆资源

在人类历史文明发展中,图书馆有着悠久的历史。作为收集、整理和传播知识信息的场所,它是人类历史和文化所创造的精华记载的标志。人们通常认为,图书馆是搜集、整理、收藏图书资料以供人阅读、参考的机构。长期以来,图书馆以丰富的图书、期刊等文献资料吸引读者,被广大读者称为知识的宝库。图书馆一直以巨大藏书量而著称,在它的发展史上,图书长期占据着绝对主体的地位;随着知识的急剧增长和出版业的发展,期刊、报纸等各种文献资料逐渐兴盛起来,日渐成为重要的文献信息形式;随着现代图书馆的发展,科学技术带来的协作与共享使图书馆的电子和网络信息变得日益重要。尽管图书馆馆藏的内容发生了变化,但它们都是图书馆资源的有机组成。除此之外,图书馆的工作人员、各种设备、建筑结构、服务风格、管理方式等与图书馆有关的一切都属于广义的图书馆资源。

---

①张睿丽. 数字图书馆资源管理与建设[M]. 长春:吉林人民出版社,2019.

(二)图书馆特色资源

从一般意义上,"特色"是事物所表现出来的独特的、优秀的个性风貌,也就是指一定范围内该事物与众不同的独特风格,它是由事物赖以产生和发展的特定的具体的环境因素所决定的,是其所属事物独有的。同时,需要注意的是,特色不是永恒不变的,而是一个不断发展,富有动态变化内容的与时俱进的概念。现在的特色以后也许就不再成为特色。

特色资源,通常是指那些与普通资源相区别的特殊的资源,它有其与众不同的特点,是图书馆资源这一整体之中有特色的那一部分。因此,特色资源是图书馆资源的有机组成部分。

图书馆特色资源是一个内容丰富的概念。从宏观的角度来理解,图书馆资源中有特色的内容都可能成为特色资源,主要包含以下几方面的内容。

1.信息特色资源

随着科学技术的发展,信息化代表着现代图书馆的发展方向,信息资源在图书馆资源中占有越来越重要的地位。图书馆特色资源也日渐信息化,以崭新的面貌呈现在读者面前。信息特色资源既包括实体资源,也包括非实体资源,是图书馆特色资源建设的主体。当前通常意义上讨论的数字图书馆特色资源建设,也以信息特色资源为主体。

2.服务特色资源

服务特色资源是一种图书馆非实物资源,它无处不在,在细节上体现着图书馆的风格和特色。各个图书馆推行特色服务是现代图书馆特色化趋势的重要表现。服务特色资源体现了一个图书馆在服务方面的特色,是图书馆特色资源的有机组成部分。

3.环境特色资源

主要指图书馆建筑本身的特色。从内容与特征的角度,可以将图书馆特色资源概括为图书馆针对其用户的需求,以某一学科、专题、人物,某一历史时期、地域特点等为研究对象,依托该馆已有的馆藏信息资源,对更多文献信息资源进行收集(搜集)整理、存储、分析、评价,并按照一定的标准和规范进行组织、管理,使其成为该馆独有或他馆少有的资源。它是该馆区别于他馆,且具有该馆独特风格的信息资源。

二、特色资源本质含义

文献信息资源在国际化和标准化之外,资源特色化和个性化是图书馆追求的重要目标,是自建特色文献数据库的重要基础。资源的特色化和个性化具体表现为:显著区别于其他馆藏的、具有独特风格与形式、个性化体裁与别具主题内容的文献资源。既凸显厚重的人文底蕴,又张扬独特的个性魅力;既承载着深邃的文化积淀,又蕴含着时空的未来价值。独特性、延续性与价值性是特色资源的本质含义。

主题独特性——体现国家、地方区域和学校的特色,包括学科特色和馆藏特色,当然也包括断代资源的主题特色。

时间延续性——应具备一定年限的收藏时间和文献积累,自收藏之日起没有间断,资料收藏较为系统、相对完整,具有时间的延续性。资源优势相对明显,具有一定的影响力。

内容价值性——具有较高的研究价值与应用价值,或至少具备其中一个方面的价值。随着时间的延伸,其价值越高。

(一)特色资源的范畴

特色资源在独特性和延续性的本质特征框架内,展现的内容可丰富多彩,表现的形式可活跃多姿,呈现的类型可活泼多元。

1.内容宽泛,主题多元

特色资源内容的范畴较为宽泛,从传统的典籍文献到当下的师生论著;从学校各学科的考题到历届硕博学位论文;从手稿、抄本到地图、照片;从缩微制品到专题数据库以及家谱、族谱、WTO文献等,应有尽有。如北京大学的"西文东方文学库"、杭州西泠印社的"篆刻印章数据库"、河北大学与北京时代文化传播公司的"宋辽夏金元史数据库"、香港科技大学的"西洋中国古地图的收藏"等堪称影响中外的特色资源,弥足珍贵。

2.掘旧采新,创造未来

美籍华人赵小兰女士说:"未来毕竟仍由人类来打造。人类的想象力和创造力是社会的基石。尽管科技的进步具有划时代的意义,我们还需牢记我们社会的价值观和生活和谐的重要性。"图书馆既筑就于文化遗产之上,又创造未来,不仅要善于挖掘典籍文献资源,而且要面向未来不拘一格地打造新资源,即要有强烈的"瞻前顾后"意识。在这方面,境外的一些图书馆已走在了前面。2009年9月,大英图书馆馆长Lynner Brindley女士在北京对媒体说:"我们和微软合作,计划在一个月内,向全球所有希望保存他们的电子邮件,或者觉得他们的电子邮件有保存价值的人征集100万封收藏保存。我们将这些邮件按照标题分门别类,系统化地保存在数字资源库中。希望把这些资源作为模板,让后人了解到在这样一个时期里,人们是怎样写邮件的,写的内容是什么。"大英图书馆遴选特色资源,采用"道眼"式的大观视角打造未来资源特色。这是一项创造未来的工作,视角指向宽广、意义深远。

由此我们得到启示,建设特色资源要富有创新意识和前瞻视野,既要"推陈"也要"出新",既要"掘旧"也要"采新",既要弘扬传统、萃取精华、服务当代,也要放眼未来、开拓个性化资源、占领创造未来资源特色的制高点。

第二节 数字特色资源的保存与利用

图书馆数字特色资源的长期保存与管理问题是伴随着网络化发展出现的新事物。由于数字技术的飞速发展以及Internet的普及,数字特色资源增长迅速,图书馆数字特色馆藏急剧增加。与数字资源的生产能力相比,数字资源的保存技术和能力却远远落后,随之而来的数字资源保存管理与数字资源的使用问题也日益突出。图书馆是各类知识、信息的集合地,在当今信息数字化、服务网络化的环境下,研究图书馆数字特色资源长期保存与管理是十分重要的。[1]

一、数字特色资源的保存

(一)数字特色资源长期保存的原则

1.针对性原则

在图书馆资源中,并不是所有的资源都需要长期保存,数字特色资源的保存要以满足用户需求为宗旨,并进行针对性的长期保存工作。这就涉及了资源的选择问题,要发挥自身优势,结合图书馆的馆藏特色、学校的学科特色以及所处的地域特色进行考虑,同时还要立足现有和潜在的用户需求,面向教学和科学研究的实际需要,充分考虑其实用价值和需求程度。

---

[1] 林团娇. 数字图书馆资源建设研究[M]. 延吉:延边大学出版社,2019.

2.科学性原则

科学性原则是指对数字特色资源进行长期保存时要遵循科学合理性，在科学的规划布置和指导下开展，不能盲目。在实际操作前要对本馆数字特色资源保存的必要性和可行性进行充分的科学论证，不能随意拼凑。

3.可用性原则

数字特色资源的长效利用是长期保存的主要目的。保证数字特色资源的可用性，要清楚数据和软件之间的关系，并根据数据和软件之间的关系选择合适的解决方案。不同种类的数字特色资源保存和利用的方式不同，应当根据资源的种类和类型制定合理的保存策略，保证资源的正常使用。

4.可靠性原则

不论采取何种保存和使用方法，首先都必须保证所保存资源的安全可靠性，确保保存资源的真实性。

5.经济性原则

经济性原则表现在以下两个方面：一是遵循针对性和适度性原则，在经济条件有限的情况下，通过最优化理论与方法，进行较小的经济投入来实现功能倍增；二是指经过整合后的特色性数字资源，要扩大使用范围，提高服务质量，以多样化的服务手段来产生最大的经济效益。

（二）数字特色资源长期保存的技术策略

数字特色资源的长期保存包括多方面的含义，基于不同的理解、不同的需求以及不同的关注层面，产生了各种技术和解决方案。这些技术实际上代表了数字特色资源保存的不同策略，表达了人们对不同技术特点研究基础之上的、实践中的取舍。

1.数据迁移技术

保持数字对象的长期可用性是数字保存的重要内容。迁移是广泛使用的一种数字资源长期保存策略之一，它根据软硬件的发展将数字资源迁移到不同的软硬件环境之下，保证数字资源的可识别性、使用性与检索性。迁移可分为硬件迁移、软件迁移、载体迁移、格式迁移、版本迁移、访问点迁移等等。然而，传统的迁移方式存在一些问题，从而产生不同程度的失真，如果某一步骤存在错误、遗漏或其他情况，就会影响以后的迁移，或导致部分失真。与传统迁移技术相比，按需迁移则可以解释或读取特定文件格式的编码，并只执行一次。该方法还无法准确地保持和提供可信赖的还原机制，同时,需要产生相应的迁移工具,也会造成相关费用的提高。

2. 环境封装技术

环境封装是在对数字资源进行包装的过程中,将该数字资源所需的运行环境,如动态链接库、运行环境等一起打包,从而能够在其他环境下运行该程序包,如在JAVA程序中加入J2SDK,保证在新的环境下的JAVA环境要求。环境封装包括在XML中包含原始文件、在描述文件中包含指向软件的链接、包含软件本身三种情况。封装由于刷新元数据存在困难,而且其使用的软件在使用时也无法保证能够获得,因此实际上这种策略还停留在讨论阶段。

3. 数据仿真技术

仿真其实是生成一套软件,用于模拟保存、访问数据的硬件或软件,有时只是模拟硬件或软件的一部分功能,预期重现数字对象的原始操作环境,其优势在于与操作平新技术方法,是一种新的用于还原数字对象的方法,它并不依赖现有的平台和格式。一个虚拟计算机可以用于详细说明今天的操作过程,这些过程可能在将来的某台未知机器上运行。这种方法唯一需要的就是UVC仿真器。在保存实践中,首先要编写一个基于UVC的格式解码程序,用于被保存内容格式的解码和呈现,该解码程序运行在仿真的UVC平台上,把保存内容转换成逻辑视图(LDV),LDV是数字对象的结构化描述,通常按照一个特定的构建,如果未来有人想要浏览被保存的内容,就可以编写一个UVC仿真器,然后运行解码程序生成LDV。同时,根据保存的LDS再开发一个浏览器,这样就实现了对重点内容的保存。

4. 开放描述技术

开放描述是指信息系统通过计算机可识别的开放语言和规范方式来描述自己系统各个层次的内容。尤其是自己的数据格式、组织体系和管理机制、所形成的描述文件及其定义语言置于本系统公知位置,或递交公共登记系统,第三方系统能识别、理解本系统的格式和规则并在此基础上实现系统间的相互操作。数字资源的开放描述可以将数字资源的存储、描述、组织、传递方式以第三方可以获取的形式描述,从而实现第三方或未来对该类资源的使用。

5. 数据考古技术

数据考古技术是指从损坏的媒体、损坏或过时的硬件和软件环境中恢复数据内容的方法与手段,即从原始的字节流中恢复数字资源的原貌,并保证数字资源的可读性与可用性。数据考古是具有挑战性的技术,如果已经无法获取数字资源的原貌,就无法评估数据恢复的成果。因此,在正常的数字资源保存过程中,不赞成使用这种技术策略,而是采用更为实际的运作方法。该方法仅在其他方法无法发挥作用的情况下使用。

6.数据转换技术

广义的转换包括格式的转换、程序的转换、字符编码的转换、媒体的转换、操作系统的转换、硬件系统的转换等。转换的方法有三种:第一,把特色型数字资源的格式转换为通用的文本格式;第二,利用通用的、开放的数据库管理系统;第三,采用或开发对应的转换软件。转换技术应用的关键是对数据进行重定格式或转换时应考虑时机的把握、实体类型与格式标准的选择,因为这些问题都会给数字资源的可靠性带来一定的影响。

7.数字图形输入板技术

数字图形输入板技术能同时保存软件和硬件,降低迁移费用,同时具备自含动力源,能将所保存的信息直接显示在自含屏幕上,并能执行原处理器软件说明,对原程序和数据采用仿真加以存储,缓存器可根据用户对原文献的要求实时显示有关数据。数字图形输入板的实体异常坚固,耐寒、耐高温、防水及抗重力。但是,数字图形输入板的开发费用较高,仅适用于对政府法律文献、政府报告、珍贵艺术品的保存,其存在的数字资源与引起错误结果的软件和归档等问题也需要加以解决。

8.数据更新技术

数据更新是指通过复制将数据流从旧存储介质转移到新存储介质上,保护数据本身少受存储介质质量恶化的影响。更新是目前使用得最为广泛的数字资源保存技术,但是只有当原数据格式没有淘汰时才能被读出,而且如果新、旧软硬件环境不能兼容,则无法利用,就失去了保存的价值。简单的数据更新也并不能对数据的结构特性、描述的原数据、检索及展示方面的能力进行维护,无法满足用户的检索需求。

9.身份识别技术

身份识别技术主要用于正确识别通信用户或终端的个人身份。最常用的方法是给每个合法用户一个"通行证",代表该用户的身份。通行证一般由数字、字母或特定的符号组成,只有本人和所使用的信息系统知道。当合法用户要求进入该系统访问时,首先要输入自己的通行证,计算机会将这个通行证与存储在系统内有关该用户的资料进行比较验证。如果验明他为合法用户,就可以接受他对系统进行访问,如果验证不合法,信息系统就会拒绝该用户对系统进行访问。

10.仿写技术

将数字信息文件设置为只读状态,在这种情况下,用户只能从信息系统中读取信息,而不能对其做任何修改,可以有效地防止用户更改数字信息内容,从而达到保护其真实性的目的。另外,数字信息的存储,如果采用一次写入光盘方式,由于它是使用不可逆记录介质制成的,可以有效防止用户更改数字系统内容,从而保持数字信息的真实性和可靠性。

11.系统还原卡技术

通过使用系统还原卡后,尽管用户可以随意对系统中的数字信息进行增、减、改,但一旦系统重新启动,数据又会恢复到原来的状态,用户的操作不会留下任何痕迹,从而保护了系统中数字信息的原始性。

二、数字特色资源的利用

(一)检索服务

数字特色资源可以为用户提供检索服务,包括简单检索和高级检索。简单检索提供按资源类型的检索,包括学位论文、期刊论文、会议论文、多媒体资源、电子图书、课件、音频、多媒体、标准文献、网络资源以及检索字段。高级检索可以选择多个检索资源,输入多个检索词进行检索,检索速度快,检索结果精确。

(二)个性化服务

在数字特色资源进行保存与发布后,可以在相应网站或数据库系统中通过建立我的图书馆、邮件等个性化服务来提高资源的利用率。

1.我的图书馆

个性化服务是根据用户需求提供的特定服务,基于网络的个性化服务是图书馆服务的必然趋势。"我的图书馆"(My Library)是基于网络的高校图书馆个性化服务的一种方式,它将成为未来图书馆个性化服务的重要方向。"我的图书馆"主要为用户提供一个图书馆资源的定制界面,其本质上是一个基于网络的带有网络前台的关系型数据库应用系统。

(1)我的电子书架

当检索或浏览资源时,用户可以对感兴趣的资源,通过点击"放入电子书架"进行保存,下次登录系统时,可以直接通过"我的图书馆"浏览。

(2)我的链接

在"我的链接"管理界面,用户可以根据自身的喜好,添加相应的链接资源,可以是电子书、视频等,只需要添加相应资源链接的url、链接名和描述信息即可。

(3)我的检索历史

利用平台的统一检索服务,用户可以检索到相关资源,然后选择感兴趣的资源,保存到收藏夹,这样在"检索历史"界面可以看到相关资源。"检索历史"可以包括检索表达式、检索资源、检索时间、删除操作。这样,用户在下次登录系统时,如果需要检索相同的检索词,就不需要再次输入了。

(4)我的关键词和学科分类

在该模块,用户可以自己设置"我的关键词和学科分类",为进行邮件推送服务提供基础。"我的关键词"提供按照题名、关键字、全文这三种检索方式。"我的学科分类"可以通过学科导航树来选择用户关心的学科分类。

2.邮件推送服务

在邮件推送服务配置里可以配置如下参数:接收邮件地址、推送周期、推送内容,然后启动邮件推送服务。这样,用户就可以定期收到系统的推送信息了。

3.RSS推送服务

RSS(Really Simple Syndication)是基于XML技术的Internet内容发布和集成技术。RSS服务能直接将最新的信息即时主动推送到读者桌面,使读者不必直接访问网站就能得到更新的内容。读者定制RSS后,只要通过RSS阅读器,就可看到即时更新的内容。RSS feed的信息来源是本地特色数据库中的所有已经成功发布的资源,这些资源按照学科代码分类号进行分类。在"RSS推送服务"模块,用户在浏览器中创建自己的RSS频道,可以添加相应的频道名称、频道地址、更新时间、保存条目,配置完这些信息,一个RSS频道就创建完成了,每当该频道有相关资源,用户就可以在阅读器中浏览。

三、数字特色资源的整合

数字图书馆采用引进或自建数据库等方式构建了特色数字信息资源,

并通过互联网为用户提供信息服务,极大地提高了满足用户信息需求的能力。然而,由于这些数字资源分布在不同的地方,由不同的技术开发人员开发和提供服务,对各自的资源拥有知识产权,用户往往需要花费很多时间来学习不同数字资源的使用方法,这在很大程度上影响了数字资源的利用。因此如何整合已有的数字特色资源,为用户提供一个统一检索、方便简单、功能强大的资源使用环境便成为目前数字图书馆急需解决的重要问题。

"整合"意为一个完整的数,数字特色资源的整合是指根据用户的需求和资源的特点,将图书馆相对独立的众多数字资源按照它们之间内在的知识关联进行重组,形成统一的高效利用的数字资源体系。

数字特色资源的整合从技术和方法层面可分为四种类型:①建立数字资源导航系统,为用户提供众多数字资源的统一入口;②基于OPAC系统整合各类数字资源,提供在OPAC系统框架内的整合利用;③建立开放链接整合系统,以参考文献为线索整合图书馆各类数字特色资源;④建立整合检索系统,为用户提供同时检索多个数据库系统的统一界面,进而提供"一站式"的检索服务。

第三节 数字特色资源建设的原则

图书馆事业是一项古老而常新的事业,而特色资源建设是信息时代赋予图书馆的责任和机遇,也是网络环境下图书馆仍然充满生机和活力的佐证。同时特色资源又在一定的历史条件下,随着时间的推移逐步积累沉淀,形成优势,具有相对独立的稳定馆藏,一旦形成特色,就要巩固、健全和发展,尤其是在新的网络环境下,更应该坚持走特色建设的道路,以促进图书馆事业快速、健康地向前发展。①

一、实用和特色原则

从本质上说,数据库只是工具层面的东西,实用和具有特色才是其目的。建设特色数据库,应体现现有图书馆的特色。所以在确定选题时应注意:特色资源建设的项目选题是否注重面向地方社会经济和教学科研发展

---

①李梦洋. 数字图书馆的建设与发展[J]. 魅力中国,2019,(25):398.

的实际需要,同时也从读者使用、读者数量和特色资源质量的角度,优先保障重点学科,最大限度地满足用户需求。

二、共享和先进原则

所谓信息资源共享,是指在特定的范围内,在平等、自愿、互惠的基础上,通过建立图书馆与其他相关机构之间的各种合作和协作关系,利用各种方法、技术和途径,共同建立和利用信息资源。特色数据库是文献资源保障系统建设中的重要内容,在用户信息需求不断增长及网络数字资源迅猛发展的形势下,要满足用户的信息需求,扩大自身生存空间,必须走共建共享的道路。图书馆进行数据资源建设时,要根据现有的资源状况结合馆内优势和特色,在对信息资源进行深度开发的基础上建设自己学科特色的专题信息资源数据库,才能实现资源优势互补和最大限度地实现信息资源的共享。建设数据库时要考虑数据库是否代表当地水平,在国内外有无较高学术价值;是否在较长时间内保持国内领先地位;是否对某重点建设项目、重点学科建设的文献保障,具有填补空白的作用,对社会发展和经济建设有无促进作用。图书馆之间必须加强沟通和合作,通过交流达成资源共建共享之共识,通过合作进行大规模的数据库建设,避免重复建设。打破各部门各自为政的局面,实行分工协作,联合建库。在建库过程中,一定要采取先进的规范和技术,按元数据标引格式规范、文献著录标准、检索功能等一系列标准要求来建库,最终达到与全国图书馆实现资源共建共享的目标。

三、标准化和通用性原则

数字资源的加工和数据库的建设存在着一系列的数据格式标准和元数据规范。建库前必须注意:为了实现资源有效共享,各承建单位在项目建设中必须遵循通用性与标准化原则,遵守网络传输协议、数据加工标准和有关文献分类标引、著录规则等要求,采用规范化的特色库援建模式和标准化的数据格式、库结构及检索算法,确保数字化产品的通用性和标准化,从而为共建、共享创造条件。根据国家有关文献著录和标引原则,统一的著录标准、标引方式,按照《中国图书馆分类法》(第五版)对文献进行分类,对《中国文献编目规则》进行著录,并按照《中国分类主题词表》进行主题标引。尽量增强文献标引的深广度,扩大检索点,设立途径的检索方式,完善索引,规范机读格式,努力提高建库质量。除采用已有的国家标准外,还要注意同国际接轨,加强国内外检索的通用性。

四、系统性和准确性原则

信息资源建设过程中要注意文献信息资源的系统完整和各类信息资源之间的相互联系,保障重点学科,也兼顾其他学科,逐步完善学科覆盖面,形成合理的信息资源建设体系。同时,也要考虑准确性,加工数据时应采取科学、严格的质量管理办法,而且一定要采用准确的原始信息即一次文献,尽可能避免其错误,提高引用率和检准率。从可持续发展的角度来说,特色资源数据库还需经常更新和维护。平时要多收集数据库在使用过程中的反馈信息,及时对数据库内容进行替换、删除、修改和整理,确定合理的更新周期,使用户最早获取最新信息,以保持特色资源的生命力。

五、安全性与可靠性原则

图书馆在数字资源建设时,要对大量的数字资源进行加工、存储、传递和管理,并利用网络对众多的终端用户提供各种信息服务,因此系统的安全性十分重要。在建设过程中既要选择技术成熟、性能安全可靠的信息存储设备,又要采用先进的网络管理系统,确保网络系统的安全性和数据的可靠性。

六、分工协调原则

从全局出发,统筹规划、分工合作、合理布局,有重点地进行资源建设,体现整体优势,以管理中心为基础构建二级联合保障体系,形成具有较强整体功能的信息资源体系。

七、产权保护原则

建设一个数字图书馆必须尊重信息资源知识产权。数据库的建设是一项系统工程,知识产权保护是其核心内容之一。知识产权保护贯穿于数字资源加工、组织、管理、传播和使用的各个环节。特色文献数据库的建设应根据不同类型文献存在的法律形态,充分尊重不同著作权人的授权意愿,采取区别对待的原则,为信息资源的有效共享与利用奠定基础。特色数据库的建设必须严格遵守国家知识产权保护法,所有数据来源要产权清晰,发布的一切信息必须符合知识产权保护的要求。

第四节 数字特色资源的建设方法

图书馆特色资源都是基于长期的历史积累,有自己鲜明特色的馆藏结构,通过健全和发展,逐渐形成了图书馆自由的风格和特点。在进行数字特色资源建设时,要遵循系统性、分层性原则,明确特色资源与一般资源的差别和联系,通过多种渠道、多种信息载体、多种服务方式、多种科技手段,将不同学科、不同类型、不同语种的文献资源,针对不同层面的读者加以合理组织和科学配置,建立起一个有主有从、系统完整的数字资源保障体系。数字特色资源建设时,需遵循以下方法。[①]

一、做好选题调研工作,提高特色数据库的质量

特色资源的质量是整个馆藏特色化建设生命力的体现,只有特色资源质量得到保证,才能实现其建设的真正意义。选题是特色资源建设的关键环节,国内外建设成功的特色馆往往选题精准。首先要有一个明确的主题,除了要在自己馆藏方面有较大的优势外,还要对此专题有较为全面的了解。这样建设出来的数据库才有自己的特点,有竞争能力,而且可以避免浪费。要综合考虑所在高校和地区的需求来选定,一个好的特色化选题可以达到事半功倍的效果。在选题上除了考虑本馆服务对象和馆藏特色以外,还要做详细的调查研究,掌握所选项目在国内有无重复或类似,掌握数据量能否达到一定规模,并考虑到用户需求量的大小。不局限于以项目建设特色数据库,也可以根据馆藏特色和特定用户需求由本馆支持自主建立特色数据库。

二、挖掘重点学科和地域性主题,制订合理详细的计划

每一所图书馆都有自己的重点收藏目标,高校图书馆应根据学校的学科特点、馆藏原则及读者需求等因素来确定文献特色化目标。要在充分了解馆情的基础上,制定符合本校学术研究需要的选题。这是特色馆藏建设取得成功的先决条件。

从地域性文献角度开展特色馆藏建设有诸多优势,如本地人才优势、本

[①]马亚楠. 浅谈数字图书馆的建设[J]. 才智,2018,(04):240-241.

地传统文化优势等。目前,国内外开展地域性主题特色馆藏建设具有代表性的有我国香港地区的香港大学收集香港历史、社会生活和疆域的出版物以及香港出版的书刊等,形成"香港特色馆藏";美国斯坦福大学利用其位于硅谷的地域优势,收藏"苹果电脑"等公司的档案,建成"公司"档案特色馆藏;我国内地的中医药文献经过长期发展也形成了非常鲜明的地域性特色,"北看天津针,南看江西灸"反映的就是具有浓厚地方特色的中医药学主题;天津大学的摩托车信息特色资源数据库群,摩托车设计构造并不是天津大学的优势学科,但天津大学依托CALIS专题数据库建设的契机,经多方分析确立了这个选题方向。地方文献和地域特色文献也是等待图书馆采集的一笔宝贵财富。任何地区形成的独具地方特色的文献都是其他地区不能取代的,开发和利用好地方特色文献,一方面可以为地方风土人情、历史沿革等相关研究提供宝贵而丰富的资料;另一方面也可以为开发地方旅游业、发展地方经济提供信息支持。事实上,地方特色文献的开发已经受到大多数图书馆的充分重视,成为特色化馆藏建设中的一大亮点。要深入挖掘与探讨此类地域性文献主题,构建特色鲜明的地方性特色馆藏。

除了要深挖地域主题外,图书馆数字特色资源建设能否有成效,方案的制订也是至关重要的一步。为此,各图书馆务必要搞好调研,并根据本馆、本校、本地区、本系统乃至全国的实际情况,制订出一个科学合理、切实可行的特色资源建设方案,同时要加强组织落实,以促进数字图书馆特色资源建设。若要建好特色资源数据库,必须从工作的一开始就制订好详细的计划,仔细地搜集学术价值高的特色资源。整理、加工、分类、发布,每一个环节都要做到位,选择最合适的建库软件以及管理软件,以便进行数据维护和信息服务。要考虑建库系统的实用性,操作简单,界面统一,拥有完善的制作流程和相对集中的管理模式。总之,井然有序的安排会减少不必要的工作,方便快捷,提高工作效率。

三、结合互联网技术,实现信息自动采集

随着计算机网络技术的发展和普及,人类在信息传播和利用上进入一个崭新的世界。海量的网上信息资源中,蕴含着十分丰富的地方文献。较之传统载体的地方文献,网上的地方文献具有检索快捷、利用方便的特点,是不可忽视的地方文献的新来源。

网络信息采集技术是按照用户指定的信息或主题关键词,调用各种搜

索引擎进行网页搜索和数据挖掘,通过 Web 页面之间的链接关系,从 Web 上自动地获取页面信息,并且随着链接不断向所需要的 Web 页面进行扩展的过程。实现这一过程主要是由 Web 信息采集器来完成的。网络信息资源自动采集系统,是实现图书馆数字资源采集"快、精、广"的利器,但要注意版权问题,需要时刻标明转载出处。网络信息采集技术的出现不但解决了图书馆人手不足的问题,而且还可以提高图书馆的工作效率和服务水平。

四、以优势学科为依托确定特色,建立特色资源预订数据库

在文献资源建设的过程中,每个馆都必须根据自身的服务指向,在文献内容上明确哪些是必须收集、保存的,哪些是可以利用光盘或数据库及网上资源作为虚拟馆藏的内容,以满足不同学科、不同层次、不同深度的文献需求。如何分清主次,确定重点学科,当然得从调查研究出发。根据所在单位的发展规划和学科队伍现状,摸清馆藏家底,并在文献资源体制的服务指向要求下,为文献的遴选确定符合本单位发展需要自身服务功能和馆藏文献特色的入藏原则。

例如,在 CALIS 联机编目系统中,以"机电""模具""计算机""汽车"等为题名进行检索,再在本馆的自动化系统中进行查重,本馆没有的就直接下载,直接建立预订记录,还可利用国家图书馆 OPAC 编目数据做特色资源预订数据。在国家图书馆的"多库检索"中,以上述内容作为题名进行检索,同样在本馆的自动化系统中进行查重,本馆没有的就重新建立预订记录,按"字段名格式",复制、粘贴国家图书馆的完整 MARC 记录。再就是利用图书供应商及其他图书馆提供的网上检索平台获取预订数据。例如,中国图书网、超星、书生电子图书、中国互动出版网、卓越网、当当网、珠江三角洲数字图书馆联盟、九羽电子图书、银符考试平台、多媒体库等网上资源,它们有着丰富的特色资源数据,只要善于利用,就会淘出许多宝物。只要图书馆馆员牢牢树立文献馆藏建设的理念就能最大限度地满足教科研和读者需要的观念。持续做好资源整合管理工作,一个具有丰富的特色文献资源的图书馆,就一定会出现。

五、坚持特色,优化资源配置

特色数据库的建设需要人力物力的持续投入。学校若能够增加对图书馆的经费支持当然最好。如果资金有限,就要做到资源的合理配置和利用,

建设"专而精"的具有特色的文献资源,实现效益最大化。在进行数字化时,用来加工的计算机、扫描仪如果比较新,会提高成品的质量,使得生成的文件占用硬盘空间小,清晰度却很高,处理速度快,节约大量时间。同时,图书馆也应充分发挥主观能动性,争取向政府、社会等多方取得支持,可以与其他高校按照地区或性质组合的形式联合购买大型数据库。

六、重视标准化、规范化建设及维护工作

在图书馆特色化建设中,需要所有图书馆的参与、合作,而且通过网上传输提供服务。需要有一个统一标准,各种标准之间需要联系和协调,建立一个完善的相关标准体系,加以严格遵守。标准化工作是图书馆管理中的基础性工作,必须建立在统一合理的标准和秩序的基础上,才能实现对图书馆建设和利用的效率最大化。标准化工作是关系到当前图书馆资源使用和共享的关键因素,如果不进行标准化建设,数字资源就容易出现重复开发和建设、重复投入和使用的问题,造成人力和物力的浪费,同时造成资源信息的冗余。

目前,数字图书馆已经成为全球信息科学高速发展道路上无可替代的信息资源集散地。它采取的跨地域和跨图书馆的在线查询和使用方式,为科学技术的发展奠定了基础,但数字资源的管理有别于传统管理模式,管理的对象也产生了变化,需要一系列严格的技术标准作为依据,包括电子文档的格式、读取、信息网络标准、检索方式标准等。正是由于数字资源的特殊性要求,对数字资源的标准化建设就显得格外重要。

图书馆数字资源建设体系标准化是众多标准的基础标准,是把所有的标准进行融合和整理,进行宏观的调控和管理。该标准需要具备规范化、制度化、体系化等要求。特别是在管理方面,需要图书馆的各职能部门都能够按照统一的标准和规范指导日常工作,实现各系统、各部门、各资源间的协调一致,为建立一个科学、高效的图书馆数字资源管理体系提供标准。

数字资源的标准化建设主要涉及对各项相关技术标准的制定和实施,要按统一的数据格式、数据库建设规则、连续出版物的著录标准进行特色数据库的建设。同时,现已建成的数据库要按统一的标准进行改进,剔除重复数据,合并同专业同种数据库,以确保文献信息在网上快速流通和资源共享。不过由于数字资源的特殊性,标准化制定的种类比较繁多,大致可以分为九类,分别是系统共用平台标准、数目数据库标准、服务体系标准、数据存

取标准、资源交流和共享标准、信息传输标准、软件通信标准、文献著录标准以及人力资源管理标准。

数据库建设是一项长期性的工作,数据录入的完成并不意味着数据库建设的完成。数据库建成后,数据修改、数据维护、数据更新等后续工作是保证数据库质量和数据库提供服务的必要手段。在看到数据库不足的同时,要积极地采取措施进行修改和维护,以期使它们发挥更好的服务效果。

七、锐意创新,提升服务水平

一个图书馆的藏书特色应该是它长期面向特定服务对象而形成的文献资源收藏特点的概括。其形成根源是读者的需求,是"需求"形成了"特色"。这一规律说明,图书馆的藏书建设是以"需求"为导向,以"特色"为其文献资源结构表现形式的。图书馆必须树立以读者为中心的理念,以满足读者需求为第一要务,在竭诚为读者服务的过程中体现其自身的价值;树立以特色信息服务满足读者的理念,根据社会的需要,根据馆藏特色及地区或系统文献保障体系建设的分工,瞄准服务对象,关注特定群体,充分发挥其信息组织的优势,建设特色信息资源,以独特的信息服务满足读者需求;树立与读者动态需求相适应的理念,强化服务意识,更新服务方式、手段、内容及模式,建立起对用户需求快速反应的运行机制,制定特色的服务规范和管理模式,提供特色知识服务,寻求适合时代发展的数字图书馆特色资源建设思路。

八、"以人为本",提高服务质量和效率

随着信息化、网络化的迅速普及,图书馆网络化建设更是有了飞速的发展,读者对信息的需求不再受图书馆地域、空间和开放时间的限制,他们通过先进的技术设备,远程就能获得他们所需要的信息。为了适应社会的发展,更进一步满足读者的需求,数字图书馆在特色资源建设的同时,要注重特色数据库的研制开发。这样不仅拓宽了读者获取信息的渠道,而且它作为一个完整的、系统的特色资源整合,将成为数字图书馆长足发展的一个亮点。特色资源建设的目的不能局限在为读者准确地提供某个信息点或知识点,更重要的是要对信息资源进行深入的揭示,为读者提供知识链和信息链的个性化服务,根本目的就是坚持以人为本,提高图书馆的服务质量和效率。

第五节 数字特色资源的建设内容

随着现代数字技术和信息技术的飞速发展,越来越多的图书馆逐步实现自动化和网络化,图书馆不再是原来意义的"藏书楼",图书馆发展的必然趋势是"收藏数字化、操作电脑化、传递网络化、信息存储自由化、资源共享化和结构连接化"。数字特色图书馆绝大部分建立或依托在原有相对综合、普及的各类型、各系统图书馆基础上,它的形成和发展将是图书馆现有特征与功能的强化和升华。图书馆特色化在中国仅仅是一个开端,它对图书馆传统意义上的文献收藏内容与服务方式进行了根本性的更新与变革,因而也促使图书馆在藏与用两大基本矛盾方面产生了质的突破。图书馆要真正实现其地位,就必须树立品牌意识,开发特色数据库,走有特色的发展道路。[①]

一、特色数据库建设的关键问题

1996年,美国图书馆学家S.Sutton在研究图书馆服务模式时提出把图书馆划分为4种类型:传统型、自动化型、混合型及数字型。他认为混合型图书馆是"印刷型信息和数字化信息之间的平衡并逐渐向数字化方向倾斜"。21世纪的图书馆是数字图书馆与传统图书馆、虚拟图书馆与实体图书馆、网上图书馆与物理图书馆的结合,是集传统图书馆与数字图书馆的优点于一体的混合型图书馆,它将两种形态共存互补,构建出当代图书馆生存与发展的基本形态。数字图书馆最重要的一项工作就是特色资源建设。图书馆的文献资源特别是特色资源建设必须围绕本地区突出优势或本校重点学科、专业的设置和教学、科研的发展方向,构建与之相适应的馆藏体系,为地区或学校的教学科研工作提供必要的文献资源保障。

由于特色资源建设关系到图书馆未来的生存和发展,因此各图书馆务必要集中人、财等有利条件,有重点、有针对性地突出与强化自己的特色,以使馆藏文献具有鲜明的个性和独特的风格,其关键是要形成以下六大特色。

---

①张艳,钱昆. 我国数字图书馆建设现状及对策分析[J]. 参花(上),2021,(04):134-135.

(一)突出馆藏结构特色

所谓馆藏结构特色,就是要根据本校的办学特点、办学规模、专业设置、重点学科及专业的教学、科研工作需要,根据本馆的教育对象、经费投入、读者需求特点以及地方经济和科学文化的优势,科学、合理地确定馆藏文献的收藏比例(一是文献类型比例,是指印刷型文献、数字化文献及其他类型文献的收藏比例;二是文献梯度比例,是指普通文献、重点文献、专业学科文献的收藏比例),对文献信息进行重点收藏与重点建设,形成独具特色的馆藏文献信息资源,并逐步调整和优化馆藏结构,以使各类文献优势互补、协调发展,进而形成独具特色的系统、完整、统一的本馆实体资源和虚拟资源馆藏体系。由于各地区的学科设置、所处地域与人力资源结构不完全相同,各数字图书馆都会形成自己的特色馆藏结构资源。

(二)突出服务特色

文献收藏是文献开发利用的基础。图书馆的服务工作,必须是在有所"藏"的情况下来开展的。读者服务贯穿素质教育特色,图书馆直接或间接地参与了"教书育人,管理育人,服务育人"的活动,体现在推荐书刊、解答咨询等活动中,并通过馆员日常的言传身教对读者施行潜移默化的影响。

(三)突出资源共建共享特色

随着用户信息需求的不断增长,网络数字资源的迅猛发展与昂贵的资源购置费形成尖锐的矛盾,要满足用户的信息需求,扩大自身生存空间,必须走共建共享的道路。特别是公共图书馆,其数字资源建设经费严重不足,根本无法依靠自身的力量满足用户多层次的信息需求。因此,必须利用共建共享集团及其他协作单位的资源为用户提供合作服务,联合社会力量,增强资源采集、制作、维护能力,使资源质量得到优化。

(四)突出高校特色

学校特色主要是指以学校教育教学、科研成果为特色,主要是指各高校主办或承办的正式出版物、师生公开出版发表的各类文献或具有研究价值的非正式出版物等所形成的独一无二的特色资源,包括以下五点:一是师生撰写编译的各类图书、论文及师生的书法、绘画、摄影作品、设计的软件等;二是学报、校报(刊)及学生社团、图书馆创办的各类刊物和报纸;三是教师及各类专业技术人员承担的地(厅)以上的科研项目;四是学校主办或承办的各级学术研讨会的会议文献;五是优秀教师和精品课程的教学影像资料等。

对以上各类文献,图书馆要全面、系统地收藏,以形成学校的收藏特色,如河北农业大学图书馆的"教师著作论文库"、四川农业大学图书馆的"教师论文数据库"、广东海洋大学图书馆自建开发的特色资源如"海大文库",都整合该校原创文献资源,集中反映多年积累的学术成果,体现了馆藏特色。

(五)突出地域特色

地域特色主要是指以区域特色和相关人文环境为特色,如图书馆所在地过去与现在的地方史志、大事记、统计年鉴、风土人情、地方政治经济、教育、文化名人、名胜古迹、民俗、历代贤达著作及其研究作品,以及反映地区经济和文化发展的出版物。对这类特色文献,图书馆要选择性地进行收藏,主要采集那些质量较高、有实际利用价值、真正体现地方特色的文献入藏,如华南热带农业大学图书馆的"中国热带农业文献数据库""国外热带农业文献数据库"等。

(六)突出数字资源特色

数字资源虚拟与现实相结合。数字图书馆大量的数字化信息存储在无数个磁盘存储器中,是通过计算机网络连接形成的一个联机系统。因此,与传统图书馆相比,它占用的物理空间相对很小,就解决了图书馆日益增长的各类文献资料、书籍采购收藏空间不足的问题。数字资源建设能大量收藏数字形式的信息,除了纸介质的书刊资料外,还收录其他一切可以数字化的信息,如视频、音频资料等,可以满足读者的多种需求。

数字资源建设最重要的一点是建立以中文信息为主的各种信息资源。这将迅速扭转互联网上中文信息缺乏的状况,形成中华文化在互联网上的整体优势。数字图书馆还是保存和延续发展民族文献遗产的最佳手段,所有的珍贵资料都可以经数字化处理后,将原件保存在更适宜的环境中,而数字化的资料由于实现了原件的复制,可使这些珍贵文献在受到保护的同时,得到更充分的利用。

图书馆数字资源建设扩大了读者范围,普通图书馆因为读者对象与地理位置的限制只能为少数人服务,数字图书馆则允许人们自由查询。利用图书馆数字资源的用户可以不和图书馆的工作人员直接见面,而只通过网络与图书馆联系,图书馆专业人员通过电子邮件及电子咨询台与用户联系。

图书馆的服务质量取决于软件设计、图书馆专业人员对用户回应的速度和质量、数字化信息的制作、网络的传播速度及人性化界面的设计等;用户也可以直接通过计算机登录图书馆的主页,随意浏览、查询、下载、打印有用的信息。

二、特色数据库建设的内容

(一)自建特色资源

图书馆自建特色数据库是CALIS(中国高等教育文献保障系统)文献资源及数字化建设的重要内容,1998年11月CALIS启动了特色数据库资助项目,首批资助了25个特色数据库,目前已经取得了初步的成果。除此之外,部分CALIS所属高校图书馆还开发了或者正在开发类似的特色数据库。各高校图书馆必须联系本馆实际,面向未来进行科学合理的规划,既要以实体馆藏资源建设为基础,又要以整合、开发和利用网上虚拟资源为补充,更要走信息资源共建共享之路。只有这样,才能赢得读者、赢得市场。

各图书馆由于学科建设侧重点不同,所处地域不同,对特色资源的建设也不一样。各图书馆为了满足教学与科研人员在教学和科研工作中的需要,大多数都建立了自己的特色数据库,如上海交通大学数字图书馆自建了"上海交通大学学位论文数据库""机器人信息数据库",湖南大学数字图书馆自建了"金融文献数据库""书院文化数据库",这些图书馆对富有特色的文献进行收集、分析、评价、处理、储存,并按照一定标准和规范将本馆特色资源数字化,以满足用户的个性化文献信息需求。各图书馆如何构建自己独具特色的文献信息资源数据库,如何构建能反映高校学科重点和图书馆特色馆藏的特色资源数据库,已成了当前高校数字图书馆建设的首要任务。特色文献建设要一边搜集,一边数字化。数字化最简单的办法,就是把图书馆购买的特色数字图书、全文数据库及网上免费特色资源搜集出来,整理序化,再把其他资源数字化地融合,申报课题,进行相关研究。对特色文献建设进行相关的方法研究,只要方法正确就能事半功倍。

(二)引进特色资源

目前,自建特色资源数据库需要花费很大的人力、物力和财力,对资源开发与利用还存在很大的盲目性,重复建设的现象比较普遍,更新速度比较慢,采集到的相关信息不够全面和完整,开发整理的范围也不够宽。对此,图书馆应当有选择y有计划地引进高质量的中文与外文数据库,使之尽量做到中外文书目、文摘等一二次文献数据库覆盖本校所有学科与专业,力求做到重点学科专业全部购买,兼顾其他专业,扩大合作范围。例如,清华大学图书馆引进的中文数据库有"中文科技期刊库(全文版)""万方数据资源系统""中文社科引文索引"等。清华大学图书馆还引进了数字出版物,如各种数字期刊,包括《中国科学》杂志社数字期刊、中国期刊网、维普中文科技期刊数据库等,各种数字图书包括超星电子图书、书生之家电子图书、百万册书数字图书馆等。

(三)建立特色导航系统

建立特色导航系统对数字图书馆特色资源建设是有效的补偿。构建数字图书馆特色知识导航系统关键在于如何建立一系列有效的知识服务运行机制来使图书馆在知识经济时代选择最有利的行动,使博弈双方互动相容,实现其知识导航功能。一般来讲,图书馆组织的员工会将自己拥有的专门知识以及组织拥有的知识作为组织的核心竞争优势来获取对服务对象的特别服务。因此,如何有效地进行人力资源管理和知识共享,倡导员工把个人知识转变成为组织知识,把组织知识转化为服务对象的知识,通过组织知识的不断传播来增强组织的服务能力,是成功实施数字图书馆特色知识导航系统功能的关键。

三、特色数据库建设的类型

各图书馆要实现信息资源的共享,就要有选择性地收藏文献,建设属于自己的数据库,尤其是开发本馆特有的数据库。

(一)具有高校特色的数据库

各高校应以教学科研需要为依据,以资源共享为导向,有针对性地重点选择建设符合当地学校所设置的相关学科专业的特色资源数据库。这些数据库一般分为以下五种类型。

1. 学位论文特色数据库

学位论文是指高等学校或研究机构的学生为取得学位,在导师指导下参阅大量文献,经过反复实验及调研所撰写的研究成果。每年各高校都有一批硕士、博士论文,其中不乏具有高学术价值的论文。硕士、博士论文体现了各高校的学科特色,收藏这部分文献是高校图书馆特色文献建设的重要内容。目前,许多学校已经开通了在线提交系统,建立了本校的硕士、博士论文数据库,累积多年的教学成果,建立一个独特的有知识产权保护的原生资源库,为希望获取学术信息的用户提供一个方便查询与进行学术交流的好途径,从而起到推动教学科研交流和促进发展的作用。同时,这些论文将给学生带来许多参考价值,指导学生规范论文写作,引导学生进行文献检索,十分便利。

2.教职工科研成果数据库

高校教职工的专著一般都是结合教学和科研信息的需要,根据社会发展与经济建设的需求,在充分利用本校藏书体系的基础上撰写而成的。这些科研成果理应受到高校特别是作为学术性机构的本校图书馆的珍视与收藏。我国高校文库的建设始于20世纪80年代后期。其中,较早的有北京大学、中国人民大学、河北大学、河北农业大学等。初期的文库仅限于保存印刷本的实物,近几年,随着计算机和网络技术的发展及在图书馆中的应用,文库建设也走向了数字化阶段。一些数字文库相继诞生,如中国人民大学、浙江大学、北京大学的数字文库等,尤其是中国人民大学的数字文库,已形成全文数据库。高校文库的发展趋势是实物收藏展示和全文数据库并存。

3.重点学科特色数据库

重点学科特色数据库是根据学校的某重点学科、某特定主题,或交叉学科和前沿学科,全面搜集能体现某学科特色的资源,各类相关类型的资料,整理加工的数据库。学科特色数据库是专业文献资料特色数据库,搜集重点应突出专业特色,包括本专业的国内外核心期刊、科技期刊、教材、参考书目、学术会议资料以及其他报刊中有学术价值的专业文献,图书馆收集这些资料后可以自己进行加工整理,也可以直接引用现成的专业文献特色数据库。该数据库应内容丰富,系统完整,对教学和科研能带来极大的便利,也属于馆藏的重要特色资源。例如,上海交通大学图书馆的"机器人信息数据库"、石油大学图书馆的"石油大学重点学科数据库"、武汉大学图书馆的"长江资源数据库"、上海财经大学图书馆的"世界银行资料数据库"、哈尔滨工程大学图书馆的"船舶工业文献信息数据库"等。

4.开发考研信息数据库

近年来随着考研人数的增加,要求查找考研信息的学生逐渐增多,且具有年级偏低、查找时间不确定等特点。他们迫切需要了解全国各高校的招生情况,特别是研究方向、导师情况、考研课程及参考资料,但这些资料往往都是临近报名时才由研究生处转来,不能满足广大同学的需求。为了让同学们早日得到这些信息,各高校开辟了考研信息咨询园地,由专人对网上考研信息进行收集、加工,将与本校专业对口的专业招生情况和参考书目及时整理出来,并通过校园网发布,读者既可上网查询,也可到图书馆阅览室查询,很受学生欢迎。例如,北京邮电大学图书馆"博导信息数据库"、北方工业大学图书馆的特色数字资源就包含了"考研专业参考书库""四六级英语题库"等。

5.影音光盘特色数据库

现如今,越来越多的书籍后面附赠一张随书光盘。这便于读者更直观地获取知识,从听觉和视觉两个方面来满足需求,显得生动活泼。但光盘经常借出容易损坏、丢失,占用储藏空间大,而无法实现资源共享。这就要求图书馆搭建一个良好平台,对具有馆藏特色的影音资料,以及随书光盘中的视频、音频、图像、文字进行数字化转换、编辑、压缩等技术处理,储存在计算机网络服务器上,形成电子阅览平台。构建此类特色数据库需保护作者的知识产权,尊重他们的劳动成果,今后这一特色资源数据库将成为数字化图书馆的核心部分。

(二)突出地域特色的数据库

地域特色的数据库是指反映各地区各方面情况的正式出版或非正式出版的各种文献数据库,它包括介绍本地地理、历史、风俗、民族、经济、文化、人物的各种典籍;本地政府所制定的各种法规、政策;本地名人的书籍及手稿;本地主要企业发展的情况通报、产品介绍等。这些文献资料可以反映本地各方面的发展历史及现状,地域特色浓厚,其建设也是公共图书馆特色数字资源建设的重要内容。各地区应根据地理、历史、经济和文化特点对本地区信息资源做完整系统的采集入藏,最终形成具有鲜明特色的地方文献数据库。例如,山西大学建设的"山西票号与晋商数据库"、四川大学图书馆的"巴蜀文化特色库",黑龙江省馆先后构建了包括少数民族文化、黑龙江杂技、犹太人在哈尔滨、哈尔滨旧影、抗日战争文献、地方法律法规、冰雪文化、大学生冬季运动会、金源文化、黑龙江野生动物、黑龙江旅游、黑龙江边境贸易、神州北极、黑龙江体育名人、黑龙江文化科技成果、黑龙江农业、黑地文化在内的17个专题数据库,很有地域特色。全国省级图书馆中,有几个省级图书馆如浙江、广东、湖北、湖南、天津、首都图书馆等,不但地域文化内容丰富,而且网站制作与设计也比较精致,特别是首都图书馆,它所开发的特色资源信息量大而且内容丰富,图文并茂。另外,辽宁省图书馆地方特色资源已初具规模,形成了特色数据库群,并正在建立地方特色资源统一检索平台。内容全面、功能强大的地方文献数据库更能支持和推动本地经济、文化等各项事业的均衡发展,因此建设地方特色文献数据库是非常必要的。

(三)建立地方人文、历史类特色数据库

1.本地区研究数据库(历史、现状、人文、风俗)

一般是由数字化的书目数据组成的。读者要了解有关本地区的历史、地方志中有关这方面的记载,就可通过书目数据提供的检索途径,查找地方文献数据库进行全文检索,从而获得有关信息。

2.地方名人数据库

内容为地方名人的生平、回忆录、著述目录、述评等。对于其中有特殊研究价值的名人,可追加全文数据、照片数据等,并通过计算机处理使之数字化。

3.古籍数据库

古籍数据库是包括本地区的全部古籍地方文献的专题数据库。由于古籍珍贵,特别是孤本,不便于读者实物查阅,可采取光电扫描技术,建立全文数据库。

4.地方特色数据库

包括本地区最具特点、最具美誉度的内容。例如,建立地方农业种养业方面的数据库,种养业历来存在地域性,地方差别较大,可以将反映当地农业方面的种养技术、生产情况记录入库。

5.图片数据库

图片数据库既形象又翔实地揭示了当地的文化内涵、历史风貌、民俗风情、地区变革,为读者了解、研究该地区提供了一个良好的使用平台。对于记录本地历史、对外宣传本地特色都具有积极的意义。

(四)深化其他专题特色信息资源库

专题特色信息资源库是根据图书馆读者特定需求而建设的特定主题资源,具有很强的针对性和广泛性,如复旦大学图书馆承建的"全国高校图书馆进口报刊预定联合目录数据库"、清华大学图书馆建设的"全国高校图

馆信息参考服务大全"、西南财经大学图书馆的"期刊篇名数据库"等。

  专题特色信息资源还可以建立在学科特色信息资源的基础之上,也可根据重点学科的专业方向进行信息跟踪服务,对学术前沿进行透彻的分析、研究,并预测未来的发展趋势,从而根据新观点的潜在价值、深层次内涵等内容来建设数据库,将信息提供给读者。

参考文献
REFERENCES

[1]安月英.数字图书馆理论与实践[M].西安:西安地图出版社,2010.

[2]蔡莉静,陈曹维.现代图书馆信息服务[M].北京:海洋出版社,2006.

[3]陈翔.数字图书馆信息资源存贮和管理研究[J].卷宗,2021(02):202.

[4]董慧.本体与数字图书馆[M].武汉:武汉大学出版社,2008.

[5]冯倩.数字图书馆知识管理研究[J].卷宗,2020,10(35):153.

[6]贾婷婷.数字图书馆资源推广研究[J].中文信息,2019(01):45.

[7]江山.资源整合视角下的数字图书馆发展方向[J].办公室业务,2014(17):135-136.

[8]郎文君.新时代背景下数字图书馆建设策略研究[J].卷宗,2019(23):168.

[9]李晶.数字图书馆信息化建设与发展[J].河南图书馆学刊,2021,41(02):130-131+134.

[10]李梦洋.数字图书馆的建设与发展[J].魅力中国,2019(25):398.

[11]李晓飞.近五年国内数字图书馆研究可视化分析[J].图书馆研究,2020,50(05):117-128.

[12]林团娇.数字图书馆资源建设研究[M].延吉:延边大学出版社,2019.

[13]刘静.试论移动数字图书馆现状及其发展策略[J].黑龙江史志,2015(01):317.

[14]马亚楠.浅谈数字图书馆的建设[J].才智,2018(04):240-241.

[15]欧阳剑.泛在信息环境下图书馆信息资源组织研究[M].北京:知识产权出版社,2015.

[16]吴云科.数字图书馆的建设发展探究[J].卷宗,2019(25):127.

[17]杨秀臻.图书馆知识管理与服务研究[M].天津:天津科学技术出版社,2018.

[18]于虹.数字图书馆的创新研究与发展变革[M].沈阳:辽宁大学出版社,2014.

[19]张成昱,张蓓.移动数字图书馆和知识一起运动[M].北京:清华大学出版社,2017.

[20]张睿丽.数字图书馆资源管理与建设[M].长春:吉林人民出版社,2019.

[21]张艳,钱昆.我国数字图书馆建设现状及对策分析[J].参花(上),2021(04):134-135.

[22]赵彩萍.全民阅读背景下公共图书馆数字阅读推广服务模式的发展与演变[J].数字化用户,2018(31):192.

[23]周欣娟,陈臣.图书馆信息化建设[M].成都:电子科技大学出版社,2008.